国家空间治理与行政区划研究丛书 | 孙斌栋主编

国家空间治理与行政区划 1：从国家到地方

National Spatial Governance and Administrative Division 1：From the National to the Local

孙斌栋　主编

东南大学出版社
SOUTHEAST UNIVERSITY PRESS
南京·2022

内容提要

为了落实中央提出的国家治理现代化建设,本书立足空间治理角度,从国家、城市群、城市、社区等不同空间尺度出发,分析中国空间组织中的重要问题,探讨空间发展的客观规律,提出国家空间治理的措施和政策建议。作为国内最早系统探索国家空间治理和行政区划的专著,本书聚焦于治理的关键环节,即行政治理和行政区划优化,涉及地理学中的权力空间优化、政治学和公共管理中的行政治理,以及国土空间规划中的空间布局。本书不仅对国家空间治理具有重要的应用参考价值,而且探讨的命题具有学术前沿性质,因而也具有重要的学术价值。

本书适合国土空间规划、行政区划、人文地理、公共管理、政治学、区域经济学等领域的学者与实践工作者参考。

图书在版编目(CIP)数据

国家空间治理与行政区划.1,从国家到地方 / 孙斌栋主编. — 南京:东南大学出版社,2022.9
(国家空间治理与行政区划研究丛书 / 孙斌栋主编)

ISBN 978-7-5766-0248-7

Ⅰ.①国⋯ Ⅱ.①孙⋯ Ⅲ.①国土规划-研究-中国 ②行政区划-研究-中国 Ⅳ.①F129.9②D630.1

中国版本图书馆 CIP 数据核字(2022)第 177861 号

责任编辑:孙惠玉　　　　　责任校对:子雪莲
封面设计:孙斌栋　王　玥　责任印制:周荣虎

国家空间治理与行政区划 1:从国家到地方
Guojia Kongjian Zhili Yu Xingzheng Quhua 1:Cong Guojia Dao Difang

主　　编	孙斌栋
出版发行	东南大学出版社
社　　址	南京市四牌楼 2 号　邮编:210096　电话:025-83793330
网　　址	http://www.seupress.com
经　　销	全国各地新华书店
排　　版	南京布克文化发展有限公司
印　　刷	南京迅驰彩色印刷有限公司
开　　本	787 mm×1092 mm　1/16
印　　张	13
字　　数	320 千
版　　次	2022 年 9 月第 1 版
印　　次	2022 年 9 月第 1 次印刷
书　　号	ISBN 978-7-5766-0248-7
定　　价	49.00 元

本社图书若有印装质量问题,请直接与营销部调换。电话(传真):025-83791830

总序

随着中国国家实力的不断增强,如何构建适合的国家治理体系已经被提到日程上来,党的十九届四中全会提出了加强国家治理体系和治理能力现代化的要求。空间治理是国家发展和治理的重要组成部分,这源于空间在国家发展中的基础性地位。空间是国民经济发展的平台,所有的社会经济活动都是在空间平台上开展的。空间更是塑造竞争力的来源,空间组织直接决定资源配置的效率,影响经济增长和就业等重大国民经济任务,决定一个国家和民族的发展后劲和竞争力,对于疆域辽阔的大国尤其如此。当前阶段中国正处于由经济大国迈向经济强国的关键时期,也正处于百年未有之大变局的关键时刻。突如其来的新冠肺炎疫情正在波及全球,全球经济体系面临严重危机。中国提出通过形成以国内大循环为主体、国内国际双循环相互促进的新发展格局来应对,客观上也迫切需要对应的生产力空间布局来支撑。城市群是中国新型城镇化的主要空间载体,中心城市是支撑中国国民经济持续发展的增长极,如何通过合理的空间组织和高效的空间治理来增强城市群和中心城市的综合承载力,发挥对国家发展的引领与带动作用,是当前面临的重要任务。

空间的复杂性决定了空间科学研究的滞后性,空间规律有大量的学术空白待填补,空间研究也因此被经济学主流学者认为是经济学最后的前沿。集聚与分散是最基本的空间维度,探索空间集聚与分散的规律是攻克空间前沿难题的必经之路。集聚不经济的存在使得城市与区域空间从单中心空间结构向多中心空间结构转型。集聚中有分散,分散中有集聚。集聚促进经济增长的重要作用得到了广泛的认可,但对于集聚的空间结构,包括其形成机制和作用,我们还所知甚少。哪种空间组织更有利于高质量的发展以及如何推动合理的空间结构的形成需要严谨、规范的科学研究来支撑。

除了市场规律之外,行政区划是影响中国空间组织的一个特殊且不可忽视的要素。行政区划是国家权力在空间的投影,也是国家治理体系建设的空间基础。中国改革开放以来的经济繁荣源于地方经济发展的积极性,但由此而形成的"行政区经济"也束缚了一体化和市场化,制约了效率的进一步提高。当前推进区域一体化和地区协同发展的瓶颈就在于此。党中央高度重视行政区划优化问题,党的十九届五中全会提出"要优化行政区划设置,发挥中心城市和城市群带动作用"。优化行政区划,助力于提升国家治理能力与加强治理体系的现代化建设,正成为理论界和政策界都关注的热点问题。

当代中国行政区划的研究起始于20世纪90年代。1989年12月5—7日,由民政部主持、在江苏省昆山市召开的首届"中国行政区划学术研讨会暨中国行政区划研究会成立大会"是重要标志。1990年5月,经民政部批准在华东师范大学成立中国行政区划研究中心。在中心创始主任刘君德先生的带领下,中国行政区划研究中心从理论创新到实践开拓、从人才培养到学科建设,硕果累累,为推进中国行政区划事业改革做出了积极贡献。在理论研究方面,原创性地提出了"行政区经济理论""行政区—社区"思想等理论体系。在服务地方方面,中国行政区划研究中心主持了江苏、上海、海南、广东等地的几十项行政区划研究课题,做到了将研究成果应用到祖国大地上。在人才培养方面,中国行政区划研究中心培养的很多青年人才已经成长为行政区划研究领域的知名学者或政府领导。进入21世纪以来,中国行政区划研究中心的年轻一代学者不负众望,也正在取得骄人的成绩。中国行政区划研究中心相继承担了国家社会科学基金重大项目、国家自然科学基金项目、民政部关于中心城市内部行政区划调整和省会城市行政区划设置研究等科研攻关任务,以及大连市、伊春市等地方行政区划规划课题;研究成果获得了高等学校科学研究优秀成果奖、上海市决策咨询研究成果奖、上海市哲学社会科学优秀成果奖等一系列荣誉,并得到了中央和地方领导的批示和肯定;举办了一年一度的国家空间治理与行政区划全国性学术研讨会,开启了对地方政府行政区划管理人员的培训。中国行政区划研究中心作为中国"政区地理学"的主要科研阵地之一,得到了国内外同行的广泛认可。

  作为国家空间治理的重要智库,中国行政区划研究中心有责任有使命做好新形势下空间治理和行政区划研究工作,在大变局中有更大作为。其中,理论研究是重中之重,是政策研究和智库工作的基础,是服务国家战略的立身之本。本丛书站在学术最前沿,贯穿空间组织和行政区划两条主线,以构建空间结构理论和发展、弘扬行政区经济理论为己任。在空间组织方面,从全国、区域、城市、社区不同空间尺度分析空间结构的格局和演化,从经济、社会、生态多个维度测度空间结构的绩效,从市场和政府不同机制角度探索空间组织规律;在行政区划方面,从地理学、政治学、经济学、公共管理学、历史学等多个视角透视行政区经济的本质,从行政区经济正反两个方面效应综合评价行政区划的作用,立足经济建设、政治建设、文化建设、社会建设、生态文明建设"五位一体"来探讨行政区划的运行规律。本丛书不仅要打造空间组织科学和行政区划科学的学术精品,而且要从空间维度为国家治理提供学术支撑和政策参考。

  是为序。

孙斌栋

华东师范大学中国行政区划研究中心主任

2021年7月31日于上海

前言

为了落实中央国家治理现代化建设的战略部署,本书聚焦空间治理这一核心议题,分析国家、城市群、城市、社区等不同地理空间尺度上中国空间组织中的重要问题,总结空间发展的客观规律,进而为国家空间治理的政策制定提供学术依据。

在国家层面,基于跨国研究阐释中国大中小城市和小城镇协调发展的城市化方针的具体内涵;基于地理距离的作用本质,建议以多中心适度均衡的理念指导全国城市化的空间布局;立足区域权力空间系统的理论视角,指出新时代助力中国区域布局优化的行政区划制度建设路径;针对空间布局失衡和空间分异现状,构思国家空间行政治理的分析框架。在区域层面,以长江经济带为例,探索超大地理空间的区域协同治理创新;聚焦长三角一体化,探讨边界城市群地区城际流动与行政区划优化;着眼港口一体化发展,提出"政府退、协会进、企业是主体"的多层级治理建议;以京津冀地区核心城市的周边市县为例,探究城市群内部均衡发展所面临的问题与发展策略。在城市层面,从城市人口规模、用地范围和辖区数量三个方面提出评估省会城市行政区扩张的技术准则,指导"强省会"的战略合理推进;基于上海居民的绿色技术产品支付意愿的影响因素研究,提出促进绿色创新的治理政策建议;探讨建立准行政区划制度,规范化开发区管理和发展。在基层和社区层面,以上海为例,从基层区划优化、城中村外来人口融入、居民需求导向和社会融合的多个维度,探索超大城市精细化分类治理的体制创新。

本书从地理学中的权力空间优化、政治学和公共管理中的行政治理以及国土空间规划中的空间布局等多维视角出发,探讨空间治理的关键环节,即行政治理和行政区划优化问题。本书坚持服务于科学决策,观点和建议的提出均以扎实的科学研究为基础。

本书由孙斌栋主编,各章执笔人如下:孙斌栋、匡贞胜、王妤、吴思栩(第1章),陈占彪、刘君德(第2章),王洪军(第3章),胡德(第4章),张维阳、钱雨昕(第5章),王列辉(第6章),李禕、王婷(第7章),李琬、张婷麟、孙斌栋、张之帆(第8章),黄丽、朱婷(第9章),王丰龙、刘云刚、张吉星(第10章),熊竞(第11章),汪明峰、肖鸿元(第12章),申悦、李亮(第13章),崔璨、张叶玲、崔军茹(第14章)。本书在写作过程中得到了刘君德先生的多次指导,在此致以衷心的感谢。

本书由民政部政策理论研究基地——华东师范大学中国行政区划研究中心和中央高校基本科研业务费项目华东师范大学新文科创新平台(2022ECNU-XWK-XK001)资助出版,部分研究成果也得到了国家社会科学基金重大项目"中国城市生产、生活、生态空间优化研究"(17ZDA068)的资助。

目录

总序
前言

1 中国的城镇化空间格局与空间治理 001
   1.1 中国空间治理存在的挑战 001
   1.2 大中小城市和小城镇协调发展的内涵 004
   1.3 多中心发展的国家空间格局理念 005
   1.4 结论与建议 008

2 新时代条件下中国行政区划制度建设的主要思路与对策措施 014
   2.1 区域权力空间系统:关于中国行政区划制度建设的理论建构 014
   2.2 新时代条件下中国行政区划制度建设的总体背景与条件分析 018
   2.3 习近平总书记关于国家治理的重要论述与行政区划制度建设的基本遵循 021
   2.4 新时代中国区域发展空间格局的现状分析与未来突破点 025
   2.5 关于中国未来行政区划调整的总体趋向、对策措施与相关建议 028

3 中国国家空间治理主要问题与行政治理 035
   3.1 中国空间战略问题 035
   3.2 中国空间失衡问题 038
   3.3 中国空间分异问题 044
   3.4 中国国家空间行政治理 046

4 超大地理空间尺度的区域协同治理创新研究:以长江经济带为例 052
   4.1 超大地理空间尺度区域协同治理的特殊困难分析 052
   4.2 长江经济带区域协同治理现状与困境 053
   4.3 国外区域协同治理的组织模式与经验研究 055
   4.4 长江经济带协同治理的组织模式创新 065

5 长三角城市群边界地区城际流动与行政区划优化 ········ 069
5.1 长三角城市群边界地区城市跨界联系 ········ 069
5.2 改革开放以来长三角城市群边界地区行政区划调整过程 ······ 074
5.3 长三角城市群边界地区行政区划调整的工作思路 ······· 078

6 构建多层级治理模式,推进长三角港口一体化 ········ 083
6.1 新一轮长三角港口一体化呈现出新的特点 ········ 083
6.2 新一轮的港口一体化面临新的问题和挑战 ········ 084
6.3 国外经验的借鉴 ········ 087
6.4 推进长三角港口一体化的思路与举措 ········ 089
6.5 结论 ········ 092

7 区域一体化背景下的县域发展特征与困境探析:以河北环京县(市)为例 ········ 094
7.1 区域一体化背景下中国县域发展的演变趋势 ········ 094
7.2 京津冀一体化背景下河北环京县(市)的发展与困境 ······· 095
7.3 结论与启示 ········ 100

8 省会城市行政区划扩张的合理性评价与建议 ········ 105
8.1 城市人口规模 ········ 106
8.2 城市用地范围 ········ 109
8.3 城市辖区数量 ········ 111
8.4 政策建议 ········ 114

9 上海城市绿色治理:基于居民绿色支付意愿的分析 ········ 117
9.1 城市治理及绿色技术创新 ········ 117
9.2 上海居民绿色支付意愿的调查与分析 ········ 119
9.3 上海居民绿色支付意愿的假设与推演 ········ 120
9.4 实证研究 ········ 121
9.5 讨论与建议 ········ 127

10 准行政区划视角下开发区的管理问题研究 ········ 132
10.1 中国开发区的概况及其面临的行政管理问题 ········ 132
10.2 准行政区划的概念及分析框架 ········ 136
10.3 准行政区划视角对开发区行政管理的启示 ········ 140

11 优化基层区划助推超大城市精细化治理研究:以上海为例 ········· 146
11.1 超大城市基层区划面临的问题和挑战 ········· 146
11.2 优化超大城市内部基层区划的基本思路和政策路径 ···· 150
11.3 优化超大城市毗邻基层政区的基本思路与政策路径 ···· 152

12 城中村改造背景下外来人口迁居与超大城市治理 ········ 158
12.1 城中村改造与外来人口居住问题 ········· 158
12.2 上海城中村的居住状况和社区融合 ········· 159
12.3 上海城中村改造与外来人口居住迁移 ········· 163
12.4 提升超大城市治理能力,促进社会融合及包容性增长 ····· 168

13 居民需求导向下的社区治理探讨 ········ 172
13.1 社区治理和发展的新趋势与新理念 ········· 172
13.2 社区发展"新理念"在实践中存在的问题 ········· 180
13.3 城乡社区发展与治理的对策建议 ········· 182

14 社区治理与社会融合 ········ 186
14.1 社区层级促进社会融合的挑战 ········· 186
14.2 社区类型及人口构成 ········· 187
14.3 社区治理能力 ········· 190
14.4 居民的社会融合程度 ········· 192
14.5 社区社会融合的影响因素 ········· 193
14.6 结论与建议 ········· 195

1 中国的城镇化空间格局与空间治理

城镇化的空间格局决定了资源要素配置的效率,影响了经济增长、国民就业、地区差距等重要国民经济任务。尤其是面对百年未有之大变局,面对全球经济体系重塑和后疫情时代的发展形势,落实以国内大循环为主体、国内国际双循环相互促进的新发展格局,更需要城镇化空间格局的优化。构建具有国际竞争力的新型城镇化空间格局,将有助于扩大内需,激活中国大国经济潜能,为中国在全球经济重新洗牌中赢得先机。本章基于中国空间治理的两大挑战,给出了大中小城市和小城镇协调发展的具体内涵,也提出了多中心发展的国家空间格局理念,并最终提出了若干具体政策建议。

1.1 中国空间治理存在的挑战

1.1.1 大中小城市和小城镇协调发展的挑战

人口向大城市集聚所带来的小城市和偏远地区的衰落是世界上大多数国家在城镇化过程中都会出现的问题。在中国快速城镇化的过程中,已经出现超大城市的"城市病"日益凸显而中小城市发展动力不足的问题[1],这不仅损害了中国经济发展效率,而且导致了区域发展不平衡。关于如何优化中国的城市规模分布,在学术界一直存在重点发展大城市还是小城市的争论,中国城市化方针的表述也在不断微调。《国家新型城镇化规划(2014—2020年)》提出要促进大中小城市和小城镇协调发展,可以将其看作当前中国城市化方针的最新表述。这一表述看似平衡了不同观点,没有了争议,但其具体内涵却不甚明了,需要研究明确。

1.1.2 地域发展不平衡的挑战

随着中国经济高速发展,生产力布局不断向东南沿海地区集聚,人口向东南沿海地区集中,区域经济不均衡的特点明显,东南沿海地区与内陆及东北地区经济发展水平存在巨大的落差(图1-1至图1-4)。近几年来,东北地区经济"失血"愈加严重,经济增速在各大经济板块中垫底。在新冠

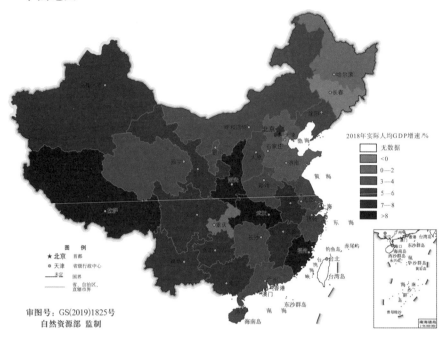

图 1-1　2018 年实际人均国内生产总值（GDP）空间分布

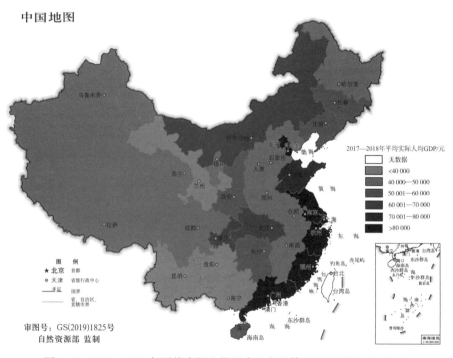

图 1-2　2017—2018 年平均实际人均国内生产总值（GDP）增速空间分布

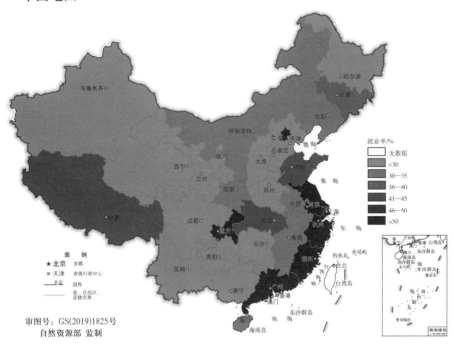

图 1-3　2018 年就业率空间分布

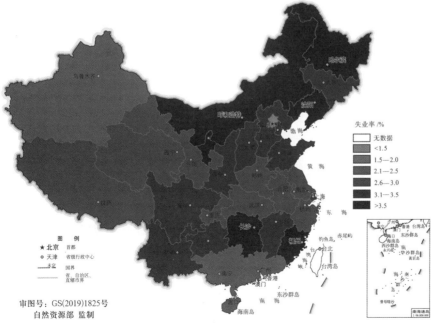

图 1-4　2018 年失业率空间分布

1 中国的城镇化空间格局与空间治理 | 003

肺炎疫情的冲击下,内陆和东北地区的经济形势尤其是就业形势将更加严峻。一方面,这些地区的就业弹性原来就缺乏;另一方面,东南沿海地区的很多就业者都是来自劳动力净流出的中西部和东北地区(图1-5),无法充分复工会导致个人回归原籍,造成这些劳工来源地就业压力的激增。即使是扩大内需和强化内循环,由于东部地区的生产效率相对更高,一旦其产品转向内销,中西部和东北地区的产量可能会因市场被挤压而下降,这将进一步加剧发展和就业的不平衡格局。

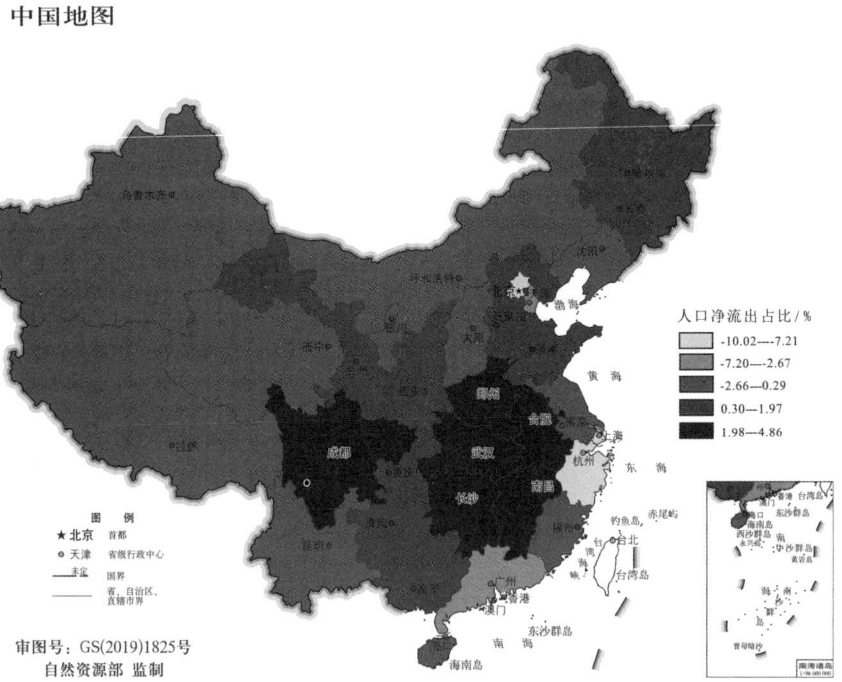

中国地图

图 1-5 2016 年人口净流出占每百万常住人口的比重

1.2 大中小城市和小城镇协调发展的内涵

健康高效的国家城镇化空间格局需要合理的城市人口规模分布结构做支撑[2]。大城市发展论者注重集聚经济给国家带来的利益,而小城镇发展论者则强调小城镇需要补充发展动力并关注大城市集聚不经济的危害。集聚经济的好处得到公认,但集聚不是无限的。过度集聚所带来的社会、环境问题既会影响人们的身心健康和幸福感,也会损害经济效率。理论上应该存在一个最优的城市规模分布模式,做到集聚经济和集聚不经济综合效益最大化。

城市规模分布是城市地理学中的经典命题。德国学者奥尔巴赫(Auerbach)在100多年以前提出了城市位序与规模的乘积为常数的帕累托分布[3]。美国学者齐普夫(Zipf)进一步发现美国城市规模分布指数等于1,这个发现被命名为"齐普夫定律",被认为是自由市场机制下集聚效应和拥塞效应共同作用的结果[4-5]。但齐普夫定律只在美国、德国等个别国家得到印证,是否适用于世界各国以及是否为绩效最优的模式都没有得到证实。本章研究填补了这一学术空白,本章基于2000—2016年全球136个主要国家的面板数据进行了跨国计量分析,结果显示,当国家城市规模分布符合齐普夫定律时,国家经济绩效最优(图1-6)[6]。第一次实证验证了这一定律的经济有效性,这意味着国家城市规模分布过于极化或者均衡都会带来效率的损失,在两种发展模式之间存在一种最优的城市体系。进一步的异质性分析发现,疆域辽阔的大国当达到最优经济绩效时,帕累托指数比1更加均衡一些。对城市规模分布的影响因素进行的跨国计量分析也显示,疆域辽阔、人口众多的大国比小国具有更加均衡的城市规模分布[7]。这些结果意味着,从经济效率角度来看,帕累托指数为1或略大于1应该是中国一直提倡的大中小城市和小城镇协调发展的内涵。

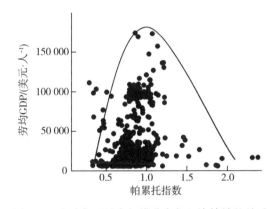

图1-6 全球各国城市规模分布与经济绩效的关系

在跨国规律探索的基础上,本章还就中国城市规模分布的历史变迁进行了追踪研究。数据表明,1953—2000年,中国城市规模分布总体呈现分散均衡化趋势,但自2001年以来却呈现反方向的极化态势[1],帕累托指数从2001年的0.92降低到2015年的0.82,逐渐远离1,偏离经济效率最优模式[6]。因此,未来一段时期的重要任务是引导中国城市体系向适度均衡的方向发展,至少这对于提高全国整体经济绩效是有益的。

1.3 多中心发展的国家空间格局理念

为了避免地区发展差别过大,中国分别实施了西部大开发、中部崛起和东北振兴的国家战略。对此,部分经济学家认为应该减少政府干预,让市场力量发挥更大作用,促进要素的自由流动以实现资源配置效益的最大化,不发达地区的发展水平最终会通过发达地区的溢出而实现。秉承这一类观点的政策被称为空间中性的政策或基于人(流动)的政策[8]。部分经济学家甚至根据日本东京空间极化发展的经验,认为中国的经济、人口应该进一步向东南沿海的特大城市集聚,不应限制人口向北上广流动。但从全球多数国家的经验来看,地区间的经济收敛并不是常态,尤其是市场要素的自由流动作为经济收敛的前提条件在中国将是一个长期的过程,缩小地区差距还应该对不发达地区的发展进行干预和支持,这类政策被称为空间干预政策或基于地区的政策[8]。而且,是否实施空间干预政策还是空间中性政策,不应仅仅考虑经济效益,还应该考量政治、民族、国家安全等因素。

1.3.1 中西部和东北地区的经济振兴离不开经济中心城市的带动

地理学第一定律强调空间临近的重要性,即一个地区对周边事物的影响会随着距离的增加而衰减。对于城市而言,中心城市对周边地区的辐射距离并非是无限的。新经济地理学的市场潜力假说也认为,距离市场中心一定距离后,交通成本的增加导致再发展一个中心是有利可图的,而且新中心的企业还会因面临较少的竞争而受益。这意味着对于大国来讲,多中心的生产力布局是合适的。从实践来看,地域辽阔的美国作为经济强国,不仅拥有东海岸经济中心地带,而且有西海岸的加利福尼亚州经济中心和以芝加哥为中心的内陆五大湖经济地带,在全国呈现出 11 个连绵区—城市群的形态;而日本的空间极化发展与其腹地狭小的国情有关。

研究表明,中国最高等级经济中心城市的辐射半径为 1 000—1 200 km[9],中国国土空间显然远远超过了这个范围。大国特征要求中国的城镇化空间格局要坚持多中心发展。观察中国城镇化的空间格局可以发现(图 1-7),北京、上海、香港—深圳三个国家最高等级的经济中心之间的距离基本都在此范围内,东南沿海一直是中国发展水平较高的区域在很大程度上与此有关。作为第四级的成都、重庆可以辐射西南地区,但却因自然地理障碍、交通区位以及经济能级的限制无法辐射到秦巴山系以北的关中平原,更无法辐射到大西北。因而总体来看,中国西北和东北地区缺乏中心城市的辐射,这也是经济水平相对落后的重要原因之一。因此,在新发展格局下,要在西北和东北地区培育新的国家中心城市,通过新中心的引擎作用带动周边城市的发展,实现西北发展和东北振兴,逐步缩小地区差距。

1.3.2 多中心的经济地理格局是践行"一带一路"倡议的基础

近年来,中国地缘环境出现重大变迁,正加速推进"一带一路"国际合作倡议,积极发展与沿线国家的经济合作伙伴关系。面对"一带一路"倡议对地缘经济与地缘政治关系构建的需求,东南沿海距离西部国界空间距离

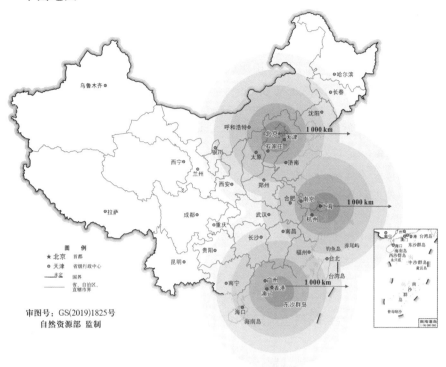

图 1-7　中国第一层级经济中心城市的市场潜能辐射范围

太远,成本极高且鞭长莫及,进一步强化西部地区与亚欧大陆的互联互通极为必要。西北地区有一定经济基础、战略地位以及交通区位的城市将有望成为面向欧亚内陆开放的桥头堡与重要节点。

对于东北地区而言,"一带一路"倡议已经成为中国扩大对外开放与拓展国际合作空间的重要途径,连接欧亚、促进东北地区参与东北亚合作的示范作用也日渐凸显,跨境通道、跨境次区域合作、边境经济合作区、跨境经济合作区等正快速推进,沿边地区在国际经贸与人文交流过程中发挥更加重要的作用,沿边通道正在从边陲末梢向跨境枢纽转变,已成为东北地区深化向北开放的前沿阵地[10]。与此同时,随着全球气候变暖,北极航线日益凸显出其巨大的航运、军事、经济价值,东北地区面临愈加复杂的东北亚地缘政治局势。东北亚作为世界上发展基础较好与经济潜力较大的地区之一,近年来经贸往来日趋密切。随着中日韩自贸区谈判加速、俄罗斯远东开发持续升温以及中蒙关系稳步发展,无论是主导图们江经济圈建设还是应对来自俄罗斯、日本、韩国等国的激烈竞争,都需要东北地区有更多的国家级中心城市参与。因此,改革开放以来以东部沿海地区为重点的经济格局亟待调整,以支撑新时代全球地缘政治格局剧烈变动下的国家空间战略。

1.3.3 多中心的经济地理格局是实现空间正义与社会公平的需要

空间正义是新时代中国特色社会主义体制下实现共同富裕的必然要求；深入推进区域协同发展需构建以美好生活为价值导向的空间正义观，关注空间生产与分配的正义性、抵制空间压迫与剥夺、保障公民空间权利的平等和共享[11]。然而，目前东南沿海发达地区与中西部及东北地区的发展水平差异显著，在要素自由流动受"行政区经济"刚性制约而难以实现[12]、差距一定时期内无法缩小的前提下，如不采取行政干预措施，巨大的空间极化差距将可能加剧地区空间分层，激化社会矛盾，影响稳定大局，以及引发政区间的恶性冲突。在疫情危机与中美地缘博弈的大背景下，实施"大分散，小集中"模式的适度均衡发展战略显得尤为重要[13]。因此，有必要在遵循市场配置资源的决定性作用前提下，适度运用政府力量，抑制落后地区的恶性循环问题，在一定程度上缓和空间公平与经济效率之间的紧张关系，实现中国特色社会主义体制下的空间正义与社会公平。

1.3.4 多中心经济格局也是国家统一、民族团结以及社会稳定的保障

中国作为大国，疆域辽阔，资源禀赋各异，民族众多且区域间发展差异巨大。当前西部边疆地区和少数民族地区由于自然资源本底、交通区位等原因发展相对滞后，与发达地区的差距逐渐拉大，然而过度空间极化可能会导致民族离心主义，不利于维护国家统一与民族团结。因此，有必要加强扶持西部与东北地区，适度引导人口与经济活动的合理均衡布局，在最大程度上平衡经济发展、国家安全、社会稳定以及各民族和谐共处之间的复杂关系。

1.4 结论与建议

1.4.1 把大中小城市和小城镇协调发展的方针贯彻到实处

自从《国家新型城镇化规划（2014—2020年）》提出大中小城市和小城镇协调发展的方针以来，其内涵如何以及如何实施都没有具体化。本章的研究结果显示，符合齐普夫定律的城市规模分布是经济绩效最高的，可以将其看作大中小城市和小城镇协调发展努力的目标。鉴于中国当前的城市规模分布越来越偏离最佳模式、走向极化，未来的工作重点是优化超大城市的空间结构并积极促进中小城市的发展。

对于超大城市而言，简单的控制人口政策只能是权宜之计，长期来看并不可取。积极的做法是从提高城市的公共服务能力和向多中心空间转型两个方面努力，以缓解"城市病"并更好地发挥集聚效能。在提高

公共服务能力方面,超大城市还有提升空间。以交通治理为例,首先,国内城市轨道交通最发达的城市是上海,尽管其地铁长度占优势,但把城际铁路等所有轨道交通加在一起,轨道交通密度与东京相比还有较大缺口;其次,城市道路交通智能化管理远没有实现,如果能够借鉴伦敦的中心城区交通收费制度,可以把城市道路拥挤减轻到理想状态,从而应对更大规模的人口集聚。在空间转型方面,要通过多中心都市圈发展来实现中心城拥堵疏解和城市承载力提升的双重目标,北京通州副中心的发展为此树立了典型。今天之所以出现特大城市人口流入和中小城市留不住人,部分原因是历史上的计划体制资源配置扭曲所造成的。比如,北京、上海以及省会城市拥有远远高于全国平均水平的基础教育设施、医疗保健设施、高等教育资源以及科技文化资源。如果简单地只放开户籍,没有理顺其他非市场机制,这种非对称式的操作会带来新的扭曲和问题,即可能造成特大城市人口压力过大而小城市人口集聚不足。因此,公共设施质量均等化,完善市场机制,逐渐使价格信号合理化,使人口来去都基于个体的理性选择,应该是最终追求的结果。

中小城市的发展要挖掘和发挥自身特色,加强与中心城市交通联系,要认真研究互联网在小城市、乡村乃至于偏远地区发挥作用的机制和条件,创造有利的政策环境,使信息化在大城市、发达地区发挥竞争力的同时,也给小城市、偏远地区带来更大希望。

1.4.2 培育新的国家中心城市,助力构建全国多中心经济空间体系

西北和东北地区的经济相对不发达在很大程度上是源于运行机制和观念难以与现代市场经济相容。在目前状态下培育全国第一层级经济中心城市缺乏内在动力,需要不同寻常的政策举措来激活现有僵局,而优化行政区划框架是履行这一使命的重要政策工具。中国行政区划的独特之处在于,通过对行政区附属的职位、人事、权力等的配置,可以改变一个地区的发展能级,即行政区划带有强烈的资源属性,是空间、组织、权力、政策等资源的综合体[14]。作为权力的时空变迁,行政区划调整对中国的国家空间重构有重大影响。因此,要吸取以往中西部和东北地区开发区遍地开花的教训,发挥中国制度优势,尽快研究在东北和西北地区设置国家中心城市来充分发挥增长极的带动作用,释放潜在生产力,以点带面,带动中小城市共同发展,夯实城市群基础,真正承担起带动区域发展的重任。新国家中心城市的设置不是以往单纯以经济总量为优选标准,而是以是否有利于发挥经济中心城市和改革创新中心的带动作用为依据,综合考虑城市的交通区位、战略地位、经济基础等因素。这些城市被赋予更强的经济社会管理权限、发展能级以及更大的资源动员能力,担负着保障所在地区的经济发展和就业稳定等极为重要的使命,并作为深化体制改革的示范城市,对周边地区的体制转轨与经济转型发挥带动示范效应。这样全国除了既有的北京、天津、上

海、深圳—香港和成都、重庆外,通过在东北和西北地区增加最高等级的经济中心城市,有助于形成更加均衡的国家经济空间支撑体系。

1.4.3 大批引进和培养富有市场经济意识的干部,推动中西部和东北地区的观念文化革新和机制市场化转型

制度被证明是现代经济繁荣最关键的要素,著名经济学家、诺贝尔经济学奖获得者道格拉斯·诺斯等认为,一种能够提供有效激励的制度是保证经济增长的决定性因素[15]。中西部和东北地区都具有巨大的市场潜力和丰富的资源优势,发展相对滞后主要是社会、经济与政治运行机制难以适应现代的市场经济要求,背后是自中华人民共和国成立以来重工业主导的结构性困境,以及"行政配置资源"根深蒂固且与市场经济体制相悖的落后观念。鉴于目前这些地区的经济发展已陷入劣势恶性循环阶段,若不通过外力强力介入,打破既有的利益结构,撼动既得利益格局,再好的资源、再好的政策都无济于事。思想观念的解放是在社会转型时期具有先导性和开辟性作用的因素[16],只有通过外部观念和人才的不断输入,平衡不合理的后备人才结构,加强人才培养与储备工作,长期执行 10—20 年,才有希望打破坚冰,逐渐扭转颓势,这是这些地区重新恢复经济造血功能的必要条件。因此,有必要实施人才内迁计划,通过大批引进和培养市场经济意识较强的干部进入公共服务部门与国企管理岗位,逐渐推动观念文化改变和机制市场化转型,实现体制机制的强制变迁,为社会经济转型奠定制度基础。同时,给予内迁干部不低于甚至高于其在原地区相同岗位的福利待遇,并重点向他们倾斜涉及基层晋升、公务员调任、援派待遇等各种发展机会,以吸引他们长期扎根中西部和东北地区,为这些地区的全面振兴贡献精力与智慧。

在体制过渡期间,给予这些地区尤其是东北地区在税收、偿债等方面的特殊优惠政策。东北地区曾经创造了重工业辉煌,具有无与伦比的资源优势和重工业基础,如今在产业布局、体制机制、思想观念等方面陷入了结构性困境。为了发挥这些地区的比较优势,有必要在设置新的国家中心城市和人才引进的同时,在土地指标、税收、债务偿还等方面辅以特殊政策,减轻其体制转型期的阵痛,进一步加大中央与地方财政的支持力度,特别是加大对沿边次中心城市的扶持力度,支持快速路网体系建设,强化中心城市与边境城市之间的关联,优化边境贸易相关政策,为中俄、中蒙、中朝跨境自由贸易区建设提供支持政策,加快推进图们江地区的国际合作开发,推动东北地区进口恢复自我造血功能。

1.4.4 推动地区间分工协作是提高国家竞争力的关键

高效率的大国城镇化空间格局不仅在形态上需要合理的城市规模分

布和多中心空间结构,而且需要在功能上实现大中小城市之间、不同地区之间的横向错位发展、纵向分工协作,这是加强国内循环的关键所在。要依据城市自身区位优势及资源禀赋发展各自的特色产业和优势产业,同时依托便利的交通和信息网络来加强大中小城市和小城镇之间、不同地区之间的要素流动和信息交流。在当前新冠肺炎疫情阶段,考虑到防控就业风险,尤其要发挥中小城市就业蓄水池的作用,要优化中小城市的本地投资环境,加强中小城市的交通和基础设施建设,努力提升中小城市的产业水平和服务质量,增强中小城市的产业承接能力,为大中小城市的分工合作打下基础。同时,区域内要建立创新合作机制,以协同创新推动大中小城市之间的协同发展。

全国不同经济板块和城市群之间也要明确各自的功能定位,通过优势互补,提高国家整体竞争实力和经济能级。当前阶段,京津冀城市群是中国的政治、文化中心所在;北京也是全国经济发展决策中心,拥有最多的跨国公司总部和央企总部。长三角城市群正在致力于建设全球现代服务业和先进制造业中心;上海是全国的市场经济运行中心,也是致力于卓越的全球城市、国际经济中心和全球科创中心。珠三角城市群是探索科学发展模式的试验区、深化改革先行区,深圳拥有全国最强的科技转化能力。成渝城市群是全国重要的现代产业基地、西部创新驱动的先驱,是未来国家的制造业实力中心。未来,四大城市群要进一步强化特色,形成优势分工。东北和西北地区也要寻找、挖掘自身的特色定位,在中国的全球竞争格局中扮演不可或缺的重要角色。

1.4.5 发挥政府对国家空间治理的积极引导作用

新古典经济学理论认为自由市场体制下地区间存在经济收敛,自动实现地区间差距的缩小。但完全自由市场机制的实现不是一蹴而就的,就全球范围来看,完全自由的市场机制不是常态,地区收敛也不是普遍现象。中国大中小城市的协调发展和不同空间板块的共同繁荣,缺少政府的积极引导也是不可能实现的。需要说明的是,政府的作用主要是引导,目的是塑造新的比较优势,带来市场和企业的跟进,最终还是要尊重和顺应市场经济规律。政府在完成使命后要及时退出,让市场发挥后续主导力量。

中国特有的"行政区经济"带来了地方政府的发展积极性,但也导致了行政壁垒,阻碍了市场要素的自由流动,固化了地区间的收入差距。实现中小城市的协调发展和全国的共同繁荣,是以国内经济畅通循环为前提。因此,未来要发挥地方政府积极性的同时,最大限度地抑制行政壁垒的负面效应、改革地方政府绩效考核方向是必然之路。

发挥政府的积极调控作用,同时保持政策的稳定性和连贯性。在中国,政策对于城市规模分布具有显著影响这一研究结论表明了政府作用的有效性。但中国城市规模分布的长时段演化显示,政策调控也带来了阶段性的城市规模分布的剧烈波动,从后果来看,对城乡协调发展带来了巨大冲击,因而未来应该增加政策的长期性和稳定性,减少对城市化发展的人为冲击。需要说明的是,本章虽然意识到中国的行政区划体制本身所蕴含的资源配置功能,并认为在推动城市与区域发展过程中应适当正视这一现实并妥善运用,但并不认同依赖行政权力的"造城"行为。在中西部与东北地区增设国家中心城市只是打破这些地区经济恶性循环的一剂强心针和外部短期干预措施,而非根治之道,要谨防形成行政配置资源的路径依赖。在可预见的将来,这些地区依然要发挥市场经济配置资源的基础性与决定性作用,并有必要加大对民营资本与外资的引进,改变偏重国企与重工业的产业结构,重构社会、经济与文化格局,积极培育适合企业竞争的内外部环境,以根除官本位观念、营商环境不佳与政务服务不畅的生存土壤,摒弃刚性僵化的计划经济思维,树立开放灵活的市场经济意识,遵循市场运行的基本规律,使按基本规则办事深入人心,形成良性的循环累积因果机制,激发地区全面发展的内生动力[17]。

(执笔人:孙斌栋、匡贞胜、王妤、吴思栩)

第1章参考文献

[1] 孙斌栋,金晓溪,林杰. 走向大中小城市协调发展的中国新型城镇化格局:1952年以来中国城市规模分布演化与影响因素[J]. 地理研究,2019,38(1):75-84.

[2] 陈明星. 城市化领域的研究进展和科学问题[J]. 地理研究,2015,34(4):614-630.

[3] AUERBACH F. The law of population concentration[J]. Petermanns geographical information,1913(59):74-76.

[4] ZIPF G K. Human behaviour and the principle of least effort[M]. New York: Addison-Wesley,1949.

[5] 梁琦,陈强远,王如玉. 户籍改革、劳动力流动与城市层级体系优化[J]. 中国社会科学,2013(12):36-59.

[6] 孙斌栋. 构建"适度均衡"的新型城镇化空间格局[J]. 国家治理,2020(36):17-21.

[7] 张亮靓,孙斌栋. 极化还是均衡:重塑大国经济地理的战略选择:城市规模分布变化和影响因素的跨国分析[J]. 地理学报,2017,72(8):1419-1431.

[8] 丁嵩,孙斌栋. 区域政策重塑了经济地理吗:空间中性与空间干预的视角[J]. 经济社会体制比较,2015(6):56-67.

[9] 丁嵩. 在经济集聚中兼顾效率与平衡:基于中国数据的经验研究[D]. 上海:华东师范大学,2017.

[10] 胡伟,夏成,陈竹. 东北建设成为对外开放新前沿的现实基础与路径选择[J]. 经济纵横,2020(2):81-90.

[11] 张彦,金梦佳. 协调发展需构建"空间正义"[J]. 重庆大学学报(社会科学版),2019,25(1):187-194.

[12] 刘君德. 中国转型期"行政区经济"现象透视:兼论中国特色人文—经济地理学的发展[J]. 经济地理,2006,26(6):897-901.
[13] 肖金成,沈体雁,凌英凯. 疫情对区域经济发展的影响及对策:"中国区域经济50人论坛"第十五次专题研讨会纪要[J]. 区域经济评论,2020(4):140-145.
[14] 匡贞胜. 职能转变、资源配置与特大镇行政体制改革[J]. 中国行政管理,2020(6):19-24.
[15] 道格拉斯·诺斯,罗伯斯·托马斯. 西方世界的兴起[M]. 厉以平,蔡磊,译. 北京:华夏出版社,2009.
[16] 乔榛,路兴隆. 新中国70年东北经济发展:回顾与思考[J]. 当代经济研究,2019(11):5-12.
[17] 孙斌栋,匡贞胜,王婍,等. 大国的均衡发展与中心城市的带动作用[J]. 中国名城,2020(10):12-17.

第1章图片来源

图1-1至图1-4源自:笔者根据《中国统计年鉴:2017》《中国统计年鉴:2018》数据绘制[底图源自标准地图服务网站,审图号为GS(2019)1825号].

图1-5源自:笔者根据2016年中国流动人口动态监测调查数据绘制[底图源自标准地图服务网站,审图号为GS(2019)1825号].

图1-6源自:孙斌栋. 构建"适度均衡"的新型城镇化空间格局[J]. 国家治理,2020(36):17-21.

图1-7源自:笔者根据丁嵩. 在经济集聚中兼顾效率与平衡:基于中国数据的经验研究[D]. 上海:华东师范大学,2017中的研究结果绘制[底图源自标准地图服务网站,审图号为GS(2019)1825号].

2 新时代条件下中国行政区划制度建设的主要思路与对策措施

党的十八大以来,以习近平同志为核心的党中央面对世界发展新格局和中国发展新特点,做出了全面深化改革的重大战略部署与安排,特别是围绕建党一百周年等重大战略节点,全面擘画了面对百年未有之大变局的条件下中国未来的发展走向、目标任务与制度安排。从坚持和完善中国特色社会主义制度、推进国家治理体系和治理能力现代化的重要构成和总体目标来看,行政区划制度作为与中国国家根本制度、基本制度、重要制度都紧密关联的一项特别重大的制度安排,也需要不断改进和完善。但到底怎么改、怎么完善,要有主张、有定力。可以预料,中国在未来和平崛起的道路上,必将会面对来自国内外各种各样的危机与挑战。为此,根据国内外发展形势、目标任务、推进路线、难点重点、保障措施与条件时机等因素变化,尽可能长远谋划、科学制定中国行政区划制度改革的顶层设计和战略方案,无疑是当前和今后一段时期的重点课题。

本章基于区域权力空间系统这一理论视角,从新时代条件下中国行政区划制度建设的总体背景与条件分析入手,以中国区域发展战略、城镇化发展战略、国家总体发展目标与任务、国家可持续和长治久安为着眼点,特别是以习近平总书记有关中国区域治理、政府治理、社会治理和全球治理的治国理政思想为指导,基于中国国家级区域规划、国家级空间治理与空间结构优化规划的历史、现实和未来的运演格局,对中国行政区划制度建设的总体状况与重点难点进行梳理,在此基础上对未来中国行政区划调整的总体趋向进行判断,并提出相关路径措施与意见建议。

2.1 区域权力空间系统:关于中国行政区划制度建设的理论建构

中国传统的行政区划是属于传统地理学中被称为"王朝地理"中的一个组成部分,是中国最古老的经世致用、传承有序的一门学问。其中,"地理"一词所指涉的知识内容,正如顾炎武《天下郡国利病书》中所谓"天下""郡国""利病"三个关键词所揭示的那样,主要关心那些治理郡国的地理知识,其功用主要以华夏文明中心的天下观为核心,支配并服务于王朝治理和兴替的经验总结,并凝结、沉淀为一门上有典章制度、下有地志方志,历史悠久、资料丰富、富有智慧的一门传统学问体系[1]。清朝末年,传统的地理沿革虽然附属于历史学,但又是中国最早转型为现代化人文学科的学问之一。因此,行政区划随着现代地理学科的转型与诞生,长期以来是以沿革地理、历史地理、政区地理的面貌出现在现代学科体系之中的。

2.1.1 关于行政区划研究"系统集成"的理论思考

从行政区划历史沿革的属性来看,由于它与国家政治相伴随的政府组织形式与结构的天然连接,其在中国历史学、政治学与地理学中都占有一个虽然不太显著但是异常重要的位置。但毋庸讳言,长期以来,行政区划研究却又并没有专属于自己的比较系统、成熟的理论框架,而是分别隶属于历史学、政治学、地理学的从属地位,这必然导致行政区划"盲人摸象"式的局部视野。学科分割使学术对话缺乏,更难以上升到整体性的理论高度。直到 20 世纪 80 年代末至 90 年代初刘君德教授提出"行政区经济"理论,这是中国第一次在实践中提炼、总结出专门为深入研究行政区划提供理论支撑的学术思想[2]。自此以后,比如"行政区域经济"[3]"复合行政"[4]"区域政治经济"[5]等学术观点不断被提出;周振鹤教授还先后从行政区划到地方政府制度再到历史政治地理的角度,不断总结和提升其学科性质与定位[6-9]。特别要指出的是,在"行政区经济"理论的基础上,刘君德教授及其学术团队锲而不舍、不断努力总结和提升"行政区经济"的学科定位与学派性质。目前,"行政区经济"理论和"行政区—社区体系"已被纳入《中国大百科全书·地理学》的词条中,这标志着行政区划理论研究的核心概念和定位得到了学术界的总体确认和大力肯定。近年来,刘君德教授在"行政区经济"理论的基础上,又与时俱进地提出了"权力＋空间＝生产力"的新观念[10];同时,在综合历史学、政治学与地理学等交叉学科的基础上试图突破学科藩篱,从构建中国特色区域政治经济学的视角提出了"区域权力空间结构"的概念,试图以现代行政区划学术思想源流谱系、一主多辅的混合型结构模式、混合型政区等概念思路,跳出某个具体学科的边界,从"单向度研究"转型到"综合性研究",从"单向开掘"向"系统集成"转型,从而进一步丰富现代行政区划的学术研究,并为现代行政区划制度建设和顶层设计扩展出更具高度的理论视野。

2.1.2 区域权力空间系统的基本概念与理论依据

行政区划是区域权力空间结构的一种要素配置、系统映射与功能投影;是国家在不同尺度和范围的区域内,以国家权力为核心的各种权力主体要素,在特定条件限定的空间范围内中心与边缘的相互共构;是按照特定形式的制度安排与运行机制所划分形成的具有一定综合性、完整性、系统性的国家结构形式。所谓区域权力空间系统是一个以权力为核心,以区域为基础,以空间生产、占有与争夺为主要内容,以区域政治、经济、社会、文化相互作用而形成的综合运行系统;是由区域权力空间要素、结构与功能相互作用构成的自调节组织系统。区域是一种尺度、范围和界限,即孟子所谓"夫仁政,必自经界始"[11]。一般而言,区域单位有三个基本特征:一是任何区域单位都有其特定的类型、层次、结构、边界;二是在各自所界定的区域单位中,每个区域单位都有其特定的主体、范围、关系、特征;三是作为区域单位构成的基本参照都是以人类活动为原点,以时间、空间为纵轴和横轴的坐标系。"权力多元化"是政治民主化的必然要求,权力社会化则是权力人民性的进步和人类社会发展的必然归宿[12]。权力的核心是国家主权和政府的权力,现代社会也包括市场权力(如企业的权利)、社会权力(如社会组织以及个人的权力),特别是包括现代跨国企业与各种社会组织,甚至包括联合国在内的各种国际组织等的权力。空间包括宇宙空间、自然空间与人文空间,既是区域权力的平台和载体,也是其不断展开的一种存在形式,不同的权力主体和展开形式决定着空间的形塑和走向。因此,生产、占有与争夺空间,是人类社会自古至今的永恒主题。区域权力空间的要素数量不同、配置不同,其内外结构的排列方式不同,结构运行中所产生的功能也不同,既可能发挥出正功能,也可能产生反功能。在整个区域权力空间系统中,权力主体是最活跃的因素。在不同尺度的区域范围内,权力主体的特性与强弱不同,在特定的区域政治、经济、社会、文化的背景条件下,对区域空间的生产、占有与争夺会产生不同后果,从而引起区域权力空间系统的变革。

从区域权力空间系统的角度来看,行政区划的体制变革就是指在特定的行政区域范围内,以政府行政权力为主的各权力主体为适应行政组织与空间结构相互耦合的内在需求,在区域经济、政治、社会、文化等因素相互作用的基础上,主要通过改革行政组织结构和调整地域空间结构的方式,转变行政职能,提高服务效率,调整权力关系,平衡利益诉求,拓展发展空间,适应地缘战略。目前,从世界范围来看,由行政区域与行政组织结构耦合的行政区划既体现为一国之内的区划体制,也包括国与国之间的区划体制,还包括附属于建立在跨国、跨洲基础之上的区域性经济、社会和文化组织,甚至也包括在联合国框架下的国际性组织体系。这也是经济全球化和网络信息社会兴起、近代民族和国家观念发生变迁和国际区域政治经济发展新趋势所使然。

根据马克思主义基本原理可知,任何事物发生质变不外乎两种:一是由系统要素数量的积累引起的质变;二是由系统要素排列结构的改变引起的质变。从事物发生质变的动力来说,系统的结构可分为内结构(内动力)和外结构(外动力)。系统的内动力、外动力在发生质变的过程中既是相互作用的,又是具有主次差别的。在一个区域单位范围内,若区域单元由若干个更小一级的区域单位所构成,则若干个更低一级的区域单位相对于更高一级的区域单元来说就是区域关系的内结构,反之则是外结构。从事物发生质变的效应来说,系统功能包括积极功能和消极功能,或者又称之为正功能和反功能。当然,判断系统功能效应的标准应以具体时空坐标为参照系:在时间轴上,要根据系统运行的历史、现实与未来加以具体分析;在空间轴上,要将系统运行的具体实践作为主要判断依据。在历史上可能是有效的,在现实中则可能是无效的;在历史上是无效的,在现实中又可能是有效的;而在历史和现实中可能都是有效的,但对未来却未必有效,反之也一样。这说明区域权力空间系统的运行机制是有规律可循的,但又是非常复杂的,要根据系统运行的具体情况做具体分析。

2.1.3 区域权力空间结构的演运规律:空间的生产、占有与争夺

从区域结构基本特征和运行规律来看,任何一个核心区域与另一个核心区域之间的关系都必然构成一种战略关系,这也是区域结构运演的因果—目的律的具体体现。这种战略关系包括三大基本关系,即利益—竞争关系、差异—合作关系与永续—创新关系。

首先,从本质来看,核心区域与核心区域之间的关系是一种利益—竞争关系,任何核心区域的发展都离不开与其他核心区域的竞争。因此,区域之间的竞争是客观存在的,这种战略关系的本质是利益关系,利益—竞争关系是区域发展战略的首要关系。

其次,任何一个核心区域与另一个核心区域之间的差异是客观存在的,它既表现为自然地理方面的差异,也表现为区域社会发展过程等方面的差异。因此,区域不平衡发展是绝对的,平衡发展是相对的。解决区域之间不平衡发展的长久目标和关键是区域差异—合作关系。

最后,任何一个具有战略意义的核心区域都有一个发生、发展、兴盛与衰落的过程。从已知的世界人类文明发展史来看,没有任何一个核心区域可以永远占据和绝对主导世界文明的中心地位。因此,处理好区域永续—创新关系是解决区域可持续发展的不竭动力。

同时,根据区域结构的主体、边界和范围来分类,区域结构还有内外之分。比如,如果从全国范围来看,所有的区域之间都是一种内结构关系,但从国内区域之间的关系来看,区域之间又具有区域外结构的基本特征;如果从世界范围来看,中国的区域结构与世界其他区域结构之间呈现出一种内外关系结构,但从地缘发展战略的角度来看,这种跨国界的地缘区域又具有区域内结构之间的基本特征。分别从区域内结构与外结构来看,侧重点虽然各不相同,但又是相互转化与利用的。从区域内结构来看,以差异—合作关系为主,利益—竞争关系为辅;从区域外结构来看,以利益—竞争关系为主,差异—合作关系为辅。而不论是内结构与外结构,永续—创新关系都是终极的关系原则。在这个意义上,无论是哪个层面上的区域结构关系,任何一个核心区域与另一个核心区域之间的关系都必然构成一种战略关系,这种战略关系导致区域空间的占有与争夺显得非常激烈。

因为利益,所以竞争;因为差异,所以合作;为了永续,只有创新。这是

区域权力空间结构的基本发展规律。这个规律既是历史的,也是现实的,因而也是指向未来的。谁主导了占有与争夺区域结构的有利位置,谁就赢得了主动和先机。当然,区域结构特性又决定了这种区域空间的占有与争夺不是一劳永逸的,而是随时会被复制与改进的,这又进一步加剧了区域空间占有与争夺的策略性与智慧性。当然,并不是从所有的区域中都能看出历史演变、现实格局与未来走向,"只有历史发展过程具有特殊性、连续性与完整性的空间范围才是自我说明问题的单位,才是区域史研究的对象即区域。所以历史过程也应该是不容忽视的识别区域的基准之一"[13]。可以说,系统要素是分析区域结构的基础,系统结构是揭示区域结构秩序变动的关键,而系统功能则是衡量区域结构秩序好坏与成败的标杆。特别是在目前百年未有之大变局的背景条件下,逆全球化浪潮逐渐兴起,新冠肺炎疫情在世界范围的肆虐,世界经济大国之间的激烈碰撞,全球秩序岌岌可危,全球范围内的区域权力空间系统正处于不断熵增和失序混乱的不确定进程中。正是在这种情况下,适时改革和调整区域权力空间的因果结构、动力结构和秩序结构,加强和审视区域权力空间的要素配置、结构调整、功能发挥,成为适应全球区域权力空间系统变革的重要途径。

2.2 新时代条件下中国行政区划制度建设的总体背景与条件分析

本章以为,新时代中国行政区划制度建设和重大战略调整必须与中国目前区域发展战略的总体布局、城镇化总体发展战略、新时代中国治理体系和能力现代化以及永续发展长治久安结合起来,才能做出更加合理的总体判断与问题分析。

2.2.1 把行政区划制度建设与新时代中国区域发展战略结合起来

2013年9月和10月,习近平总书记分别在哈萨克斯坦纳扎尔巴耶夫大学和印度尼西亚国会先后提出了共同建设"丝绸之路经济带"与二十一世纪"海上丝绸之路"[14]。2015年3月,经国务院授权,国家发展和改革委员会、外交部、商务部联合发布了《推进共建丝绸之路经济带和21世纪海上丝绸之路的愿景与行动》。如果说,这是在统筹国内和国外两个大局的基础上,首次从世界整体和宏观视角来统筹谋划中国区域战略的总体构想的话,那么从2013年至今,在此基础上,先后不断围绕国内区域发展战略循序布局和具体部署,并不断将其上升到国家发展战略高度:第一,京津冀协同发展国家战略。2013年8月,习近平总书记在北戴河主持研究河北发展问题时,提出要推动京津冀协同发展[14];2014年,习近平总书记专题听取了京津冀协同发展工作汇报;2015年,中共中央、国务院印发了《京津冀协同发展规划纲要》;2016年,党中央作出建设北京城市副中心的重大决策部署,中共中央政治局会议原则通过《关于研究设立河北雄安新区的实施方案》,雄安新区规划正式启动。第二,长江经济带和长三角一体化发展两个国家发展战略。2016年1月,习近平总书记在重庆主持召开长江经济带发展座谈会之后,又在同年6月于武汉召开了深入推动长江经济带发展座谈会;2016年9月,《长江经济带发展规划纲要》正式印发;2016年12月,《长江三角洲区域一体化发展规划纲要》正式印发。第三,粤港澳大湾区发展国家战略。2018年10月,习近平总书记出席粤港澳大桥开通仪式;2019年2月,《粤港澳大湾区发展规划纲要》正式印发。第四,黄河流域生态保护和高质量发展国家战略。在沿黄河流域多次考察调研的基础上,2019年9月,习近平总书记在郑州主持召开黄河流域生态保护和高质量发展座谈会并发表重要讲话,提出"黄河流域生态保护和高质量发展,同京津冀协同发展、长江经济带发展、粤港澳大湾区建设、长三角一体化发展一样",黄河流域生态保护和高质量发展被上升到国家重大战略[15]。此后,他还先后就新时代推进西部大开发、支持中部崛起、东北全方位振兴与支持深圳、河北雄安新区、海南自贸区等作了具体部署。与此同时,习近平总书记还发表了《推动形成优势互补高质量发展的区域经济布局》,中共中央、国务院印发了《关于建立更加有效的区域协调发展新机制的意见》的制度性文件。这标志着中国新时代区域发展战略的总体布局基本形成。其中,新时代区域战略一方面是继承,在中华人民共和国成立70多年来所形成的东部沿海三大都市圈的总体格局以及西部大开发等方面得到了延续;另一方面是创新,新时代条件下统筹国内与国外,把两个区域、两种资源结合起来考虑,使中国区域功能得到了极大的细分和强化,特别是区域功能在处理开发与保护、区域一体化方面得到了很大提升,发展理念不断更新。

2.2.2 把行政区划制度建设与中国城镇化发展战略结合起来

2013年12月,首次中央城镇化工作会议召开,会议提出城镇化是现代化的必由之路,提出坚持以人为本、优化布局、生态文明、传承文化的原则;2014年3月,中共中央、国务院印发了《国家新型城镇化规划(2014—2020)》;2015年12月,习近平总书记在中央城市工作会议上讲话,提出"人民城市人民建",尊重城市发展规律,提出五个统筹:统筹空间、规模与产业的关系;规划建设与管理的关系;改革科技与文化的关系;生产生活与生态的关系;政府社会与市民的关系。中共中央、国务院先后于2015年12月和2016年2月印发了《关于深入推进城市执法体制改革改进城市管理工作的指导意见》《关于进一步加强城市规划建设管理工作的若干意见》的政策文件。与此同时,户籍制度改革、农村土地制度改革、脱贫攻坚等相关政策措施先后出台。2014年7月,国务院印发了《关于进一步推进户籍制度改革的意见》,要求全面放开建制镇和小城市落户限制,有序放开中等城市落户限制,合理确定大城市落户条件,严格控制特大城市人口规模,到2020年努力实现1亿左右农业转移人口和其他常住人口在城镇落户。

2014年11月,中共中央办公厅、国务院办公厅印发了《关于引导农村土地经营权有序流转发展农业适度规模经营的意见》,提出承包权与经营权分置并行。2014年12月,中共中央办公厅、国务院办公厅印发了《关于农村土地征收、集体经营权性建设用地入市、宅基地制度改革试点工作的意见》。2015年11月,中共中央办公厅、国务院办公厅印发了《深化农村改革综合性实施方案》,进一步确定了农村改革的"四梁八柱"。2016年12月,中共中央、国务院印发了《关于稳步推进农村集体产权制度改革的意见》。2018年6月,中共中央、国务院印发了《关于打赢脱贫攻坚战三年行动的指导意见》。这标志着中国城镇化发展道路在新的发展条件下得到了进一步确认,进一步明确了城镇化发展与农村、农业与农民的关系,把推动农民工落户和乡村振兴等全面结合起来,推动城市化全面、系统和协同发展。

2.2.3 把行政区划制度建设与中国新时代总体发展目标与任务结合起来

2013年11月,党的十八届三中全会召开,通过了《中共中央关于全面深化改革若干重大问题的决定》,提出中国深化改革的总目标是"完善和发展中国特色社会主义制度,推进国家治理体系和治理能力现代化",提出经济体制改革的核心是"处理好政府与市场的关系,使市场在资源配置中起决定性作用和更好发挥政府作用"。党的十九届四中全会通过的《中共中央关于坚持和完善中国特色社会主义制度、推进国家治理体系和治理能力现代化若干重大问题的决定》进一步就中国这样具有"超长时间历史纵深、超大幅度国土面积、超大数量人口规模、超长复杂民族结构、超大规模经济体量"发展中国家的制度建设和国家治理问题,提出明确的发展目标:到建党100周年时,在各方面制度更加成熟更加定型上取得明显成效;到2035年,各方面制度更加完善,基本实现国家治理体系和治理能力现代化;到新中国成立100周年时,全面实现国家治理体系和治理能力现代化,使中国特色社会主义制度更加巩固、优越性充分展现。在根本制度方面,行政区划制度要充分体现人民民主专政和人民代表大会制度这一国体、政体;在基本制度方面,行政区划制度要充分体现党领导下的多党合作制度、民族区域自治制度、基层群众自治制度;在重要制度方面,行政区划制度要充分体现社会主义法治国家、政府治理、文化、民生保障、社会治理、生态文明、"一国两制"乃至国家监察等重要制度建设。因此,与国家制度建设深刻联系的行政区划制度建设,就成为国家制度建设必须前瞻思考、科学布局的重要议题。

2.2.4 把行政区划制度建设与国家永续发展、长治久安结合起来

在中国共产党的领导下,怎样通过区域发展战略布局,使我们这个

超大国家能够在区域平衡和有效发展方面消除贫富差距、实现区域相对均衡,怎样在城镇化规划、建设、管理、服务方面真正体现以人为本,给广大民众带来安居乐业、心情舒畅、环境优美的"生产、生活、生态""三生有幸"的美好生活,怎样在国际世界激烈的制度竞争与倡导建设人类命运共同体方面体现大国视野,使国家能够增强永续发展的显著优势,并长期立于不败之地,都关系到未来"人民拥护不拥护、赞成不赞成,高兴不高兴、答应不答应"的执政根基和牢固程度。中国行政区划制度建设与中国国家根本制度、基本制度、重要制度建设紧密相关,特别是在事关区域权力空间结构的战略调整方面,反映国家权力的空间配置格局,尤其是高层政区的设立、撤销、变更、迁移都会产生重大影响。更重要的是,在构建中央与地方分类调控的模式中,中央—省级调控、直辖市调控、自治区调控、特别行政区调控四大调控模式,对经济和社会发展都具有很重要的导向意义,甚至直接关系到诸如选举选区比例确定、领导梯队建设、地方权力平衡、高层权力交接等许多重大问题。因此,在目前的条件下,从政治、地理、社会、管理、文化等多角度、全方位进行研究,对未来整个行政区划制度建设进行顶层设计和研究,将是一项极端重要的时代性课题。

2.3 习近平总书记关于国家治理的重要论述与行政区划制度建设的基本遵循

2014年2月,习近平总书记在北京市考察时指出,"行政区划并不必然就是区域合作和协同发展的障碍和壁垒。行政区划本身也是一种重要资源,用得好就是推动区域协同发展的更大优势,用不好也可能成为掣肘。这就需要大家自觉打破自家'一亩三分地'的思维定式,由过去的都要求对方为自己做什么,变为大家抱成团朝着顶层设计的目标一起做"[16]。要以习近平总书记治国理政重要思想为指导,紧紧围绕行政区划是一种重要资源的思想论述,坚持辩证思维和"两点论",进一步发挥和配置好行政区划这个重要资源,这既对中国目前加快形成以国内大循环为主体、国内国际双循环相互促进的新发展格局具有现实意义,也对保障和落实中国长治久安的发展战略大格局具有重要意义。

2.3.1 加强行政区划制度顶层设计,有利于区域治理体系和区域治理能力的现代化

习近平总书记指出,"统筹区域发展从来都是一个重大问题""要面向第二个百年目标,做些战略性思考"[17]。从中华人民共和国成立以来的沿海与内陆的二分,到新时期改革开放以来的东、中、西三大地带的划分,再到中国主体功能区的规划,中国区域空间布局的每一次重大战略转变,给

中国区域经济与社会发展带来了剧变。2013年,习近平总书记提出"一带一路"倡议,首次把中国区域空间战略布局与统筹国内、国际两个大局直接联系起来,这是以世界视野为参照系来谋划中国区域发展总格局。从京津冀协同发展、雄安新区设立、北京城市副中心建设,到长三角一体化发展、粤港澳大湾区建设、长江经济带发展规划、黄河流域生态保护和高质量发展,再到新时代推进西部大开发和东北全方位振兴,中国新一轮总体区域布局、顶层设计、宏观规划、发展思路都已明确。那么,怎样落实好这一区域发展的宏伟蓝图?习近平总书记说:"解决中国的问题只能在中国的大地上探寻适合自己的道路与方法。"[18]实践证明,通过行政区划制度建设和行政建制的重大调整,特别是通过行政区划制度建设的顶层设计,来助推区域总体发展战略落地是行之有效的途径之一。改革开放以来,海南建省之于办经济特区,港澳回归之于设特别行政区,三峡大坝建设之于设重庆直辖市,确实发挥了重要作用。因此,根据国体、政体与全面深化改革开放的要求,把高层政区的顶层设计与国家安全、战略目标等结合起来,通过行政区划制度建设能更好地促进、巩固、帮助区域发展。《中华人民共和国宪法》规定行政区划主要实行三级制,但中国实际上已经从三实一虚制变为实四级制;而与之相关的中国缩省问题,提出了一百多年,每个时期都有其缩省战略目标与任务,但目标与任务却很难落地,即使落地,也极其短暂,这就是主客观条件难以具备,使大家无法"抱成团朝着顶层设计的目标一起做"的缘故。因此,从长远来看,只有将扁平化管理与行政区划层级与幅度、政区适度规模、国家治理能力、政府职责体系等问题结合起来,行政区划制度建设的战略目标与方向才能更加清晰,区域治理统筹与协调的功能才能得以有效发挥。

2.3.2 遵循行政区划制度建设的基本规律,有利于科学的宏观调控和有效的政府治理

习近平总书记说:"使市场在资源配置中起决定性作用,更好发挥政府作用,既是一个重大理论命题,又是一个重大实践命题。在市场作用和政府作用的问题上,要讲辩证法、两点论,'看不见的手'和'看得见的手'都要用好。"在中国计划经济时期,主要靠政府这只"看得见的手"发挥作用,市场这只"看不见的手"基本上被扼杀了。改革开放以来,党和国家把工作重心移到经济建设,从而使市场不断从辅助性、基础性转移到决定性作用上来,这既是中国社会主义市场经济不断确立和完善的过程,也是党在领导人民创造世所罕见的经济快速发展奇迹中使政府发挥作用的过程。在任何经济体中,政府作为遍布和覆盖一个国家的最大行政组织体系,不仅是最大的经济发展的推动力量,本身也是具有相当经济体量和功能的组织体系。同时,政府的激励机制和绩效考核也深深影响着政府运行效率和区域经济发展水平。因此,习近平总书记深刻指出,"政府和市场的关系是中国

经济体制改革的核心问题。二者是有机统一的,不是相互否定的,不能把二者割裂开来,对立起来"[19]。从这个意义上来看,新时期每一次党和国家机构的改革,都是对党和国家组织机构和管理体制的一次系统性、整体性重构,也都会直接引起中国行政区划的深刻调整。因此,从表面上看,行政区划的变更有时候似乎仅仅是政府"翻"了个牌子、"变"了个名称,或只是地理空间、人口规模、经济总量、地方财政收入等的变化,但实际上因区域的权力结构、政策空间、动力布局、方向目标等要素排列结构发生了改变,从而引起了质变。所以,行政区划调整一般要遵循其基本原理和变化规律,不可不动,不可盲动,成熟一个,发展一个。总体来说,伴随着每次党和国家机构的改革,高层政区变动都主要考量政治需要、国家安全、全国重大战略关键点布局等重大因素,基层政区变动都主要考量经济、社会、资源以及涉及局部生产、生活、生态诸方面因素。高层政区发生变动通常小,但常牵一发而动全身;基层政区变动频繁,影响较小,但处理不当,也会基础不牢,地动山摇。尤其当整个世界和国家都处于波谲云诡、复杂敏感时期时,要准确、恰当地把握时机,获得社会共识。特别在可操作性上,要做好风险预警评估和应对预案。

2.3.3 顺应行政区划制度发挥综合突破的资源优势,有利于形成社会治理共同体

习近平总书记指出,"我们治国理政的本根,就是中国共产党领导和社会主义制度"[20]。坚持和完善党的领导制度体系,提高党科学执政、民主执政、依法执政水平,是满足人民过上美好生活需要的重要保证。坚持和完善人民当家做主制度体系,以中国特色社会主义国体和政体为前提,把党领导的多党合作和政治协商制度与基层群众自治制度全面贯通起来,上下一体,齐心协力,切实形成党委领导、政府负责、民主协商、社会协同、公众参与、法治保障、科技支撑的社会治理体系。因此,党的领导制度体系虽然必须是上下贯通的,但党的领导制度体系的最终落脚点或"最后一公里"①是基层社会治理新格局的形成,实现政府治理和社会调节、居民自治的良性互动。从行政区划制度建设方面来理解,就是通过行政区—社区体系的系统性重构,为推动区域一体化、市场一体化、城乡要素自由流动、区域对口互助合作等区域协调发展新机制的形成,充分发挥行政区划"一揽子"综合突破的主要优势。在这个意义上,行政区划作为一种重要资源利用的好还是不好,主要体现在行政区的调整与中国社会发展实际状况的匹配程度上。比如中国建制城市化水平应与中国城市化率有较好的匹配度,即每层级行政建制的城市化与中国城镇化率相互适应,说明这种行政区划的资源利用是比较好的。根据中国人口管理的实际状况,可以把中国县级建制城市化与乡级建制城市化水平分别视为替代中国户籍人口城镇化率与常住人口城镇化率"两轨"的观

察对象。根据国家统计局 2019 年底的相关数据计算,中国县级建制城市化为 47.18%,与中国户籍人口城镇化率的 44.38% 比较吻合,中国乡级建制城市化(街道+建制镇)的总体水平为 74.33%,较大超出了中国目前城镇化的一般水平,但尚在中国未来城镇化率发展的目标区间之内。这说明今后一段时期镇建制城市化是中国推进城镇化的战略重点,县级建制城市化应与中国城镇化总体发展水平持续保持相对匹配。而中国地级市建制城市化已经高达 87.99%,说明地级市建制城市化与中国城镇化水平的匹配度最差,这方面的制度建设应该跟上。

2.3.4 探索提出行政区划制度建设的世界方案,有利于为全球治理提供积极借鉴

2013 年,习近平总书记在俄罗斯莫斯科国际关系学院发表演讲,首次强调指出,"人类越来越成为你中有我、我中有你的命运共同体"[21]。2017 年 2 月 10 日,联合国社会发展委员会第 55 届会议召开,把构建人类命运共同体理念首次载入联合国决议。高举构建人类命运共同体旗帜,秉持共商共建共享的全球治理观,为整个人类世界谋求未来,此志不容稍懈。事实上,无论从空想社会主义到科学社会主义的理论伟大飞跃,还是从俄国十月革命到今天中国特色社会主义实践的开创发展,站在地球仪旁思考和推动世界已成为现代人类文明的基本习惯。240 多年前,亚当·斯密(Adam Smith)就曾设想:"如果所有国家都实行自由进出口的制度,构成大陆的各个国家就如同构成大国的各个省一样。那么,任何一国的短缺,越有可能由其他某国的丰足所救济。"[22] 100 多年前,中国先哲康有为在其《大同书》中就提出,"去国界,消灭国家""去乱界,取消各级行政区划,按经纬度分度自治,全球设大同公政府"[23]。这恐怕也是世界上第一个提出如此大胆设计方案的世界级政治工程师了。2001 年,德国哲学家尤尔根·哈贝马斯(Jürgen Habermas)提出希望建立一种没有世界政府的"世界内政",以期跟经济全球化的格局相适应,"建立一个全球的、消除国际法与国家法律之间鸿沟的整体法治秩序"[24]。2004 年,美国哲学家理查德·罗蒂(Richard Rorty)提出,"世界和平和社会正义的事业的希望在于建立一个世界政府,其最重大的任务就是维护世界秩序"[25]。近年来,赵汀阳等中国一批学者也以中国传统的"天下体系"思想资源为主要挖掘对象,"通过重启天下概念来思考未来的世界治理,试图论证一个为了所有人并属于所有人的世界秩序"[26]。所以,以中国行政区划丰富的思想起源和治理实践为入口,不仅为构建现代化全球治理体系提供新启发,而且在世界终将走出逆全球化潮流的后疫情时代,为世界区域政治经济格局"消除经济全球化的负面影响"提供中国实践的生动样本[21]。

2.4 新时代中国区域发展空间格局的现状分析与未来突破点

自第一次世界工业革命以来,世界经济全球化发展潮流不可抗拒。从世界范围来看,从过去以殖民方式推动产业发展到以国际贸易方式推动全球化,再到如今在全球范围内配置各种资源,经济全球化和区域一体化的进程不断加速。在这百余年的经济全球化的过程中,世界区域经济的总体格局也先后逐步形成,即以欧盟为核心的欧洲经济圈、以美国为核心的北美经济圈和以中日为核心的亚太经济圈。与世界工业化进程相伴随,在这三大世界经济圈内也逐步形成了世界公认的六大世界级城市群,即北美五大湖城市群、美国东北部大西洋沿岸城市群、欧洲西北部城市群、英国伦敦利物浦城市群、日本太平洋沿岸城市群和中国长三角城市群。由此看出,工业化引起了城市化,经济全球化推动了世界经济圈的形成,而城市经济群又成为世界经济圈的核心,这既是世界区域经济空间格局不断演化的结果,也是世界城市群发展的基本趋势。在此背景下,从中国区域权力空间结构的视角出发,再结合中国目前已形成的区域发展战略格局、城镇化发展战略、新的"三步走"国家发展的总体目标、国家永续稳定发展的背景条件以及国家治理能力现代化对中国区域治理、政府治理、社会治理、全球治理的制度建设提出的总要求,新时代中国行政区划制度建设呈现出以下发展趋向:

2.4.1 中国总体区域发展格局越来越清晰,但区域空间格局总体尚未发生根本改变

改革开放以来,中国由之前的沿海与内陆二分到最初的东、中、西三大梯度经济带的划分,再到沿海珠江三角洲、长江三角洲、环渤海三大经济圈的不断升级,这是中国以工业化、城市化为核心的现代化发展的必然趋势。党的十八大以来,我国先后在继续加强西部大开发、东北振兴、中部崛起、东部率先"四大板块"的基础上,以"一带一路"倡议为始端,先后将京津冀协同发展、长三角一体化、长江经济带、粤港澳大湾区和黄河流域生态保护与高质量发展五大区域逐步上升到重大国家战略层面。但正如世界经济圈是以世界级城市群为核心,中国经济总体战略也必须最终落实在城市群建设上。目前,为适应中国实现社会主义现代化的目标,从中国区域总体发展战略、格局和基础出发,推动更高质量的区域一体化发展,加快城市群布局、规划、建设、升级已成为必由之路。粤港澳大湾区以广州—深圳—香港—珠海—澳门为核心的城市群跨界发展已经开始发力;以京津冀北京城市副中心建设和雄安新区横空落地为抓手,京津冀协同发展成效明显;长三角三省一市以生态发展示范区建设为抓手的一体化深度改革正如火如荼。全国区域发展的落脚点、工作抓手和区域发展指向都更加清晰、成熟。

但总体来看,仍是过去东部沿海经济带三大都市群层面的升级换代、腾笼换鸟,其总体的沿海空间发展格局并未改变。

而真正需要从根本上给予更进一步统筹谋划、切实落地的着力点是长江经济带和黄河流域经济带(传统的亚欧大陆桥),这是下一步真正实现"横向布局、纵向贯通"中国东西与南北最核心的区域枢纽,是中国未来区域总体发展格局发生根本性转变的象征。目前,在共同加强生态保护的前提下,整个长江经济带受制于全流域交通基础设施(包括沿江运输通道)可通达性的制约,上下游首尾不能很好地相顾,中部尚呈塌陷状态。因此,如果以长三角为龙头,以成都、重庆为龙尾,以武汉为龙腰,这条黄金经济带尚未形成龙头发力、龙尾平衡、龙腰传动的良性互动。在黄河流域经济带这个传统的华夏文明中心地带,由中原城市群、关中城市群和太原城市群构成的金三角起源型核心区域中,目前缺乏明确的互动合作框架结构:关中平原是西部龙头,洛阳—郑州—开封呈点轴发展式节点布局,汾河盆地自成一体,黄河中游城市群仍缺乏巨大聚合力。

2.4.2 中国城市化进程不断加快,但在城乡关系方面仍存在极端化倾向

据统计,到 2019 年末,中国城镇常住人口达到 84 843 万人,比上年末增加 1 706 万人;乡村常住人口为 55 162 万人,比上年末减少 1 239 万人。2019 年末,中国城镇化率达到 60.60%。预计到 2035 年中国城镇化率将达到 70% 以上。这是自 1990 年城镇化率达到 26.44% 以来,中国城镇化发展速度和规模增长最快的时期。

但不得不看到,在具体处理好城乡合一还是城乡分立的关系问题上仍有薄弱点。中国古代经历的是一个漫长的农业文明时代,城乡合一是传统的国家管理方式。进入了现代国家之后,由于城市从传统以消费型为主的中心人口聚居区转变为以生产为主的城区人口聚居区,因此,"无论社会主义国家,还是资本主义国家,抑或发展中国家,为什么都普遍实行城乡分立制度呢?这反映了一个带有共性的基本道路:从现代经济和现代社会的发展趋势看,城市与农村的差别和不同需要是明显的,彼此的独立性是突出的,管理特点是大不一样的,因此,在行政体制和政治体制上对城乡分别治理,效果会更好"[27]。城市经济区虽然已成为主导地位的经济区域类型,但对于中国这样一个大国而言,新型农业、新式农民仍然是必不可少的,新农村仍必将是一种客观存在的地域型政区类型。城镇化并不是全部城市化,并不是消灭农村,而是应通过新农村建设和乡村振兴,由传统农业、农民、农村向现代农业、农民、农村转变。要警惕从中国建党以来就存在的在革命、建设和改革过程中,在围绕有关城乡关系的指导思想的确立和具体的社会实践过程中,都曾经或多或少犯过脱离城乡实际、脱离基层群众的事情,有些甚至通过血的教训才回到正确发展轨道上来。而据相关学者研究和统计,全国各有关城市规划预期未来可吸纳的总人口规模竟达到了中

国实际人口总数的3—4倍。因此,怎样调适城乡关系,怎么体现城乡融合,可能仍将是长期困扰中国城镇化发展道路上的理论性和实践性难题。

2.4.3 城市群总体成效大幅提升,但固化和平衡人口输入地与输出地城镇体系成为难题

列宁曾指出,"城市是经济、政治和人民的精神生活的中心,是前进的主要动力。这种中心的地位主要表现为流通中心、生产中心、文化中心、社交中心、政治中心和消费中心"[27]。目前,中国已初步确立了新型超大城市、特大城市、大城市、中等城市、小城市人口规模等级体系,比较好地因应了中国未来人口峰值到来的必然要求。特别是在直辖市—省会城市—计划单列市—较大的市序列基础上,逐步确立了以北京、天津、上海、重庆、广州、武汉、成都、郑州、西安九大国家中心城市作为国家城镇体系的最高层级,引领城市群和区域板块的空间生产与竞争。据相关学者预测,未来或有12个国家中心城市,加上20多个省会城市、计划单列市以及若干个国务院批准的较大的市的基础上,届时全国将有一半以上的人口居住在30多个城市圈内生活。

但城市化进程往往犹如浪潮一样,一旦浪潮达到高点以后,如后续无力冲向一个更高的台阶之后,必将还会有一个回潮的过程。而决定城市化浪潮冲向更高台阶的支撑点是较高水平的城市社会福利保障和公共服务水平,城市化回潮则在于一旦城市社会福利保障和公共服务这个支撑点软弱或缺乏的情况下,还必须搭建好潮头回落后的蓄水池。蓄水池就是广大中小城市特别是小城镇和广大农村地区,这是吸纳和渗透输入人口回潮后的最后一块海绵之地。根据相关数据可知,中国常住人口与户籍人口的城市化率相差16%左右,人口规模差距为2亿人左右。根据国家发展和改革委员会《2020年新型城镇化建设和城乡融合发展重点任务》的通知要求,要把"实现1亿非户籍人口在城市落户目标和国家新型城镇化规划圆满收官"作为今年的目标任务。实际上,改革户籍制度和取消落户限制并不难,真正难的是怎样落下来、落得稳、落得有保障、落得有成效,这才是关键。落户不但要有产业支撑,特别是要有最低限度的社会福利保障网以及基本公共服务和社会生活服务等的有力支撑。同时,在城市"虹吸效应"实现人口集聚后,随着人口、教育、医疗、服务等各种资源加速流进、流出后,对应的部分资源城市、小城市加速衰退,怎么既满足中心城市又维持衰退城市两头的公共服务供给将成为重点、难点和瓶颈所在。

2.4.4 中国区域和城市的面、点、线、体已成型,但适应未来全面挑战的能力尚不足

全国区域板块和城市群的"面"与中心城市的"点",在日益发达、纵横

交错的交通和信息网络的升级换代基础上,必须形成与中国区域权力空间系统相适应的"体"。到2019年底,中国铁路营业里程已达139 000 km,其中高铁营业里程超过35 000 km,中国100多个城市已进入高铁网络,已基本形成以特大城市为中心、省会城市为支点、50万人以上的大中城市为网络的高铁网络。预计在"十四五"期间,更要建设"轨道上的都市圈",使城市群的生活构成"1小时通勤圈""2小时生活圈""8小时交通圈",建设一个"同城效应""双城生活"的"流动中国","四纵四横"的中国正在向"八纵八横"的中国迈进。同时,作为未来世界的根本,信息技术网络和云计算时代的到来,将使一个平面的世界向立体的世界转变。如果单从信息技术本身来说,全球化时代早已经实现;如果从知识、产品和信息交换的角度来看,网络时代的全球化也在一定程度上实现了;而不断突破国界、真正打破政治上人为的各种障碍,也是可期待的。正是在以公路、铁路、海运、航空和网络技术、云计算的推动下,未来区域权力空间系统必将发生颠覆性的变革。

但在"点""线""面""体"未来全面改变中国区域格局全貌和可能与世界区域格局相互作用和影响的条件下,中国传统的区域空间格局和治理体制如何适应世界区域空间的作用和影响?未来世界治理体制转型的总体趋势将会是怎样的?特别是在信息技术和云计算条件下,未来世界"因为意识形态虚构故事而改写DNA(脱氧核糖核酸)链,为了政治和经济而改变气候,用网络空间来取代山川的地理环境"将成为常态,"互为主体的现实将会吞没客观现实"[28]。届时,这种区域权力空间系统所呈现的哪些是积极功能,哪些将成为消极功能,将更加难以准确把控。各种"黑天鹅""灰犀牛""蝴蝶效应"的出现将成为大概率事件。对此,如何适应这种大变革将成为又一个难题。

2.5 关于中国未来行政区划调整的总体趋向、对策措施与相关建议

根据上述行政区划制度建设中所面临的重大变革与重点难点,本章从中国未来区域权力空间的要素、结构与功能分析理论出发,结合《中共中央国务院关于建立更加有效的区域协调发展新机制的意见》(中发〔2018〕43号)等相关政策文件和习近平总书记《推动形成优势互补高质量发展的区域经济布局》等讲话精神,就中国未来行政区划制度建设的总体趋势加以判断,并在此基础上提出相应的对策措施与相关建议。

2.5.1 合理配置区域权力空间系统要素,推动从量变到质变

从区域权力空间要素配置的角度出发,在区域板块、城市群、中心城市的导引下,根据系统要素量的积累和结构排列共同作用的现实状况,在区

域增长极的带动下,中心城市动力极化后的经济总量和效率会在量的积累方面有较大提升,从而在城市群结构排列方面引起部分质变,但由此引发区域板块根本性质变的可能性不大,总体上中国区域权力结构仍处于相对稳定的状态。

1) 京津冀协同发展

协同的抓手主要有三个:一是雄安新区建设;二是北京城市副中心建设;三是北京非首都功能疏散。京津冀协同发展的辐射面应充分考虑相邻的东北、华北和黄河下游三大区域板块所可能引起的非均衡激烈扭曲现象。

集国家力量,加快雄安新区建设,尽快弥补河北在三地协同这一环节上的软肋,在传统区域内存量难以短期形成协同的情况下,力促雄安新区、北京城市副中心、滨海新区在非首都功能疏散方面率先形成增量上的协同。

在北京直辖市和首都功能定位上,应进一步明确各自分工,逐步改变传统北京直辖市和首都功能规划、建设、管理、保障与维护于一身的混合型状态。北京城市副中心建设实际上是对北京直辖市以前所承担的首都功能的一个合理分离,解决了北京直辖市权力配置难以承担的重任。因此,为切实做好首都功能规划建设与服务保障,进一步做好非首都功能疏散工作,有必要在国家框架下形成一个由中央直接领导的首都功能区域规划建设委员会,目前应承担研究和推进非首都功能疏散的职责,基本完成后应与北京直辖市、河北、天津做好协同大文章。

2) 长三角一体化发展

长三角一体化发展的主要抓手有四个:一是长三角本身是作为世界公认的六大城市群之一,也是世界上少有的具备发展湾区经济比较优势的地区之一;二是G60科创走廊;三是长三角生态绿色一体化发展示范区建设;四是举好浦东开发开放旗帜,加大自贸港和自贸区建设。注意避免"碎片化",加强城市群的"同城效应"。

加大长三角生态绿色一体化发展示范区建设,在省市交界地区合作发展,探索建立统一规划、管理与共建共享的合作新机制,为国家其他跨省交界地区合作交流形成可推广、可复制的成功经验。应适时扩大或复制功能,在江苏、浙江、安徽交界地区形成新的一体化合作示范区和共建共享的合作交流机制,为未来长三角总体行政区划体制调整和变革做好积累与准备。

为加强动力极化效应和促进一体化发展,适时在长三角三省一市范围内对行政区划做局部调整,为推动长三角城市群建设、上海全球城市建设和支持长江经济带建设提供资源合理配置的空间支撑。

3) 粤港澳大湾区跨区域、跨国界、跨制度建设

粤港澳大湾区跨区域、跨国界、跨制度建设的主要抓手包括深圳中国特色社会主义先行示范区建设,珠三角城市群建设,东南亚跨国界贸易、技

术的交流。这里既是中国最早改革开放的前沿地区,也是"一国两制"具体实践示范的最前沿,应充分发挥制度竞争与融合的优势,使其成为中国制度自信的实践者、捍卫者。

在处理深圳、香港的关系上,从跨界、跨制度的"双跨城市"来定位深港关系。目前已赋予由深圳主导和更多省级经济社会管理权限,在不改变原行政区划的基础上,东莞、惠州惠阳、深汕合作区、深河合作区四地的规划、交通、建设、环保、科技、金融和社会事务等方面,将由深圳市直辖,这是一种模式选择。但根本上是通过深圳、香港的制度融合来提高在国际舞台上的制度竞争力问题。及早明确深圳承担社会主义先行示范区应有的制度地位,是新时代条件下赋予深圳社会主义先行示范区的又一项重要使命。

广东、香港、澳门三地适时,适地设立跨区域、跨制度以推动解决共同问题和制度融合为目的的、具有增量改革效应的合作示范区,探索形成具有广泛可接受度的制度特区。

4)长江经济带和黄河流域经济带发展要打通东西,纵贯南北

长江经济带发展重在横向贯通,黄河流域经济带发展在跨东西向和南北向上形成三角聚合。应在形成保护性开发共识基础上谋划具体措施。目前在区域板块合作方面都缺乏主要抓手,城市群的发展方向处于离散状态。应在中国"一带一路"交汇点上,把长江中游的武汉城市群和黄河中游的中原城市群作为中部崛起的重要区域板块。

长江经济带上游的成渝城市群与下游的长三角城市群都形神兼备,活力十足。唯独长江中游"腰肌无力",缺乏总体支撑点。因此应以武汉、长沙、南昌为长江中游城市群的中心城市,推动湖南、湖北、江西三地形成长江中游城市群,可优先考虑通过设立中央直辖市,形成三点一线横向布局的政区空间形态。同时,未来应与中原城市群形成纵向互动格局。

黄河流域经济带重点在中游,以中原城市群、关中城市群和晋中南城市群为大三角,推动设立以山西、陕西、河南黄河金三角为核心的华夏文化旅游与创意产业示范区;同时,以中原城市群为核心,在东西向上形成点轴发展战略,在南北向上加强陆上大通道建设。同时,应形成与武汉城市群的互动格局。

2.5.2 适时调整区域权力空间系统的内外结构关系

从区域权力空间结构调整的角度出发,在利益—竞争、差异—合作、永续—创新的三大因果—目的律主导的内结构和外结构中,无论是世界与中国之间或是中国内部区域板块之间,不同的发展条件、要求与背景,区域权力空间系统的运行体制与机制都有很大差异。在目前以国内大循环为主、国内国际双循环相互促进的新发展格局条件下,应以差异—合作为主、利益—竞争为辅,永续创新共构。

1) 处理好国体与政体的关系问题

中国的国体是人民民主专政,中国的政体是人民代表大会制度,实行的是议行合一的民主集中制。要把中国传统的民本思想与西方现代的民主思想紧密融合起来,更好地体现实质民主与形式民主的有机统一。

在"一主多辅"混合型政区结构条件下,在行政区划制度建设中,加强行政区划的政治与行政体制的顶层设计,使行政区划制度建设更能符合《中华人民共和国宪法》中所规定的中国特色民主政治发展道路。在省、直辖市高层政区层面未来有两种思路:一是适度分省,设立直辖市,取消地级市或退回省级政府派出机构,扩大县市幅员,乡镇规模基本保持不变。这符合行政区划扁平化管理取向,但可能会加大中央管理压力,必要时得设立大区。二是维持现有高层政区格局,适度微调省管辖范围,设立直辖市,地级市和基层政区保持不变,这有利于保持相对稳定。

在目前中国地域型政区、城市型政区、民族型政区、特别型政区四大类型中,以城市型政区和特别型政区为主是完全城市型政区,以地域型政区和民族型政区为主是混合型政区类型,并且是占主导地位的政区类型。深入研究和探索能够体现城乡融合发展的新型政区体制类型,是加强行政区划制度创新的重要内容。建议进一步完善城市型政区制度体系,建成区人口集聚区宜采取小区制模式,郊区规划建设人口导入区则宜采取大区制模式。

2) 处理好幅度与层次的关系问题

幅度与层次问题是行政区划中最基本的矛盾关系。幅度与层次总是构成反比的关系,幅度越大,层次越少;幅度越小,层次越多。按照中国现行的《中华人民共和国宪法》规定,中国地域型政区和城市型政区实行三级制,民族型政区实行四级制。党的十八大以来,明确把实行"扁平化管理"作为行政体制改革的目标,这意味着目前的行政区划体制并不是理想的扁平化的管理模式,而是要朝向减少行政区划层次这个方向努力。在宪法规定和现实实践不相符合的情况下,在明确"扁平化管理"模式的目标基础上,是在宪法规定的基础上减少层次,还是对现实中已普遍实行的四级制行政区划体制在进一步回归宪法框架的基础上就实现了扁平化,亟须明确的"扁平化"的政策含义。

基于扁平化理论的行政区划体制改革,在现行的行政区划体制基础上,应当局部分省、适当增设直辖市、适当撤并县与县级市、取消地级市建制或退回省级派出机构。比如,可考虑适当扩大上海行政区域,同时将安徽与江苏、浙江交界的部分区域划归江浙二省,增强安徽与上海、江苏、浙江的一体化程度,提高一体化的向心力,同时增强区域增长极,充分发挥安徽腹地作用。

为适应当前中国区域板块、城市群和中心城市的发展,特别是对于一体化、自贸区或自贸港、示范区乃至跨区域合作的"飞地"等特殊管理模式,给予其在特别型政区类型下的不同层面上的法律地位,在一定程度上增强其独立性、灵活性与创制性。

3）处理好中国与外部世界的关系问题

在外结构方面，虽然以中美关系为主轴的跨国界国际区域政治经济发展格局有较大障碍，但应与中国沿边国家、传统友好国家以及相关国际组织、跨国企业和网络平台加强经济和经贸交往。建议以差异—合作为主、利益—竞争为辅形成良性合作的互动体制机制。

"一带一路"倡议在国际上受到诸多挑战，从国际区域政治经济发展格局来看，对中国摆脱外贸依存度、主动选择国际区域政治经济发展战略和推动国际循环具有较好的指向意义。因此，不仅在诸如深圳、香港形成开放状态而不是封闭状态下的制度融合与竞争，而且在国际上也要主动在开放状态下与世界各种制度形成较好的融合与理性竞争。建议考虑在中俄东北—远东合作、中国—东盟合作、东盟与中日韩合作、澜沧江—湄公河合作、图们江地区开放等国际区域合作框架下，在中国沿边地区灵活设立重点开发开放试验区、边境经济合作区、跨境经济合作区与境外产能合作园区等特殊型政区类型，开拓出更多类型的国际区域政治经济合作新途径；在"一带一路"沿线国家协商探索设立具有跨国性质的开发园区。

2.5.3 全面提高区域权力空间系统的功能效应

从区域权力空间功能效应的角度出发，不仅要树立新的衡量绩效考核的标准，而且要从区域空间结构的组织效能、组织方式等方面全面促进系统功能的整体性、协同性，促进积极功能，防止或减少消极功能。

1）以系统功能绩效引导良性有序竞争

改革开放以来，党和国家确立了以经济建设为中心，以 GDP 作为考核指标，在特定的条件下，指挥棒效应显著；但考核指标过于单一，政绩观有所扭曲。新时代坚持以人民为中心，以人民美好幸福生活作为初心使命，以生产、生活、生态为综合性指标，即由过去的单一性指标向综合性指标转变。把 GDP 指标、人类发展指数（HDI）（包含预期寿命、教育水平、生活质量三项基本指标）和生态环境指标，作为系统功能绩效的综合性考核指标，引导行政区经济走向更高水平的良性有序竞争。

2）形成以群众路线为主导的混合型社区治理模式

在中国快速城市化推进过程中，特别是在最基层政区的乡镇（街镇）一级政府管理与村居自治之间，严格按党的十九大所提出的"实现政府治理和社会调节、居民自治良性互动"的工作格局。基层政府要严禁包办、代替村居自治，特别是要防止基层政府以执行和完成上级政府命令和任务为其工作职能的名义，违背村民自治相关法律和自治权利，导致社会舆论，影响社会稳定。

严格把握相关法律与政策的规定、界限与程序，按照基层行政区与社区治理互动框架体系要求，通过协商民主和自治原则，在行政区—社区体系的工作框架内,不断提高基层治理能力和人员素质。

基层政区是非常典型的混合型社区结构,在基层政区与社区互动环节要加强党的领导,特别是在基层权力空间结构中把党的群众路线真正贯彻到社区治理全过程,形成以群众路线为核心的基层社区治理模式。目前,这方面无论是学术研究还是制度设计都还是一个空白。建议在国家层面研究制定在乡镇行政区划调整中涉及村民委员会或自然村撤并的工作制度,避免在快速城市化过程中出现大范围侵害基层群众基本利益的公共事件发生,方便群众办事,保障落实基层群众应享有的教育、卫生、养老等基本公共服务方面的供给与权利。

(执笔人:陈占彪、刘君德)

第2章注释
① "最后一公里"为固定说法,故本书不将其改为"最后1 km"。

第2章参考文献
[1] 顾炎武. 天下郡国利病书[M]. 黄珅,等校点. 上海:上海古籍出版社,2012.
[2] 刘君德. 我的地理人生:涉足山区·致力政区·钟情社区[M]. 南京:东南大学出版社,2017.
[3] 鲁勇. 行政区域经济[M]. 北京:人民出版社,2002.
[4] 王健,鲍静,刘小康,等. "复合行政"的提出:解决当代中国区域经济一体化与行政区划冲突的新思路[J]. 中国行政管理,2004(3):44-48.
[5] 陈占彪. 从"行政区经济"到"区域政治经济"[J]. 社会科学,2009(4):57-61.
[6] 周振鹤. 中国历代行政区划的变迁[M]. 北京:商务印书馆,1998.
[7] 周振鹤. 中国地方行政制度史[M]. 上海:上海人民出版社,2005.
[8] 周振鹤. 体国经野之道:中国行政区划沿革[M]. 上海:上海书店出版社,2009.
[9] 周振鹤. 中国历史政治地理十六讲[M]. 北京:中华书局,2013.
[10] 刘君德. 我的地理人生2:山区·政区·社区研究文集[M]. 南京:东南大学出版社,2020:132,206.
[11] 史次耘. 孟子今注今译[M]. 影印本. 台北:台湾商务印书馆,1973:120.
[12] 郭道晖. 权力的多元化与社会化[J]. 法学研究,2001,23(1):3-17.
[13] 李孝聪. 中国区域历史地理[M]. 北京:北京大学出版社,2004:4-5.
[14] 习近平. 习近平谈治国理政[M]. 北京:外文出版社,2014:287,292.
[15] 习近平. 在黄河流域生态保护和高质量发展座谈会上的讲话[J]. 中国水利,2019(20):1-3.
[16] 陈占彪. 进一步拓展我国行政区划的思想资源与理论视野[J]. 中国民政,2020(7):41-42.
[17] 习近平. 推动形成优势互补高质量发展的区域经济布局[J]. 当代广西,2019(24):10-12.
[18] 习近平. 解决中国的问题只能在中国大地上探寻适合自己的道路和办法[EB/

OL].(2014-10-13). http://www.xinhuanet.com//politics/2014-10/13/c_1112807354.htm.
[19] 习近平.习近平谈治国理政[M].北京:外文出版社,2014:116.
[20] 习近平.习近平谈治国理政(第三卷)[M].北京:外文出版社,2020:165.
[21] 中共中央党史和文献研究院.习近平关于中国特色大国外交论述摘编[M].北京:中央文献出版社,2020:1-2,237.
[22] 亚当·斯密.国富论[M].唐日松,等译.北京:华夏出版社,2005:389-390,446-447.
[23] 康有为.大同书[M].周振甫,方渊,校点.2版.北京:中华书局,2012:"前记".
[24] 哈贝马斯.在全球化压力下的欧洲的民族国家[J].张庆熊,译.复旦学报(社会科学版),2001,43(3):114-121.
[25] 张庆熊.西方技术文化时代的问题和出路:回味罗蒂在复旦大学的讲演[R].兰州:中国现代外国哲学学会年会暨西方技术文化与后现代哲学学术研讨会,2014.
[26] 赵汀阳.天下的当代性:世界秩序的实践与想象[M].北京:中信出版社,2015.
[27] 中国行政区划研究会.中国行政区划研究[M].北京:中国社会出版社,1991:127,401.
[28] 尤瓦尔·赫拉利.未来简史:从智人到神人[M].林俊宏,译.北京:中信出版社,2017.

3 中国国家空间治理主要问题与行政治理

3.1 中国空间战略问题

空间资源高效利用是国之大计,国家空间战略是关乎中国空间全局的指导方针,国家空间起始状态、国家空间发展方向、国家空间演化路径、国家空间可达目标是中国国家空间战略的基本内涵。中国空间战略现存的重要问题为国家空间战略问题、国家空间法治问题、国家空间目标问题、国家空间认知问题、国家空间方法问题。这五大问题制约了中国国家空间发展与空间治理,是亟待解决的重大急迫性问题。

3.1.1 国家空间战略问题

所谓中国的国家空间战略问题主要表现为:主流人居空间思想停留在城市化模式,对生态足迹的关注不够;城市之间的行政协调机构缺失,导致城市群区域一体化面临巨大挑战;城市范式已经失效,城市群范式为过渡性模式,空间城市系统范式亟待树立。中、美、欧空间发展竞争要求中国必须建立现代国家空间发展战略,它是中国国家重大急迫的战略性需求。

3.1.2 国家空间法治问题

国家空间法治是关于国家空间系统的一个基本框架,国家空间治理主体与被治理主体、纵向治理体系与横向治理体系、国家空间全部的主动与被动行为,都要在"国家空间法治"框架中运行。中国国家空间法治问题主要表现在三个方面:第一,国家空间法治思想薄弱。国家空间法律的缺失导致空间法律常识性匮乏,主要表现为重发展轻资源、重权治轻法治、重结果轻程序。第二,国家空间法律文本缺位。国家空间法律文本缺位是国家空间治理的根本性问题,若无法可依成为基本事实,空间法治就成为空话,它所导致的连锁反应不堪设想。第三,国家空间制度不健全。国家空间制度是国家空间治理的规章与准则,是国家空间发展与空间治理的规矩。国家空间制度不健全将导致空间领域人与人的关系、人与物的关系、物与物的关系陷入混乱无序状态。现代国家空间治理一定是"法治治理",国家空间法治问题是根本性问题。现代空间法治思想、现代空间法律文本、现代空间法治制度是中国国家空间治理不可或缺的前提条件。

3.1.3 国家空间目标问题

国家空间目标主要是指中国人居空间形态愿景目标。城市化是中国人居空间形态转型目标,城市群化是中国人居空间形态中间目标,空间城市系统是中国人居空间方向目标。可持续人居空间系统应包含聚落、城市、国家空间三个层次,是中国人居空间形态愿景目标。中国国家空间目标问题主要表现在两个方面:一是国家空间远景目标模糊,它会使国家空间治理陷入短视现象,例如中国城市化率极限要明显不同于西方发达国家,这是由中国农业文明基础所决定的,因此聚落在中国人居空间系统中就占有稳定比例地位。过度城市化具有巨大的生态足迹问题,受到全球变化红线的约束,中国社会发展不应该以城市化为动力。二是国家空间发展战略缺失。中国缺乏中国空间远景目标展望,这就导致国家空间发展与空间治理缺乏方向感,长三角、粤港澳、京津冀等局部空间目标不可能代替中国国家空间系统的整体目标,即国家空间系统整体战略目标不等于局部空间分项战术目标之和。人居空间形态愿景目标是国家空间系统序参量,国家空间目标问题是一个纲领性问题,需要中央政府认真对待、统筹解决。

3.1.4 国家空间认知问题

国家空间认知是国家空间认识的基础,国家空间认识形成国家空间观念。因此,国家空间认知问题是一个根本性问题。国家空间认知混沌必然导致国家空间发展认识模糊,国家空间治理逻辑性失误就不可避免了。国家空间战术性策略是国家空间战略性方针的落脚点,其重要意义不言而喻。纵观国家空间理论与空间实践情况,中国国家空间认知主要存在三方面的问题。

(1) 空间基础理论认知问题。当前的城市理论是中国空间认知基本理论。现代城市是工业化的产物,城市理论带有工业文明的显著特征,很显然城市理论不可能成为后工业化中国空间的主导性理论。城市群理论是一种过渡性理论。在当代中国空间发展过程中,城市群理论已经发挥了巨大作用,但是城市群理论带有很强的中国特色,并非世界人居空间发展的一般性规律。空间城市系统范式理论建立在系统科学基础之上,是一种生态文明理论,例如它可以有效降低城市生态足迹对生态环境的损害,目前空间城市系统理论还没有成为中国空间发展与空间治理的主导性理论。

(2) 空间科学认知混沌问题。宏观的空间系统理论不同于中观的城市学科与微观聚落学科理论,它是包括城市与聚落,又高于城市与聚落的理论体系。对于人居空间新形态,传统的城市地理学与城乡规划学已经失去解释能力。空间城市系统理论是系统科学与城市地理学交叉的理论创新，用以对人居空间新形态进行解释。国家空间治理涉及空间城市系统、规划、政治、公共管理，是多种学科的交叉应用。空间科学认知混沌容易将空间发展与空间治理简单化，难免犯主观主义错误。只有从多学科角度出发，以空间基础理论创新为认识论，才能把握中国国家空间发展规律，进行科学的国家空间治理。

（3）国家空间规划认知问题。宏观尺度的空间规划、中观尺度的城市规划、微观尺度的聚落规划具有本质差异性。国家空间规划是一个宏观空间系统技术学科问题，建立在宏观空间系统基础理论的基础之上。中国国家空间规划缺失，既是一个国家空间规划认知问题，更是一个宏观空间系统技术学科问题。中国国家空间存在局部空间协同、整体空间失衡、梯次科学分布等问题，亟待中国国家空间规划的调整与修正。

3.1.5 国家空间方法问题

国家空间方法问题主要包括国家空间理论方法问题、国家空间规划方法问题、国家空间治理方法问题。方法论在国家空间研究与空间治理中具有决定性意义。系统科学方法与空间城市系统方法论是研究中国国家空间系统的主要方法，政治学与公共管理学是研究国家空间治理的主要方法学科。

（1）国家空间理论方法问题。国家空间理论可以分为国家空间基础理论、国家空间技术理论、国家空间应用理论三个层次，每一个层次所应用的方法论都有所不同。首先，在国家空间基础理论层次，方法论落后导致空间基础理论创新乏力，空间基础理论是国家空间理论研究与行为实践最重要的基础，它的落后将会导致全面性落后。其次，在国家空间技术理论层次，方法论基本停留在传统确定论与机械论的水平上，难以适应生命性与复杂性的现代空间发展要求。最后，在国家空间应用理论层次，传统理论与方法处于支配性地位，所以国家局部空间规划带有太多城乡规划的痕迹，难以适应当代国家空间发展高度复杂化的要求。

（2）国家空间规划方法问题。现行空间规划方法多基于城市地理学方法与城乡规划学方法，它们很难适应宏观尺度的国家空间规划问题。首先，静态城市规划方法已经开始被空间规划方法所取代，显然它不能被用于中国国家空间规划。其次，静态空间规划方法，即"多规合一"空间规划方法，停留在确定论世界观阶段，表现为空间规划文本与空间规划图纸。静态空间规划本质是多种专业规划的合并，它无法面对整体性、多维度、生命体、自组织属性的国家空间系统规划要求。最后，中国国家空间规划方法面临革命性变革，即"动态空间系统规划"，它秉持演化论世界观，将中国国家空间系统看作一个生命体，应用"空间城市系统脑软件"，从整体性、多维度、演化论角度进行国家空间系统动态规划。

(3)国家空间治理方法问题。面对中国国家空间发展的现代性与复杂性,传统的政治学与公共管理学方法已经很难适应,中国国家空间治理是一个政治学与公共管理学同国家空间系统理论相交叉的问题。根据中国国家空间系统演化的平衡态、近平衡态、近耗散态、分岔、耗散结构不同阶段,本章将其分为国家空间管治、国家空间治理、国家空间善治三种基本方法。中国国家空间治理方法将与中国国家空间结构的转型相适应,由此才能适应21世纪中国国家空间治理现代化的要求。中国国家空间现代治理体系与现代治理能力是一个国家空间理论问题,更是一个国家空间实践问题。

3.2 中国空间失衡问题

国家空间均衡化发展历来是国之大计,关系到政治、经济、社会、文化、生态等方面。中国空间失衡问题是一种历史现象,更是一种客观现实,主要表现为南北方空间发展状态失衡。空间失衡问题是中华民族之大患,它所造成的伤害是灾难性的,是国家难以承受的。所以,必须认真对待空间失衡问题。空间南北方均衡发展是不二之选。本章以中国空间城市系统分布为主,对中国空间失衡问题进行全面分析研究,并提出空间均衡发展的对策建议。

3.2.1 中国空间"象限分类"

(1)中国东西空间分界线。1935年,学者胡焕庸提出了中国东西部空间分界线,即"黑河—腾冲线",又称"胡焕庸线"。若干年来,中国东西部人居空间发展实践很好地证明了"胡焕庸线"的真理性。21世纪以后,"胡焕庸线"以东依然集聚了中国94%的人口与96%的经济总量。因此,本章依然将"胡焕庸线"作为中国东西部空间分界线来研究当代中国空间失衡问题,如图3-1所示。

(2)中国南北空间分界线。本章将北纬32°25′(以下简称"32°线")作为中国南北空间分界线,可以将如东县、襄阳市、绵阳市、安多县、噶尔县连成弧线近似为"32°线"。"32°线"很好地将当代北方空间与南方空间划分开来。中国东南空间集聚了中国城市、经济、人口等领域的绝大多数份额,成为中国空间"南北失衡"的主要权重空间,如图3-1所示。

(3)中国空间"象限分类"定义。本章以东西空间分界线与南北空间分界线为轴线,将中国国家空间分为第一象限空间、第二象限空间、第三象限空间、第四象限空间,如图3-2所示。中国空间"象限分类"与后续"梯度分类"实现了现代中国空间的科学划分。利用"象限分类"与"梯度分类"较易于对中国国家空间进行科学的定性与定量分析,从而指导科学技术克服自然地理环境制约,加快中心城市与空间城市系统规划与建设。

中国地图

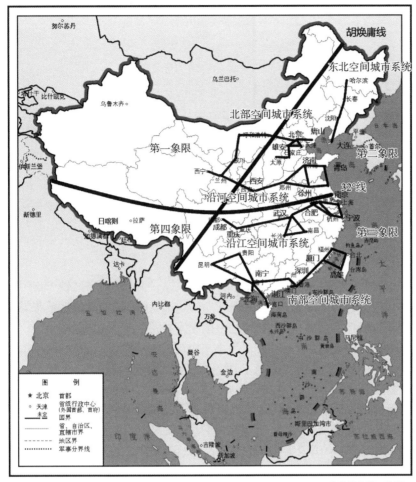

审图号：GS(2019)1711号　　　　　　　　　　　自然资源部　监制

图 3-1　中国空间城市系统"南北失衡"

3.2.2　中国空间"南北失衡"问题

1)"南北失衡"综合分析

中国空间"南北失衡"是一种自然地理空间分异客观现象，是一种历史人文促成结果，是一种当代社会发展失衡。就中国空间"南北失衡"综合因素，本章做以下简要分析：

第一，自然地理地貌因素与纬向地带气候因素是中国南北失衡的基础性原因。农业文明时代无法克服"南北失衡"自然地理的制约。现代社会随着科学技术的发展，特别是生态环保科技、高速交通科技、信息通信科技的发展，可以改进"南北失衡"自然地理制约条件，促进南北空间均衡发展。

第二，中国历史就是一部南方与北方的战争历史、博弈历史、交流历

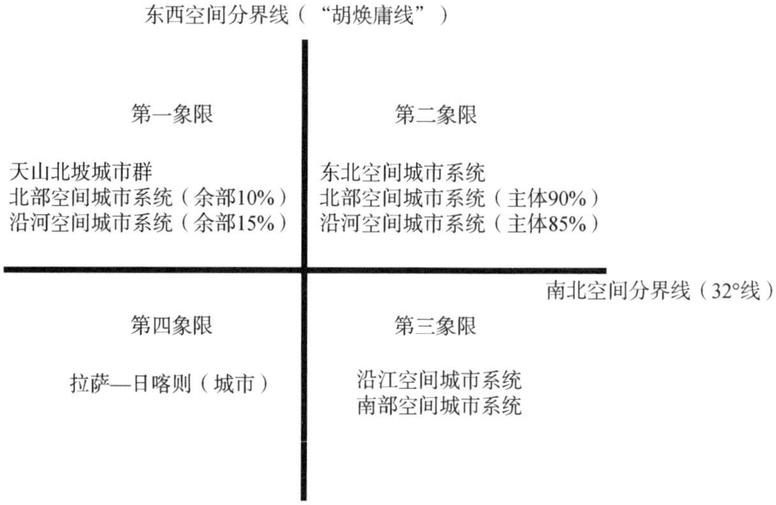

```
                    东西空间分界线（"胡焕庸线"）
                              │
              第一象限         │        第二象限
                              │
        天山北坡城市群          │  东北空间城市系统
        北部空间城市系统（余部10%）│  北部空间城市系统（主体90%）
        沿河空间城市系统（余部15%）│  沿河空间城市系统（主体85%）
                              │
    ──────────────────────────┼──────────────────────────  南北空间分界线（32°线）
                              │
              第四象限         │        第三象限
                              │
        拉萨—日喀则（城市）     │  沿江空间城市系统
                              │  南部空间城市系统
                              │
```

图 3-2　中国空间城市系统分布规律

史，"南财北用"是一种基本现象，京杭运河、京沪高铁、京广高铁、京沪航空都是"南北均衡"的产物。"南北失衡"必然导致中国国家灾难性后果，这个历史规律颠扑不破，"南北均衡"是中国国家长治久安的基础。

第三，"南北失衡"主要表现为第二象限空间与第三象限空间的失衡。所以，通过对第二象限与第三象限空间要素的调整，就可以实现"南北均衡"的目标。其中，北方重点中心城市空间要素的集聚与调整是关键因素。

第四，中国空间治理的主要使命就是通过强力他组织干预来实现南北方空间的均衡发展。"南北均衡"必须是中国国家空间发展思想的基础性内容，用以指导中国国家空间的空间战略、空间规划、空间政策、空间工具。

2）空间要素东部化规律

空间城市系统是中国国家空间主体空间要素，如图 3-2 所示。中国空间城市系统（详见后续内容）拓扑分布图很精准地说明了中国空间城市系统分布规律：第一象限分布着北部空间城市系统（余部 10%）、沿河（即沿黄河）空间城市系统（余部 15%）、天山北坡城市群。第二象限分布着东北空间城市系统、北部空间城市系统（主体 90%）、沿河空间城市系统（主体 85%）。第三象限分布着沿江（即沿长江）空间城市系统、南部空间城市系统。第四象限分布着拉萨—日喀则（城市）。本章将这种现象称为空间要素东部化规律，它说明中国国家"南北失衡"主要体现为第二象限与第三象限之间空间城市系统主体要素的失衡。

3）南北空间序参量指标比较

GDP 作为经济全要素表征量，比较好地说明了空间城市系统的经济基础逻辑。因此，本章选用 GDP 指标作为空间城市系统序参量指标。如表 3-1 所示，2017 年南方空间 GDP 是北方空间 GDP 的约 1.6 倍。2027 年南方空间 GDP 将是北方空间 GDP 的约 2.0 倍。

表 3-1 南北空间 GDP 序参量指标比较

类别	空间城市系统	2017 年 GDP/亿元	合计/亿元	年增长率/%	2027 年预计 GDP/亿元	合计/亿元
南方空间	沿江空间城市系统	250 040	432 466	9.00	475 076	854 522
	南部空间城市系统	182 426		10.80	379 446	
北方空间	北部空间城市系统	99 584	270 787	9.57	128 114	421 558
	沿河空间城市系统	125 633		9.40	243 728	
	东北空间城市系统	45 570		9.10	49 716	

北部空间城市系统仅有京津冀城市群较为成熟,京津冀城市群占北部空间城市系统总体体量的 60% 左右。沿河空间城市系统尚没有"一体化"概念,东北空间城市系统处于低迷状态。三者"整体涌现性"都没有显现迹象。从南方空间实际情况来看,沿江空间城市系统已经具有"长江经济带"概念,南部空间城市系统已经由粤港澳大湾区带动起步,两者"整体涌现性"已经初露端倪。

预测 2027 年南方空间 GDP 将是北方空间 GDP 的约 2 倍,其前提条件为南方空间城市系统与北方空间城市系统都能够充分产生"整体涌现性"。显然,从现在的发展态势来看,南北方空间实际情况相差甚远,也就是说到 2027 年,南方空间 GDP 实际上可能不止是北方空间 GDP 的 2 倍。以"空间要素东部化规律"为根据,可以预测 2027 年中国空间主体要素将向第四象限高度集聚,导致中国"南北失衡"加重。从"南北失衡"历史经验来看,届时"南北失衡"将危害国家政治、经济、社会安全。因此,为避免灾难性后果,必须对"南北失衡"问题加以解决,为中国国家长治久安创造基础。

4) 南北空间城市系统态势比较

空间城市系统态势表征了空间城市系统状态地位的一种趋势,分为优势、良势、均势、弱势、劣势五级。空间城市系统态势分析是一种基于系统指数之上的比较分析,是一种以定量为基础的定性分析框架。根据这种方法得出分析结果,如表 3-2 所示,南部空间的"长江经济带"概念和"粤港澳大湾区"概念都已形成,而北部空间的"京津冀"概念虽已形成,但沿河空间城市系统和东北空间城市系统处于劣势地位。总体来看,南方空间比北方空间占据绝对优势,"南北失衡"空间格局十分明显。随着中国空间城市系统发展速度的加快,"南北失衡"将日趋加重,必将成为危及中国国家稳定的负面因素。

综上所述,各种比较分析都证明了中国空间"南北失衡"结论,而且将有日趋加重的危险。基于多种方法科学判断,中国空间"南北失衡"是一种不可逆的发展趋势,只能采取"北方追赶"对策,采用实践判据、模型判据、状态熵判据,动态监测"南北失衡"的具体量值,将"南北失衡"控制在国家安全范围之内。因此,中央政府必须进行强力他组织干预,实施空间均衡发展战略,加快北方空间的发展。"南北均衡"是中国空间发展思想应有之义,是国家空间发展战略的优先选项,是国家空间规划的重要内容,是国家空间治理的基本落脚点。

表 3-2 中国空间城市系统态势比较

类别	空间城市系统	演化状态	综合指数	经济指数	创新指数	空间联结指数	空间结构指数	整体涌现性指数	生态环境指数
南方空间	沿江空间城市系统	近耗散态	优势	优势	良势	优势	优势	优势	均势
南方空间	南部空间城市系统	近平衡态	优势	优势	优势	良势	良势	良势	均势
北方空间	北部空间城市系统	近平衡态	良势	良势	均势	良势	均势	弱势	弱势
北方空间	沿河空间城市系统	平衡态	劣势	良势	弱势	劣势	劣势	劣势	均势
北方空间	东北空间城市系统	近平衡态	弱势	劣势	劣势	良势	良势	弱势	弱势

3.2.3 北方空间发展战略

(1)生态环境管治战略。中国北方空间的自然地理条件具有恶劣性与脆弱性特征,其地质地貌条件、水资源条件、生态环境承载能力都比南方空间相差很多。生态环境管治是北方空间发展的基础性战略,必须以最严格的空间管治方法进行北方空间治理。北方空间人地耦合关系的复杂程度远远高于南方空间,沿河空间城市系统与北部空间城市系统基础研究、机理规律、空间规划的科学技术含量都高于沿江空间城市系统与南部空间城市系统。以色列国家空间发展模式值得中国北方空间借鉴,如节水发展模式、农业科技模式等。

(2)中心城市职能战略。中国具有社会主义制度优越性,可以借助国家强力他组织干预,采取中心城市职能战略,提升北方空间重点中心城市职能。重点中心城市是北方空间发展的牵引动力,政治动因是城市发展的首位因素,可以充分发挥中国政治制度优势,实现北方重点中心城市职能升级。北方空间发展决不能走规模化与低质量的模式,中心城市职能战略是一条集约化与高质量发展之路,如表 3-3 所示。

表 3-3 北方重点中心城市职能

中心城市	政治、股市、科技	高端服务业	现代产业	人口集聚
北京	中国政治中心	中国教育中心	城市服务业	严格控制
雄安	中国行政中心	国家治理中心	城市服务业	严格控制

续表 3-3

中心城市	政治、股市、科技	高端服务业	现代产业	人口集聚
兰州	西北行政中心	区域治理中心	现代农业中心	严格控制
天津	天津股市	中国金融中心	现代服务业中心	适当控制
沈阳	沈阳股市	中国金融中心	现代制造业中心 现代服务业中心	适当控制
济南	中国科技中心	中国金融中心	现代制造业中心 现代服务业中心	适当控制
西安	中国科技中心	中国教育中心	现代制造业中心 现代服务业中心	适当控制
长春	中国科技中心	区域教育中心	现代制造业中心 现代服务业中心	适当控制
哈尔滨	区域科技中心	中国商贸中心	现代制造业中心 现代服务业中心	适当控制
郑州	中国农业科技中心	中国商贸中心	现代农业中心 现代服务业中心	适当控制
青岛	区域科技中心	中国商贸中心	现代制造业中心 现代服务业中心	适当控制
大连	区域科技中心	中国商贸中心	现代制造业中心 现代服务业中心	适当控制

（3）空间城市系统战略。首先，北部空间城市系统方针。北部空间城市系统包括东部子系统与西部子系统两个部分，东部子系统为北京—雄安—天津—唐山空间结构，西部子系统为石家庄—太原—葭州（神木）—呼和浩特空间结构，其中西部子系统扩展是北部空间城市系统方针的关键。石家庄—太原—葭州（神木）—呼和浩特空间结构认知，是北部空间城市系统方针的前提，葭州（神木）中心城市规划建设又是西部子系统空间结构形成的关键环节。其次，沿河空间城市系统方针。沿河空间城市系统概念的确立是沿河空间城市系统方针的关键，沿河空间城市系统是中国国家空间"南北均衡"的重要举措。最后，东北空间城市系统方针。东北空间城市系统的关键是社会体制问题，大连—烟台海底隧道将东北空间城市系统与沿河空间城市系统连接起来，是改善中国东北空间自然地理隔离的重要环境发展条件。

综上所述，生态环境管治战略、中心城市职能战略、空间城市系统战略是北方空间发展的基本战略方针。对于中国国家空间"南北失衡"问题，须进行政治、经济、社会、文化、生态环境综合治理，由此才能实现"北方追赶"发展，将"南北失衡"控制在国家安全范围之内，到达南北相对均衡的状态。

3.3 中国空间分异问题

3.3.1 中国空间"梯度分类"

本章将中国空间梯度分类函数归结为海拔 x、经度 y、城市集聚度 z 的三元函数,则可以将空间区位表示为一个空间梯度函数 $f(x,y,z)$,即每一个中心城市节点对应着一个空间梯度函数值 $f(x,y,z)$。根据空间梯度定义,可以将该中心城市空间梯度表示为三元函数的一阶连续偏导数,记作 $\mathrm{grad}\,[f(x,y,z)]$,并且有

$$\mathrm{grad}\,[f(x,y,z)] = \partial f/\partial x\, i + \partial f/\partial y\, j + \partial f/\partial z\, k \qquad (3\text{-}1)$$

由此,可以用空间梯度函数 $f(x,y,z)$ 来定量表示中心城市节点的"空间梯度"定位。并且由公式(3-1)求得中心城市节点的空间梯度值。根据海拔 x、经度 y、城市集聚度 z 三个基本维度,本章将中国空间分为第一梯度空间、第二梯度空间、第三梯度空间、第四梯度空间。

公式(3-1)可以作为刘君德先生中国行政区划理论的定量界定公式使用,也就是说可以将空间梯度函数值相近的行政区划归结为同一类型空间进行定量界定。可以将公式(3-1)写成计算机程序,将中国行政区划不同海拔 x、经度 y、城市集聚度 z 代入进行计算,就可以得到所需的行政区划空间的空间梯度函数 $f(x,y,z)$ 定量值。在相同空间梯度函数定量区间基础上,可以将刘君德先生的中国行政区划理论推展至政治、经济、文化、社会、生态等多个领域。

1) 第一梯度空间

第一梯度空间(1GS),包括东北空间的辽宁省、吉林省、黑龙江省,以及东部空间的北京市、天津市、河北省、上海市、江苏省、浙江省、福建省、山东省、广东省、海南省、台湾地区、香港特别行政区、澳门特别行政区。第一梯度空间的主要特点是位于中国第三级阶梯、长江—黄河下游地区、国家中心城市密集区。显然,第一梯度空间是中国空间城市系统的牵引空间与主导空间,牵引城市(TC)与主导城市(LC)为:北京 TC、上海 TC、香港 TC、天津 LC、沈阳 LC、济南 LC、青岛 LC、南京 LC、广州 LC、深圳 LC、台北 LC。

2) 第二梯度空间

第二梯度空间(2GS),包括中部空间的山西省、安徽省、江西省、河南省、湖北省、湖南省。第二梯度空间的主要特点是位于中国第三级阶梯、长江—黄河中游地区、区域中心城市密集区。显然,第二梯度空间是中国空间城市系统的主导空间与主中心空间,主导城市为武汉 LC,主中心城市(MC)为太原 MC、合肥 MC、南昌 MC、郑州 MC、长沙 MC。

3) 第三梯度空间

第三梯度空间(3GS),包括西部空间的内蒙古自治区、广西壮族自治区、重庆市、四川省、贵州省、云南省、陕西省、甘肃省、青海省、宁夏回族自治区、新疆维吾尔自治区。第三梯度空间的主要特点是位于中国第二级阶梯、长江—黄河上游地区、区域中心城市密集区。显然,第三梯度空间是中国空间城市系统的主导空间与主中心空间,主导城市为重庆 LC、西安 LC,主中心城市为呼和浩特 MC、南宁 MC、成都 MC、贵阳 MC、昆明 MC、兰州 MC、西宁 MC、银川 MC、乌鲁木齐 MC。

4) 第四梯度空间

第四梯度空间(4GS),涵盖西藏自治区。第四梯度空间的主要特点是位于中国第一级阶梯、长江—黄河发源空间、中心城市稀缺地区。第四梯度空间的主要城市为拉萨市、日喀则市、昌都市、林芝市、山南市、那曲市。

3.3.2 中国空间梯度分布事实

中国空间呈现梯度分布是一种客观事实,本章以海拔、经度、城市集聚度为标准定义了这种空间梯度分布。就广义概念而言,中国空间梯度分布涵盖政治、经济、社会、文化、生态环境,是一种综合性梯度分布。本章引入 ∇(纳布拉,Nabla)为梯度算符,"中国空间 ∇"读作"中国空间梯度","中国 $\nabla 1$"读作"中国第一空间梯度",以此类推。中国空间梯度分布可以用以下公式表示:

$$中国空间\nabla = 中国\nabla 1 - 中国\nabla 2 - 中国\nabla 3 - 中国\nabla 4 \quad (3-2)$$

公式(3-2)说明,中国空间梯度分布是一种自然现象,只能尊重这种客观事实,不能采用他组织干预来改变这种空间分异事实,也就是说国家空间治理不可能改变第一梯度空间"牵引空间与主导空间"的基本属性、第二梯度空间"主导空间与主中心空间"的基本属性、第三梯度空间"主导空间与主中心空间"的基本属性、第四梯度空间"中心城市稀缺地区"的基本属性。

3.3.3 中国空间"管治、治理、善治"

由于第四梯度空间自然环境的脆弱性,再加上青藏高原是中国水源地空间,所以对于第四梯度空间必须采用禁止开发的严格空间管治国家治理战略。由于第三梯度空间处于长江与黄河上游地区,水资源保护、水源涵养、动植物多样性都要求具有优良的自然生态环境,所谓"西部大开发战略"不应该作为第三梯度空间治理的选项,相反空间管治应该作为第三梯度空间的基本空间战略。对于第二梯度空间,在生态环境管治的前提下,可以采用加快空间结构转型的空间治理战略。对于第一梯度空间,在生态环境管治的前提下,可以采用增强高端城市职能的空间善治战略。

3.3.4 中国空间梯度发展战略

中国空间城市系统梯度分布规律表述为：第一梯度空间(1GS)空间城市系统要素集合{SCS}、第二梯度空间(2GS)空间城市系统要素集合{SCS}、第三梯度空间(3GS)空间城市系统要素集合{SCS}呈现梯度递减规律，它们与第四梯度空间(4GS)人工要素集合{HF}成反比关系。中国空间城市系统梯度分布规律可以用以下公式表示：

$$1GS\{SCS\} \gg 2GS\{SCS\} > 3GS\{SCS\} \propto [4GS\{HF\}] \quad (3-3)$$

中国空间城市系统梯度分布规律告诫我们，中国国家空间治理必须尊重中国空间梯度分布的客观事实。在沿江空间城市系统、沿河空间城市系统、南部空间城市系统、北部空间城市系统、东北空间城市系统所涉及的第一梯度空间、第二梯度空间、第三梯度空间、第四梯度空间，人工要素空间规划与空间分布时，要保持合理梯度落差进行差异化科学布局。中国四个梯度空间之间的协同作用十分重要，空间扩散与空间集聚相匹配，空间联结是协同合作的关键性指标。

综上所述，空间分异问题是中国国家自然地理条件所形成的客观事实，中国空间"梯度分类"、中国空间梯度分布事实、中国空间梯度发展战略属于科学分析方法，它们为中国国家空间治理奠定了可靠基础。国家空间治理必须基于尊重中国空间规律的基础之上，国家空间管治、空间治理、空间善治战略要根据不同时间、不同空间、不同内容加以运用。国家空间基础理论、科学研究、真理认知是国家空间治理最可靠的基础，任何主观意识（如"西部大开发战略"）都是极大错误的，将给中国空间资源造成不可逆的、巨大的灾难性伤害。

3.4 中国国家空间行政治理

行政治理是解决国家空间问题的序参量，行政治理与国家空间的结合构成了"国家空间治理"的全部内容，行政发展是分析中国国家空间治理的基本框架，包括国家空间行政管治、国家空间行政治理、国家空间行政善治三个基本阶段。

3.4.1 国家空间行政管治

所谓"国家空间行政管治"（National Space Administration Rule Governance，NSARG），是指对中国国家空间系统的行政管理与控制，它所针对的管治主体是中国区域的空间基质、空间形态、空间结构。国家空间行政管治是一种强力他组织行为，借助空间管治思想、空间管治战略、空间管治制度、空间管治能力对平衡态中国国家空间系统进行管理与控制。

中央政府与地方政府作为国家空间行政管治的权力主体，对行政辖区的空间基质、空间形态、空间结构进行空间管治与控制。空间发展战略与空间规划是空间管治的主要根据。

国家空间行政管治是中国国家空间行政治理发展的基础部分，区域空间基质、区域空间形态、区域空间结构是行政管治的主要内容，如区域生态环境承载能力、区域地质地貌条件、区域水资源条件等。国家区域基础性条件，决定了中国国家空间系统的演化，决定了中国空间行政治理的发展，决定了国家民族的未来。在空间发展思想不明确、空间发展战略不落实、空间发展制度不形成、空间发展能力不具备的情况下，"国家空间留白"是一种科学的选择策略。因为，空间资源是一种不可再生的宝贵资源；空间发展失误是一种不可逆的国家重大战略错误，具有宏观规模效应，它所导致的灾难性后果是无法弥补的。

中国重点空间行政管治范围主要包括长江空间行政管治、黄河空间行政管治、南部空间行政管治、北部空间行政管治、东北空间行政管治。它们将是沿江空间城市系统、沿河空间城市系统、南部空间城市系统、北部空间城市系统、东北空间城市系统的承载空间。区域空间基质管治、区域空间形态管治、区域空间结构管治是中国重点空间行政管治的序参量内容。首先，中国重点空间行政管治要求建立空间法律、空间法规、空间政策、空间工具等现代法制体系。其次，中国重点空间行政管治要具备空间现代管治能力，包括人员能力、物质能力、财政能力。最后，中国重点空间行政管治要创新空间现代管治文化，如可持续生态环境文化、绿色人居建筑文化、自然山水城市文化。

3.4.2 国家空间行政治理

国家空间行政治理是指国家空间行政意义的治理，即狭义的政治治理，它强调了对中国国家空间系统的协同管理，是中国国家空间行政治理发展的主体部分。国家空间行政治理的主体是全部的中国空间系统构成要素，包括自然要素与人工要素。在时间维度，国家空间行政治理主要针对国家区域空间结构向空间城市系统空间结构转型阶段的空间治理；中央政府与地方政府作为国家空间治理的权力主体，对国家空间结构转型过程进行治理与协调。国家空间发展愿景、国家空间发展战略、国家空间规划是国家空间行政治理的逻辑根据。

中国国家空间行政治理就是对中国空间城市系统演化关键问题的协同、管理与控制，主要包括以下几个：

1) 动因均衡问题

中国空间城市系统形成动因主要包括空间集聚动因、空间扩散动因、空间联结动因，三种动因博弈均衡构成了空间城市系统演化动因。空间城市系统集聚动因是指空间要素集聚所产生的动力作用，空间城市系统扩散动因是指空间要素扩散所产生的动力作用,空间城市系统联结动因是指城市结点之间联结所产生的动力作用。"空间城市系统脑"对空间集聚信息、空间扩散信息、空间联结信息进行接受过滤、加工存储、决策执行、测量反馈、优化评价,而后提供给"空间行政治理权力主体"进行行政决策。"空间行政治理权力主体"经过决策咨询、决策比较、决策评估、决策判断、决策结论、决策修正,对空间城市系统集聚行为、扩散行为、联结行为进行决策。中国国家空间行政治理的主要使命就是对中国空间城市系统发展动力进行开发、协调、决策,从而推动中国空间城市系统快速发展。

2) 协同机制问题

本章以长三角空间城市系统(城市群)为例来说明国家空间行政治理协同问题。协同机制问题是长三角空间城市系统行政治理的序参量关键问题,这就要求地方区域型政府向城市系统型政府转化,要求其具备对协同机制问题进行治理控制的能力。

第一,远离平衡态环境。如前所述,在国家权力主体行政协同、管理与控制下,空间集聚动因、空间扩散动因、空间联结动因为长三角空间带来了人员、物资、资金交流的远离平衡态环境,这是长三角空间产生协同效应的环境基础。

第二,子系统内部作用。在上海子系统、南京子系统、杭州子系统、合肥子系统、宁波子系统内部,各级别多中心城市组分之间发生相干作用。由系统科学基本理论可知,每个子系统整体功能都大于多中心城市部分之和,子系统产生整体涌现效应。也就是说,长三角空间将产生五个整体性增长空间。

第三,子系统外部作用。由于国家权力主体的强力他组织干预,在上海、南京、杭州、合肥、宁波各个子系统之间将产生协同效应。根据哈肯协同理论,各子系统之间一定存在相互激荡、相互干涉、相互协作、相互配合。国家空间行政治理要特别注意各子系统之间空间集聚动因、空间扩散动因、空间联结动因的非合作博弈均衡,形成长三角空间整体演化合力,推动长三角宏观空间的本质性变化。由韦斯特宏观"规模法则"可知,长三角空间规模指数为0.85。也就是说,只需要投入85%的资源就可以获得100%的长三角整体性功能。而且,长三角空间整体性功能要远远大于各子系统功能之和。

第四,空间行政治理作用。由上述分析可知,国家空间行政治理在长三角空间城市系统的形成过程中具有举足轻重的关键性作用。但是,国家空间行政治理一定要以长三角空间自组织规律为基础进行他组织干预,长三角空间发展战略、长三角空间规划起到战略性指导作用,长三角空间政策、长三角空间工具起到战术性调整修正作用。

3) 整体涌现性问题

整体涌现性就是中国空间城市系统整体空间形态、整体空间结构、整体空间功能等整体性能的表现,是国家空间行政治理所追求的目标。本章以中国北部空间城市系统为例,以此说明对国家空间行政治理整体涌现性问题的管理与控制。

第一,北部空间城市系统整体涌现性。北部空间城市系统整体空间结构包括"京雄津唐空间结构"与"石太葭呼空间结构"两个部分,它们形成北部空间城市系统的整体空间形态。国家空间行政治理的职责就是全力培育整体空间形态与整体空间结构的生成,保障北部空间城市系统整体空间功能的涌现。

第二,国家空间行政治理问题。发现关键问题并解决关键问题,就是国家空间行政治理的主要内容。北部空间城市系统现存关键问题:①北京对周边城市的实际牵引力太弱,它的国家功能与国际功能阻碍了其对周边城市的牵引功能;②天津的主导能力太弱,由于北京长期的虹吸效应,天津失去了其应有的对周边空间的主导能力;③雄安没有形成中心城市能力,对于周边城市尚处于空间集聚阶段;④"石太葭呼空间结构"的空间联结性太差。

第三,国家空间行政治理干预。首先,对于北部空间城市系统,北京具有十分巨大的牵引潜力,国家空间行政治理干预就是要将这种空间牵引力释放出来。其次,天津要发展高端服务业就必须将第二产业扩散出来,加快"石太葭呼空间结构"的发展,国家空间行政治理干预就是要起到关键协同作用。再者,雄安是"京雄津唐空间结构"与"石太葭呼空间结构"的中间联结点,国家空间行政治理干预要强化雄安的这个空间连接枢纽功能。最后,国家空间行政治理干预要着力完成"北部空间城市系统环状空间形态"的打造。国家行政治理的强力干预,可以将北部空间城市系统的整体涌现性催生出来。

3.4.3 国家空间行政善治

所谓"国家空间行政善治",是指中国国家空间系统经过空间结构转型到达了"空间城市系统空间结构"的良治状态,即中国五大空间城市系统善治。国家空间行政善治意指中国国家"空间城市系统空间结构"阶段的空间良治,即中国国家空间系统演化分岔与有序耗散结构的空间善治。在此阶段,中国国家空间系统处于一种高度和谐状态,中国国家空间行政发展经过国家空间行政管治、国家空间行政治理,到达国家空间行政善治程度。国家空间行政善治是一种最优的组织管理方式,国家行政权力主体并不需要进行强力的行政干预,中国空间城市系统整体性功能将会发挥作用:各级中心城市、各级子系统高度协同合作,国家空间秩序高度有序。国家空间行政善治要达到九项标准。

(1) 行政善治制度化标准。首先,国家空间行政善治要具有对国家空间系统的统一认识论与空间观,例如对生态价值观的普遍接受、对空间城市系统的普遍认知等。行政善治制度化就是国家空间发展思想经由空间行政权力主体内化的过程。其次,制定国家空间规范用以支持统一认识论与空间观,实现国家空间发展战略、国家空间规划、国家空间政策、国家空间工具体系化,将国家空间行政权力主体行为纳入标准规范。最后,建立现代国家空间行政组织体系,用以保障国家空间善治制度的运行,保证国家空间发展战略、国家空间规划、国家空间政策、国家空间工具的顺利执行。

(2) 行政善治法治化标准。国家空间行政善治要具有法律根据,国家空间行政权力主体的权威性必须由国家空间法律、国家空间法规、国家空间法则授权确立,任何区域与城市政府都必须树立空间法治观念依法行政。国家空间资源具有不可逆性,是宝贵的不可再生性资源。因此,国家空间法律、国家空间法规、国家空间法则就是防止对国家空间资源的错误配置、低效开发、不可持续应用,空间法律是保护国家空间资源不可逾越的底线。

(3) 行政善治组织化标准。国家空间行政善治行为过程为最优组织形式,即在国家空间自组织形式的基础之上进行他组织干预,使得国家空间系统在自组织演化轨道之上正常发展。行政善治就是促进国家空间系统的自组织演化朝着空间城市系统方向进行,行政善治起到一种调整修正作用。例如国家行政区划调整要符合空间逻辑自组织规律,这就是最优组织决策。反之,违反空间逻辑自组织规律的行政区划调整就属于非行政善治他组织干预。

(4) 行政善治协调化标准。国家空间行政善治协调化是行政治理协同化的高级阶段,经过协同化治理的多中心城市与子系统在空间自组织规律的作用下,自愿协商后结合为一个空间城市系统。行政善治协调化是空间城市系统整体涌现性释放的基本条件,它保障处于耗散结构的空间城市系统与外部环境之间进行持续稳定的交流,从而使得中国模式在竞争中处于有利地位。

(5) 行政善治效率化标准。国家空间行政善治效率化主要是指国家空间系统管理和控制效果、国家空间管治投入之间的投入产出比例关系,主要包括行政善治速度、行政善治成本、行政善治效果等。首先,中国国家空间价值观是行政善治效率化的最高标准,即以人民幸福原则为根本。其次,行政善治效率要具有数量原则与质量原则,它是评价行政善治效率的依据。最后,坚持行政效能效率的统一,如整体涌现性是行政效能的总目标,而行政效率又是实现整体涌现性所必需的条件,只有坚持行政效能效率的统一才能取得良好的行政效益。

(6) 行政善治目标化标准。国家空间行政善治目标就是产生中国五大空间城市系统,使中国国家空间系统保持有序耗散结构状态。中国空间城市系统整体涌现性的充分发挥,将使中国国家空间处于世界空间竞争的优势地位,将使中国人居空间系统保持在可持续发展状态。国家空间行政善治目标保证了中国空间秩序避免陷入无序结构与耗散混沌结构,从而为中华文明的复兴提供"容器"。

（7）行政善治民主化标准。国家空间行政善治民主化是指人民的主体地位，中国国家空间系统是为人民服务的，国家空间发展思想、国家空间发展战略、国家空间规划都要体现人民的意志，服务于人民的公共利益。行政善治民主化是中国国家空间管理与控制的本质属性，国家空间行政治理发展本身就是民主治理逐渐建立的过程。行政善治民主化与行政善治目标化统一于人民的主体地位与人民的公共利益。

（8）行政善治社会化标准。国家空间行政善治社会化主要是指中国空间系统的社会治理。中国空间城市系统为社会主义社会，党的领导、国家治理、社会自治是三个基本方面。行政善治社会化就是要坚持基层民主与协商民主，强调公民参与建设一个法治、德治、自治"三位一体"的和谐社会。行政善治社会化是一个演化的结果，国家空间行政管治对应着区域社会管理，国家空间行政治理对应着转型社会治理，国家空间行政善治对应着系统社会善治。

（9）行政善治稳定性标准。国家空间行政善治稳定性是中国空间系统行政秩序的保障，国家空间法治制度是行政善治稳定性的基础，国家空间行政善治协调化与效率化使行政善治稳定性具有科学合理性，国家空间行政善治目标化、民主化与社会化使行政善治稳定性具有政治合法性。由此，空间法治制度、空间合理性、空间合法性、空间稳定性形成一个行政善治稳定性的逻辑链条。

国家空间秩序是国家的基本秩序，它是国家空间法治制度、国家空间发展思想、国家空间系统实践的一种状态。国家空间秩序分为有序耗散结构、耗散混沌结构、无序结构三种基本形式。国家空间秩序是国家政治秩序、经济秩序、社会秩序的基础，为国家文明提供"容器"。国家空间行政善治秩序是国家空间秩序的高级有序阶段，它为中国社会发展提供了基础性条件。国家空间行政善治秩序要经过国家空间行政管治、国家空间行政治理、国家空间行政善治而获得。

（执笔人：王洪军）

第3章图表来源
图3-1源自：笔者绘制［底图源自标准地图服务网站，审图号为GS（2019）1711号］.
图3-2源自：笔者绘制.
表3-1至表3-3源自：笔者绘制.

4 超大地理空间尺度的区域协同治理创新研究：以长江经济带为例

4.1 超大地理空间尺度区域协同治理的特殊困难分析

4.1.1 超大地理尺度和空间分异,难以形成区域凝聚力

长江经济带东起上海、西至云南,涉及贵州、云南、四川、重庆、湖北、湖南、江西、安徽、浙江、江苏、上海九省二市。长江经济带区域空间大,土地资源占全国土地总面积的20%,且承载着占全国42%的人口,支撑着占全国40%的GDP,是中国最重要的经济廊道和交通廊道。因此,超大的地理空间尺度是长江经济带协同治理的首要特征和主要难题之一。同时,在经济带内存在巨大的空间分异,从人口、资源、生态、环境和经济发展的相互关系来看,从上游到下游区域,在水、土资源,生态、环境要素,人口分布等方面都存在显著的梯度差序格局,如长江经济带下游的江苏、浙江、上海区域占长江经济带土地资源总面积的10%,却承载着24%的人口,支撑着50%的GDP;而云南、四川地区,以40%的土地资源承载着22%的人口,支撑着5%的GDP[1]。此外,从文化认同来看,一方面,长江经济带内包含江南文化、华中文化、巴蜀文化等不同区域文化,区域之间、省区之间的文化认同性不强;另一方面,长江经济带国家战略的提出与实施时间不长,且主要强调以长江黄金水道为依托,发挥上海、武汉、重庆等中心城市的核心作用,以沿江主要城镇为节点,构建沿江绿色发展轴,而对长江经济带的区域文化认同与区域性构建还处于起步阶段。因此,超大的地理空间尺度以及经济带内巨大的空间分异,使得长江经济带难以在短时期内形成强大的区域凝聚力。

4.1.2 跨多个高层级政区,地方主体多元,统筹难度大

整个长江流域延伸到19个省、自治区、市,是一个涉及众多行政区的区域。按照当前国家对长江经济带的空间范围界定,长江经济带则包含9省2市(直辖市),共110个地级以上城市的行政管辖范围。在"行政区经济"的运行机制下,地方经济发展过程中行政性的运作机制和普遍性的政府干预,同时地方政府官员考核的政绩导向(尤其是以GDP为导向的考评

机制)和地方"父母官"意识下的地方利益的维护与争夺,使得各地区在经济发展中强调短期行为、注重眼前利益,强调地方局部利益、形成孤立发展格局,利用行政性壁垒、地方保护主义人为分割区域市场,经济运作凸显长官意志和行政性权力干预、违背市场规律、扭曲市场机制,最终导致了各地方竞相发展预期收益丰收的产业与项目,难以形成合理的区域产业分工与布局,地区封锁、限制区外产品进入争抢各类经济发展资源,形成不正当竞争格局与区际冲突,同时只注重经济开发而忽视环境生态的保护,尤其是造成对地方外部环境生态的破坏。因此,长江经济带的区域协同发展与治理面临着异常复杂的跨多个高层级政区、地方主体多元的利益关系格局,区域统筹和协调的难度非常大,必须对这一复杂系统的利益关系格局进行系统分析和科学调整。

4.1.3 区域发展高度非均衡,难以形成共同的发展愿景

长江经济带协同开发与治理的特殊困难,除超大的地理尺度和空间分异、地跨多个高级政区、地方主体多元以外,还涉及经济带内的发展不平衡问题。从地价水平来看,经济发展水平最高的上海房价水平接近于贵州、云南、江西等省份平均水平的 10 倍。从工资水平来看,上海在岗职工的平均工资水平是江西、湖北、云南等发展滞后省份的 2 倍以上。从表示科技创新的指标刻度来看,上海、江苏、浙江等先进地区更是遥遥领先于江西、贵州、云南、湖南等省份。上海、江苏、浙江等先进地区高新技术产业研究与试验发展(R&D)的项目数量是江西、贵州、云南、湖南等省份的数十倍。在高新技术产业 R&D 的投资比例、科技经费投入强度、有效发明专利数等指标上,也呈现出类似的巨大非均衡特征。这种区域发展的巨大差异和分化表示长江经济带内各地区处于经济发展的不同阶段,相应地各地区发展的现实目标和追求也存在重大差别,难以形成共同的发展愿景。

4.2 长江经济带区域协同治理现状与困境

4.2.1 中央层面:"割裂式"管理格局难以适应流域经济区综合管理要求

在 2002 年《中华人民共和国水法》修订前,由包括水利、国家环境保护总局、建设部、农业部、国家发展和改革委员会、交通部以及卫生部等部委,五个长江流域性机构(水利部、交通部、国家环境保护总局等部委派出单位)以及沿江各级地方政府共同对长江实施管理。由于缺乏法律的明确界定,各部门的职能设定和权限分割,各部委、流域性机构(具有代表性的有长江水利委员会)以及各地方政府都显得角色无力,形成"九龙治水,各管一段(一面)"的局面。《中华人民共和国水法》修订后,明确规定国家对

水资源实行流域管理与行政区域管理相结合的管理体制。但在现实实践中,二者并没有很好地结合,尤其是在"行政区经济"的运行模式下,各地方政府立足地方利益,争夺和追求地方局部利益和短期经济绩效,重视经济效益而忽视环境效益,在经济发展和产业布局上很少考虑全流域的环境和生态问题,而中央各部委及其派出机构按照各自的职责分头管理,在责权利上产生分歧的局面依然存在。

4.2.2 区域层面:"片、段式"松散型合作机制缺乏整体性协同治理能力

在区域层面,创始于1985年的长江沿岸中心城市经济协调会是在长江经济带全域尺度上具有一定影响力的区域性联席协作会议,经过30多年的发展仍然还是一种十分松散的城市间合作机制,在应对区域利益冲突方面缺乏强制力和协调力,其成员单位数(从创始时期的4个城市发展到当前的27个城市)也不到长江经济带110个城市的三成,影响力还较为有限。在长江上游、中游、下游各段,则主要是在沿江主要中心城市协作区的基础上,随着长三角城市群、长江中游城市群和成渝城市群的发展和培育实践,形成了以"市长联席会议"为特征的城市群协调与合作机制。

总体而言,在区域层面上,当前长江经济带是以"市长联席会议"为主要形式,形成了"片、段式"的松散型城市间合作机制,并不能满足长江经济带综合保护和协同治理的客观需要。

4.2.3 "领导小组"模式并未解决流域经济治理的组织体制保障问题

2014年国家组建了"推动长江经济带发展领导小组"(以下简称"领导小组"),时任国务院副总理张高丽任"领导小组"组长,"领导小组"办公室设在国家发展和改革委员会基础产业司,"领导小组"对推动长江经济带发展具有统领作用,尤其是在统筹协调和规划引领方面。自"领导小组"建立以来,"领导小组"办公室围绕建立和完善长江经济带11个省市协商合作机制,印发《长江经济带省际协商合作机制总体方案》,推动《长江经济带发展规划纲要》的编制,推动相关部委与地方建立部省联席会议,对长江经济带的协同治理起到了重要的领导作用和推动作用。

但在中国现行的行政框架内,"领导小组"属于议事协调机构,其核心职能一般是引领、协调和推动,且不是常设机构(通常事毕即撤),并不能解决长江经济带缺乏统一、综合性流域组织的现实问题。现有的五个长江流域性机构都是单一部委派出的专业化职能管理单位,且其职能范围局限于"长江"的某一单方面内容的管理与指导,而非面向整个流域经济区的协同发展与综合性管理。同时,这些部委派出机构受其行政级别和权限的约束,实际协调能力不强。

综合来看,当前无论是国家层面上以各部委及其派出机构为主体的纵

向职能管理模式,还是区域层面上以"市长联席会议"为代表的松散型、横向合作机制,都还不具备对长江经济带开发与建设进行整体性协同治理的条件与能力,都难以适应长江经济带综合保护和协同建设的要求。受空间尺度跨度大、区域内部发展差异大、行政区划与行政区经济等因素影响,长江经济带也并不因为上升为国家战略而自动成为一个具有内在凝聚力的国家经济战略区;相反,必须建立相应的区域组织来进行区域建构和综合治理。亟须对长江经济带区域协同发展的组织体制与治理架构进行顶层设计,首要的问题是借鉴世界大江大河流域经济区治理经验,再结合中国国情和长江经济带发展实际,建立一个具有综合代表性的流域组织(River Basin Organization, RBO)[2]。

4.3 国外区域协同治理的组织模式与经验研究

4.3.1 国外流域治理的制度设计与组织模式①

1) 流域组织的法制化与制度化趋向

流域组织的制度设计特征主要关涉其针对流域内成员国(州)和其他行动者发展和执行流域治理活动的能力。它一方面由流域组织的法律人格或者是否属于国际法主体所决定;另一方面由制度化的程度,即制度化的深度以及流域组织相对于其成员国(州)的地位所体现。随着当今流域管理范畴和目标要求的拓展与提升,世界各国普遍强化了大江大河流域组织的法制化和制度化进程,以增强流域组织发展和执行流域治理活动的能力。相关研究对世界119个跨界[国(州)界]流域组织分析显示,58个流域组织通过成员协议的方式具有明确的法人主体地位,35个流域组织缺乏明确的法人地位,另有26个流域组织受资料限制难以分类;从制度化水平角度来看,119个流域组织中有78个组建了以责任委托为代表的具有行政职能的专门委员会[Commission,非一般委员会(Committee)],成为有行动者质素的政府间协调机构,具备一定的行动责任和权力,当然其权力也受到流域内各成员国(州)的约束和限制。有13个流域组织建立了相对于其成员国(州)而言拥有更大权力,具有独立执行地位的权威机构(Authority),这种模式大多出现在非洲,通常是沿岸国家决定建立一个流域管理机构,以便通过共同的流域发展项目促进经济发展。其余28个流域组织采用了"Committee"模式,这种模式处于流域治理制度化的最低水平,通常合作水平较为低下,流域组织内的各成员只赋予一个联合机构非常有限的责任。

2) 流域组织的组织结构与机构职能特征

为了作为机构发挥作用并履行其职责,流域组织通常需要一定的组织构成,不同构成部分在流域治理中履行不同的职能。大多数流域组织采用三叠结构,包括高等级的决策层,执行政治决定和实施具体政策项目、工程的中间操作层和提供行政服务的秘书处。一般而言,高等级的决策层通常由流域内各成员国(州)的部级代表构成,他们的主要职能是为流域组织提供政治指导和确定长期的战略规划。有些流域组织甚至建立了更高等级的高层决策体,如由流域内各国家(州)元首或政府首脑构成。

在中间层或操作层面,流域组织最常采用的是"Committees"这样的"联合委员会"形式,其主要责任是将高层决策体的政治决定转变成具体的计划、项目和活动,并就流域治理的更多技术问题做出决定。这种委员会通常是由流域内不同国家(州)的高级政府官员和相关各部的技术专家共同组成。许多流域组织拥有这样的中间技术机构,这一事实说明了将流域协同治理的政治决策与技术知识联系起来,并将这种联系转化为可由流域组织实施的具体方案和项目的重要性。其他一些流域组织则把技术协调工作留给技术专家组或工作组,把成员国(州)的技术专家聚集在一起,就如何实现政治目标做出技术知识的决定,这种方式在欧洲最为常见。

在流域管理组织的不同组织机构中,秘书处已证明在执行共同商定的流域管理战略方面发挥了特别关键的作用。这符合对秘书处在制度化的国际(环境)政治中作用的更一般性分析。大多数流域组织都设立了秘书处,秘书处履行某种行政和秘书职能。然而,不同的流域组织秘书处的职能和作用变化很大,从仅仅提供行政和金融服务到完整的项目实施行动(包括监测和报告或参与科学研究、数据收集与分析等)。一般来说,秘书处的作用与流域组织的职能范围有关,最重要的是秘书处在协调成员国(州)活动(协调导向的流域组织)或实施流域水管理方面的具体作用(执行导向的流域组织)。

4.3.2 美国田纳西河流域管理局模式及其经验

田纳西河流域管理模式始于 20 世纪 30 年代。19 世纪后期以来,尤其是 20 世纪初以后,土地过度耕种和过度开垦、森林过度砍伐以及对矿产资源进行掠夺式开采等,造成水土流失、环境恶化,使田纳西河流域处于广泛贫困状态。1929 年,美国爆发了全国性的经济危机,更加剧了该地区的贫困。到 1933 年,田纳西河流域的人均收入仅为 168 美元,只及美国全国平均数的 45%,是当时美国最贫困的地区之一。当时的美国正发生严重的经济危机,新任美国总统罗斯福为摆脱经济危机的困境,决定实施"新政"。"新政"为扩大内需而开展的公共基础设施建设,推动了美国历史上大规模的流域开发。田纳西河流域被当作一个试点,即试图通过一种新的独特的管理模式对其流域内的自然资源进行综合开发,从而达到振兴和发展区域经济的目的。为了对田纳西河流域内的自然资源进行全面的综合开发和管理,1933 年,美国国会通过了《田纳西河流域管理局法》,成立田纳西河流域管理局(Tennessee Valley Authority,TVA)。经过多年的实践,田纳西河流域的开发和管理取得了辉煌的成就,从根本上改变了田纳西河流域落后的面貌,TVA的管理也因此成为流域管理的一个独特和成功的范例而为世界所瞩目[3]。

1) 通过立法,建立实权机构 TVA

美国是联邦制国家,州的权力很大。田纳西河流域地跨七个州,TVA要实现对田纳西河流域的统一开发管理,没有立法保证是难以想象的。因此,美国国会于1933年通过《田纳西河流域管理局法》,对TVA的职能、开发各项自然资源的任务和权力做了明确规定,TVA只接受总统的领导和国会的监督,完成其规定的任务和目标。除所设三人理事会由总统任命理事外,在内部事务方面,TVA有广泛的自决权,可以高效率地自行处理和解决有关问题。如TVA有权为开发流域自然资源而征用流域内的土地,并以联邦政府机构的名义管理;有权在田纳西河干支流上建设水库、大坝、水电站、航运设施等水利工程,以控制洪水和改善供水、发电、航运;有权将各类发电设施联网运行;有权销售电力;有权生产农用肥料,促进农业发展等。这些重要规定为对田纳西河流域包括水资源在内的自然资源的有效开发和统一管理提供了保证。

2) 统一规划、综合开发和管理

TVA被授权依法对田纳西河流域的自然资源进行统一开发和管理,这为流域统一开发和管理提供了有利条件。TVA对田纳西河流域规划的实施及其所属业务部门都进行了强有力的领导,包括在计划制定、工程建设、企业管理等方面下达指令和进行指导。TVA对全流域进行了统一规划,制定了合理的流域开发建设程序。国会通过的流域开发总体规划是各州、县都要遵循的政治法规,而具体资源开发和工矿企业的经营管理则主要按经济规律办事,由各级地方政府和私人资本协同进行。TVA成立后的一段时期,主要是根据河流梯级开发和综合利用的原则制定规划,对田纳西河流域水资源集中进行开发。至20世纪50年代,TVA基本完成了田纳西河流域水资源传统意义上的开发利用,同时对森林资源、野生生物和鱼类资源开展了保护工作。20世纪60年代后,随着对环境问题的重视,TVA在继续进行综合开发的同时,加强了对流域内自然资源的管理和保护,以提高居民的生活质量。目前,TVA在田纳西河流域已经在航运、防洪、发电、水质、娱乐和土地利用六个方面实现了统一开发和管理。

3) 组织体制和运营模式创新

TVA成立时,美国总统罗斯福向国会提出,TVA应成为既享有政府的权力,同时又具有私人企业的灵活性和主动性的机构,据此TVA被确定为联邦一级机构。TVA的管理由具有政府权力的机构——TVA董事会和具有咨询性质的机构——地区资源管理理事会实现。董事会由三人组成,行使TVA的一切权力,成员由总统提名,经国会通过后任命,直接向总统和国会负责,这一领导体制一直延续至今。目前,董事会下设一个由多名高级管理人员组成的"执行委员会",委员会的各成员分别主管某一方面的业务。TVA的内设机构由董事会自主设置,这些内设机构曾根据业务需要进行过多次调整。如前期根据自然资源综合开发的需要,设置有农业、工程建设、自然资源开发保护等方面的机构,之后根据发展电力的需要又增设了电力建设和经营等方面的机构[4]。

4)启示与小结

田纳西河流域管理的经验和成就是多方面的,比较主要的是TVA强有力的管理体制和科学的综合开发规划。强有力的管理体制确保了流域资源的统一开发和管理。在成立之时,TVA便被确定为联邦一级机构,肩负艰巨的使命:代表联邦政府管理流域内的全部资源,妥善解决人类在资源和开发中所遇到的各种问题,从而达到最大限度地治理水灾、改善航运、提供电力、保护环境、促进区域经济发展、提高人民的生活水平的目的。TVA成立后,用了3年时间对田纳西河全流域进行了统一规划,制定了流域开发建设的一系列具体方案,为流域的长期发展打下了良好的基础。而在之后的具体建设和执行中,由于本身具有的权力优势,TVA能够最大限度地调度多方力量,各部门之间也极大限度地加强配合[5]。

当前中国长江流域的管理实际上仍然处于"分块管理、各自为政"的状态,各部门、各行政区之间在长江管理权限上也存在较大冲突,流域生态问题日益突出。因此,无论从自然的角度还是从社会的角度出发,把长江流域作为一个完整的单元进行统一管理都是非常必要的。学习并借鉴美国田纳西河流域管理经验,建立统一的流域开发管理机构,赋予其管理协调功能和建设实体性功能,避免部门之间及行政区域之间的权力竞争和利益争夺等弊端,对全长江流域进行统一的规划管理,是长江流域和长江经济带协同治理的一个重要的前进方向[6]。

4.3.3 莱茵河水环境与流域生态协同治理模式②

1)莱茵河保护国际委员会的建立与治理困境

欧洲对于莱茵河的管理最早可追溯到1449年,正式的莱茵河治理则起始于1815年的维也纳和平会议,这次会议创建了莱茵河航运中央委员会(CCNR)来维护莱茵河的自由航运,增加河流的经济用途,以及发展运河系统。第二次世界大战后,荷兰首先向莱茵河航运中央委员会提出了对莱茵河环境问题的关注。1950年,荷兰、卢森堡、德国、法国和瑞典建立了莱茵河保护国际委员会(ICPR)。该国际委员会的行政总部和设施设立在德国科布伦茨,委员由签约国家的高级别政府官员和欧洲共同体(European Community)的代表组成。该国际委员会的最高统帅在各成员国之间轮替,但执行秘书一职则始终由荷兰人担任。该国际委员会每年召开年度会议,各国派出代表来参加一系列有关财政和委员会工作目标的会议。除此以外,还有一系列工作团队和科学专家组致力于环境以及其他一些重要议题,这些工作团队包括每一个成员国派出的专家。

1963年,莱茵河沿岸国家签订了《关于莱茵河防治污染国际委员会的伯尔尼协定(修正本)》(以下简称《伯尔尼协定》),并成立了莱茵河防治污染国际委员会。《伯尔尼协定》确定了ICPR的官方任务,要求它对莱茵河的环境状态进行报告;提出莱茵河生态问题的国际政策解决方案;进行常规性的国际咨询;对任何跨政府间达成的协定进行监督,并对其中一部分协定负责实施和执行。ICPR经过重组以后,开始采取更多的正式行动并建立重要条约。

1976年,ICPR出台了它的第一个重要协定、莱茵河反化学污染保护公约和莱茵河反氯化物保护公约。这两个公约由所有莱茵河沿线国家和欧盟委员会共同签约。出台这些协定的目的是减少有害化学品和盐类向莱茵河的排放。然而,这些条约的实施充满挑战。ICPR被委托发展一个被禁止的有毒和有害化学品的清单。尽管该委员会最初确定了83种限制排放的物质,但仅有水银、四氯化物和镉三种物质具有明确的限制排放标准。反氯化物保护公约的实施在法国受到了特别强烈的抵制,开始的几年该公约甚至都没有被提到议会上讨论。这种抵制主要源于盐业之乡的法国阿尔萨斯地区有组织性的反对,因为莱茵河35%—40%的盐排放源自该地区的盐业开采。

从1976年到1986年,ICPR的所有成员国都采取了各种环境保护措施,但各国所采取的限制和保护措施存在巨大差别,莱茵河依然继续遭受污染。研究影响莱茵河污染的跨国环境问题专家马尔科·维尔韦伊(Marco Verweij)指出,这种等级体制限制了各成员国之间的交流与协作,使得国际化的区域协作难以实现。1986年夏天,荷兰交通、公共事业和水管理部的官员试图与德国的相关部门就莱茵河的相关问题进行协商,但由于这些政府官员之间的不良关系和两国对河流污染排放规制路径的重大差别,德国的官员拒绝与之会晤,莱茵河的治理陷入僵局。

2)莱茵河沿线国家间的关系转变与"莱茵河行动计划"

1986年11月1日,瑞士巴塞尔地区发生了严重的山道士火灾事件,火灾发生在农业化学仓库的中央位置,救火过程中消防员向仓库喷洒了上百万加仑的水,这些水量超过了集水井的容限,于是这些夹带杀虫剂、苯化合物以及其他多种有毒化学物质的水漫流进了莱茵河,导致莱茵河岸堆满了难以计数的鱼类和鸟类尸体。一个半月后,瑞士联邦水资源与水污染控制研究所报告称几乎所有的鱼和有机生物都死光了。

这次事件使得ICPR和各成员国所采取的莱茵河治理方式丧失了信誉,环境保护主义者在莱茵河地区的各城市间进行游行与演说。《经济学人》杂志的一个头条标题直呼"欧洲人自相残害"。很快ICPR召开了紧急会议以应对这场灾难,会议结束后荷兰交通、公用事业和水管理部门的领导们雇用了麦肯锡—阿姆斯特丹咨询公司,试图发展一个新的国际协定框架以应对莱茵河的严峻生态环境问题。

麦肯锡—阿姆斯特丹咨询公司聚焦于几个主要问题:一是咨询团队访

谈了各成员国的顶级水污染专家来确定莱茵河治理需要优先清理的污染物，形成第一个污染物清单。此外，咨询公司的专家还致力于找到恢复和改进河水质量的表征指标。他们确定了莱茵河保护规划首要的目标是到2000年使大马哈鱼能重新回到莱茵河中。麦肯锡—阿姆斯特丹咨询公司的报告最后指出对于莱茵河治理国际性的规制应该降至最小并且应该是非正式的。该报告呼吁ICPR发布以清洁河流为切实目标、不具有约束力的河流报告，而不是设定各种详细规制条款的正式法案。该报告成为1987年ICPR所采取的"莱茵河行动计划"（Rhine Action Plan）的基础。

"莱茵河行动计划"最终一致通过并包含三个主要目标，但对各成员国没有约束性的承诺。首先，该计划致力于到2000年使大马哈鱼以及更高等级的物种在莱茵河恢复；其次，该计划寻求使莱茵河水继续成为沿线国家的饮用水源；最后，该计划将清除莱茵河中的化学污染和重金属沉积物。这些首要的目标提供了沿线各成员国的认同背景，同时ICPR也发展了一系列可量化的次级目标以确保三大主要目标的实现。这些次级目标包括到1995年首要有害排放物减少50%，重建大马哈鱼的产卵地、各种大坝周围的鱼类通道等。

"莱茵河行动计划"是一个重要且成功的项目。应当注意到，在该行动计划开始以前，这些成员国及相关产业已开始采用一些排放标准来清洁河流。由于ICPR成员国的积极行动及其与ICPR合作的有机组合，上述目标提前五年得以实现。"莱茵河行动计划"这种软法律的方式允许各成员国去发展和校正各自的河流污染清洁路径，这比一种具体的约束性的法案更具有成效。到1994年底，这些首要污染物的排放降低了70%。大马哈鱼和其他重要物种重新在莱茵河出现，成为莱茵河污染泄漏的更好的预警系统。

"莱茵河行动计划"更趋近于整体性地治理河流系统，与习惯法的共同体理论相符合。但是，必须再次强调，"莱茵河行动计划"不是一个正式的、有约束力的法案，而是一个具有明确首要目标的认同和协定，各成员国具有充分的弹性去发展各类机制以实现具体目标。"莱茵河行动计划"刺激了各成员国国家水政策的发展。该计划得以快速而顺利的实施得益于ICPR中各国政府代表的协同与友好关系。

1994年开始，ICPR开始向更扁平的治理结构转型。在"莱茵河行动计划"之前，ICPR有18个不同的工作组、专家组和次级委员会。在"莱茵河行动计划"之后，ICPR只有三个常设的工作组和两个特定工作组。在这个新型的、更精简的区域组织框架之外，ICPR开始实施临时协议，1998年签署了《莱茵河保护公约》，该公约的最终版本于1999年被正式采纳。《莱茵河保护公约》采用了一种类似于"莱茵河行动计划"的治理方式，该公约的总体目标是"莱茵河的可持续发展；进一步提升莱茵河的生态环境状态；洪水综合防护；保护、提升和恢复莱茵河的自然物种和自然河流功能"。《莱茵河保护公约》的出台也在很大程度上得益于许多非政府组织的不断介入。ICPR和各成员国开始逐渐将非政府组织吸纳进治理框架中，这些非政府组织总体上都支持莱茵河清洁政策合并,为莱茵河综合生态管理提供了许多富有价值的建议。许多环境保护组织、工业和农业协会、供水公司被赋予了观察员身份,这些组织在莱茵河的持续改善过程中开始扮演更重要的角色。

3)新的计划"莱茵河 2020"

2001 年,ICPR 的委员们启动了一个新的计划——"莱茵河 2020",以进一步改善莱茵河的生态系统和水环境。"莱茵河 2020"是在《莱茵河保护公约》结构基础上扩展的综合性规划,有四个重要目标:一是莱茵河上游、下游生态系统和与之相接的栖息地的改善;二是预防洪水和增强下游国家的防洪保护;三是进一步改善莱茵河水的质量,使人们能在河中游泳;四是改善流域地表水的质量。

除上述四个总体目标之外,ICPR 还设定了一系列的具体目标、政策工具以及工作机制来实施"莱茵河 2020"计划。这些政策工具包括农业自愿协议、个体或者团体水用户协议、地方利益集团介入激励和不同区域的常规性、有组织的研讨组织。"莱茵河 2020"还倡议在不同地区实施物种修复的试验项目,并通过这些项目来促进区域间的信息交流。该计划同时也设定了一些临时目标,尤其是洪水控制等。"莱茵河 2020"旨在延续 1980 年以来的 20 年间所取得的成绩并进一步改善莱茵河的生态质量。

4)启示与小结

"莱茵河行动计划"以及后来的一系列协议之所以能够取得成功,最主要的原因有 ICPR 各成员国出台的污染控制法律在各成员国的水质量规制中发挥了效力,ICPR 和其他团体对水环境和河流系统的监察,以及山道士火灾事件触发的社会压力与国际合作。ICPR 在莱茵河的治理中继续扮演着重要角色,当前其关注焦点转向了监控和消除河流中的药品和化妆品。

20 世纪 80 年代中期以来,莱茵河沿岸各成员国和相关产业开始实施提高污染控制的措施。各相关产业开始志愿实施低于 ICPR 限制标准的减排计划,这体现了一种整体性的公众共识。此外,在山道士火灾事件之后,ICPR 的治理结构经过"莱茵河行动计划"和后续的一系列协定而不断得到修订和完善,这促进了莱茵河的清洁和修复,同时也使得莱茵河作为一个生态系统得以被综合管理。莱茵河沿岸国家和 ICPR 间持续的协调和长期联系对于莱茵河的修复和上述一系列协定的成果实施具有关键性的作用。通过 ICPR,莱茵河沿线国家围绕着莱茵河生态系统的一系列总体目标建立起共识。这些协定给予了各级政府和相关产业足够的弹性,使它们能够利用提供给它们的政策工具和机制来实现水质优化和生态修复。尽管不同利益相关者之间不可避免地存在着争议与分歧,但比起各种不同的美国流域管理体系来说,莱茵河治理体系存在的争议与对抗要少得多,其中 ICPR 这种功能性的治理结构具有关键影响。

4.3.4　美国湾区政府联合会与湾区委员会

1) 湾区政府联合会③

湾区政府联合会(ABAG)建立于1961年。湾区政府联合会是加利福尼亚州旧金山湾区(以下简称"湾区")不同地方政府共同建立的一个区域性规划机构,是湾区各地方政府为了实现土地利用、环境和水资源保护、灾害恢复、能源效率和有害废物处理等方面的规划和研究需求,同时也是为当地的县、市、镇提供风险管理、财政服务和员工培训而共同组建。它负责处理土地利用、住房、环境质量和经济发展等重要议题。政府组织、非营利组织都可以成为湾区政府联合会的成员,湾区的9个县和101个市都是湾区政府联合会的自愿成员。作为一个咨询组织,湾区政府联合会只具有有限的法定权限,它由每一个成员市和县所选举出来的代表共同组成的联合大会(General Assembly)管理。联合大会负责政策制定,确定年度预算和工作方案,评价由执行董事会采纳或提议的政策行动等。湾区政府联合会的行动须有联合会成员市、县的多数投票同意。1970年,湾区政府联合会发布了其第一个《湾区区域规划(1970—1990年)》,这是湾区第一个综合性区域规划。该规划文本勾勒了一个区域性开放空间规划、区域信息系统和技术支持、刑事司法与培训、水政策与垃圾收集以及防震灾害规划编制等。

湾区政府联合会同湾区大都市区交通委员会、海湾地区空气质量管理区和旧金山湾保护与发展委员会等组织协同工作,通过与各市、县政府发展合作伙伴关系建立起优先发展区和优先保护区。这些地方性行动也相应地帮助实现了一个更有效、更均衡和更环境友好的可持续发展区域。湾区政府联合会与湾区大都市区交通委员会共同发展和实施湾区规划。湾区政府联合会的职能大体可分为规划序列和服务序列两类。规划序列的职能包括湾区规划、湾区人、绿色商业计划、优先发展区规划、优先保护区规划、区域反弹规划等;服务序列的职能则包括湾区政府联合会金融服务、电力服务、联合信用担保、危险物料管理培训、风险管理训练等。

2) 湾区委员会④

湾区委员会(Bay Area Council)是美国旧金山湾区9县地区一个由商业机构赞助的、非营利性的公共政策倡导组织,积极倡导一个强大的区域经济、一个有活力的商业环境和一种更高质量的生活。起初区域内的商业社区和志趣相投的个人为了在区域范围内统一和协同他们的共同努力,于1945年组建了该委员会。作为湾区商业发展的区域性声音,湾区委员会受到政府官员、政策制定者和其他民间领袖的尊崇。发展至今,区域内超过275家最大型的企业支持该委员会,并让其首席执行官作为委员会的成员,委员会的宗旨是"我们是致力于公共部门和民间领导协同工作,促使湾区成为世界上最具创新性、最具全球竞争力和可持续发展的区域的商业领袖"。技术社会作为一种采用技术引领的发展政策来促进外围地区的经济扩展在国际上产生了较大影响,但 2002 年学者哈辛克(Hassink)指出各地区非常积极地推进创新支持政策,但它们在很大程度上仍然主要受中央政府的补贴。

1944 年,和平、战后复兴以及寻求维持战时经济增长的路径成为湾区集体诉求的首要目标。其中一个共识是,需要一个组织来进行区域协调工作,以解除重要的战后转型与过渡问题,并依靠工业、商业和对外贸易机会来谋取区域利益,湾区委员会便应运而生,其成员包括富国银行(Wells Fargo)、美国银行(Bank of America)、全美人寿(Transamerica)保险公司、加利福尼亚标准石油(Standard Oil of California)公司、太平洋煤气电力(Pacific Gas and Electric)公司、柏克德(Bechtel)公司、凯撒工业(Kaiser Industries)公司、高乐氏(Clorox)公司等大型商业公司的顶级管理人员。湾区委员会的主要任务是协调区域经济发展,然而由于 20 世纪 40 年代的发展现实使委员会日渐陷入由于拙劣的规划和过于快速的增长所引致的不良附带效应。湾区委员会比同时期的其他组织更早意识到快速工业化可能带来住房短缺、交通拥塞以及空气和水体污染等严峻挑战。到 20 世纪 40 年代末期,湾区委员会已经成为最早的区域环境监察机构之一。

20 世纪 50 年代湾区委员会致力于寻求一个兼具公平性和平衡性的路线和时刻表的区域公共交通系统(BART)。由于该区域公共交通系统对于湾区经济和日常生活的重要性,BART 很快成为区域性的词汇。1965 年湾区委员会发起并推动立法建立了湾区保护与发展委员会(Bay Conservation and Development Commission),1970 年进一步推动立法建立了大都市区交通委员会(Metropolitan Transportation Committee)。事实上,有效的区域主义是湾区委员会集体思想的不变共识,例如,起始于 1962 年并贯穿整个 60 年代的湾区展望论坛(Bay Area Outlook Conference)就成为令人期盼和关注的区域性年度事件。

湾区委员会也是最早认识到以硅谷为标志的区域性技术发展浪潮正在智力上和形态上改变着湾区发展面貌的组织之一,认识到区域经济重心在朝南转移,并于 1977 年组建了圣克拉拉县制造商协会(Santa Clara County Manufacturers Group),该协会也是后来广为人知的硅谷企业领导人协会(Silicon Valley Leadership Group)的前身。从那时起,湾区委员会就持续在多个领域广泛推进各种区域性政策,谋求将湾区建设成为一个强有力的区域。

3) 湾区政府联合会与湾区委员会间的公私合作治理④

公私部门合作治理是湾区区域治理的典型特征,尤其突出地体现为湾区政府联合会(政府部门)与湾区委员会(私有部门)及其下属分支机构之间的密切联系与沟通合作。

(1) 政府关系与政策沟通。湾区政府关系委员会分会是湾区委员会的分支机构,其职能是支持政策委员会的工作,确保湾区委员会在地方、州和联邦等不同层级上具有发言权,其首要工作是与州和联邦立法者一起工作、共同影响政策制定,以增进湾区商业环境和生活质量。政府关系委员会负责向湾区委员会执行委员会提出具有重大意义的行动倡议,湾区委员会执行委员会对这些行动倡议具有投票表决权。

（2）公私合作共建湾区委员会经济学院。湾区委员会经济学院是一个由商业机构、劳工、政府和高等教育等共同建立起来的公私合作机构,旨在支持加利福尼亚州和湾区的经济活力和竞争力。湾区委员会经济学院的工作依赖于20年来的客观经济分析记录和湾区经济论坛(Bay Area Economic Forum)的政策领导力。湾区委员会和湾区政府联合会是湾区委员会经济学院的领导机构和合作伙伴。湾区委员会经济学院也支持和管理着北加利福尼亚州的领导性的研究机构和实验室——湾区科学和创新联盟(Bay Area Science and Innovation Consortium, BASIC)。通过经济、政策研究和合作伙伴关系,湾区委员会经济学院着力于解决影响湾区和加利福尼亚州经济发展、竞争力和生活质量的一系列重大问题,包括基础设施、全球化、科学技术和治理,学院董事会由商业、劳工、政府、高等教育、科学技术、慈善和社区等领域的代表性领袖构成,并负责监管研究项目和成果的进展。

（3）湾区科学和创新联盟。湾区科学和创新联盟是由区域内主要研究性大学、国家实验室、研究与发展商业机构、独立研究机构共同组建的合作联盟,联盟董事会由这些研究机构的负责人组成。湾区科学和创新联盟的主要使命是,发展湾区、加利福尼亚州乃至国家在创新和科学技术上的领导地位。湾区科学和创新联盟的一个核心项目是发展和建立了湾区创新与科学技术网站,以实现三个具体目标:一是促使湾区科学和创新联盟董事会与其他科学和技术专家就创新性方法或改进措施进行虚拟思想交换以解决影响湾区创新领导地位的重大问题。这一部分网络内容是有密码保护的。二是在区域中凸显湾区无可比拟的研究和所发展的基础设施、独特的创新文化以及湾区人的企业家精神。三是利用开放论坛在区域社区内激发知识对话和科学技术讨论。该网络平台不是简单地展示信息,而是一个"行动号召"。

（4）湾区委员会基金会。湾区委员会基金会(The Bay Area Council Foundation, BACF)是2004年建立起来的慈善机构,其任务是协助湾区委员会,并投入慈善资源以帮助建立更强、更具活力的社区,具有健康的经济和更有创新性、竞争性和可持续性的海湾区域。湾区委员会基金会在研究、教育、组织和社区建设等方面的种种努力,以及具体的项目方案,都以已经建立起来的核心领域的战略部分而存在。这些核心领域包括全球网络与连接、协同治理、教育与劳动力储备、流动性、土地与住房、资源与环境、区域安全、科学技术、优质医疗等。湾区委员会基金会的独特性在于其聚焦于湾区的区域挑战和机会,跨越城市或县的边界,在包含圣克拉拉等9个县在内的海湾巨型区域中寻求区域性解决方案。湾区委员会基金会的另外一些努力,诸如弹性三角洲的水战略或者教育信息系统则在全州范围内具有影响。

4) 启示与小结

美国湾区的创新合作治理呈现出政府部门合作与私有部门合作之间的互嵌与耦合,一方面在政府部门之间组建起政府联合会的协同合作机制,另一方面由代表性企业为首组建起代表私有产业部门利益和诉求的区域性企业/产业委员会,在此基础上形成了由企业、地方政府、区域性企业/产业委员会、地方政府联合会等多元主体构成的多层次协同合作的公私合作伙伴关系。在这一合作治理框架中,各行为主体相互嵌入、有机协作,在现实区域协作治理中体现出弹性、高效的特征。长江经济带政府间的合作创新治理,既要探寻9省2市(直辖市)及110个城市政府公共部门间的协同合作机制,同时也应当充分重视区域性的私有部门在区域协同治理中的作用,应加强区域性产业部门合作组织与合作机制的培育,建立起多层次协同合作的公私合作伙伴关系。

4.4 长江经济带协同治理的组织模式创新

参考国外流域治理经验,并结合中国国情和长江经济带的发展实际,建议组建长江经济带协同治理委员会,作为长江经济带综合性、第一位的流域组织,建立多层级、多中心的流域组织结构[7]。

4.4.1 以"领导小组"为基础组建高层决策层

组建长江经济带协同治理委员会,首先要构建一个高层决策层。2014年成立推动长江经济带发展领导小组,依托国家发展和改革委员会设立办公室。但该领导小组以引领、协调和推动相关各部委和九省二市(直辖市)共同推进长江大保护和经济带协同建设为主,是临时性议事协调机构而非常设性流域治理机构,相关各部委、省(市)地方政府并非作为流域机构的主体成员,而是该领导小组引领、协调和推动的客体和对象。在这种模式下,各部委之间、部—省之间、省—省之间难以形成相互认同的目标愿景、责权利关系和有效的行动方案。

因此,建议以推动长江经济带发展领导小组为基础,由中央领导(如国务院副总理)牵头,由国务院主要相关部委和九省二市(直辖市)的最高行政官员(部长、省长、直辖市市长)共同组建长江经济带协同治理委员会高层决策层(或可命名为"长江经济带高层治理委员会"),该委员会对长江经济带的建设与治理具有最高统领和决策权力。该委员会在以下三个领域具有关键性的责任和使命:

一是顶层设计与战略决策。世界大江大河的开发实践都表明,沿岸城市与产业经济带的建设以及流域环境生态的保护与修复,都必须从全流域整体利益的角度制定各种规划,付诸实施、监测并不断调适。首先,长江经济带建设必须有一个整体统一的顶层设计和战略规划,各省市以及相关部委都应当共同参与长江经济带协同发展"战略规划""行动计划"的制定。其次,编制系统化的开发支撑政策,保障长江经济带的建设和流域的可持续发展。最后,依托长三角、长江中游和成渝三大城市群对各个省市进行差别化功能定位,引导产业的转型升级和区域的科学发展。

二是权威领导与综合协调。发挥第一流域组织的权威性和代表性,制定环境、产业负面清单,负责水资源—环境—生态—经济的综合协调管理,确立地区之间差别化的流域管理目标。打破地区界限,协调经济带内不同发展阶段、不同子区域之间的合作关系,避免流域管理事务的片段化。鼓励上游、中游、下游之间的产业园区共建,创新异地 GDP 核算、利税分享和相关土地政策,以平衡和保证地方利益分享,切实消除地方保护主义。

三是区域构建与区域认同。在区域政策、区域制度、区域设施和区域文化等关键领域通过一系列的政策措施和实践活动来完成长江经济带的区域构建,使经济带内的各省市形成一种作为长江经济带重要成员的区域身份认同和区域文化认同,发展长江文化的包容性和开放性,使得协同与合作成为个人、企业和政府的自觉行动。

4.4.2　以各部委长江流域管理机构为基础联合组建中间操作层

中间操作层是流域机构和流域治理的专业管理和技术支撑层。长期以来各部委及其派出机构之间各自按照部门责权和专业领域独立行政,但由于流域管理范畴、内容和事件本身的复杂性和综合性,很多时候责权利关系很难清晰界定,常常引发责任推诿、利益争夺、执法分散、标准不一等问题,极大地影响了对长江流域水资源、水环境、水生态以及长江航运的监管效率。2018 年国务院机构改革进一步促进了相关部委责权利关系的科学化,但核心的议题仍待解决,即如何增进各部门之间的协同、配合,发挥各部门的专业领域优势,形成部门联合治理模式和机制。

建议围绕长江经济带协同发展与治理战略目标,由国家发展和改革委员会、生态环境部、自然资源部、水利部、交通运输部、农业农村部等相关部委下属派出机构或职能部门(如水利部长江水利委员会、生态环境部长江流域生态环境监督管理局、交通运输部长江航务管理局、农业部长江流域渔政监督管理办公室等)共同组建长江经济带协同治理委员会的中间操作层(或可命名为"长江流域联合管理委员会")。充分发挥各部门的专业技术特长和专业人才优势,推动各部门政策、规划、资源、技术标准的有机整合与相互衔接,把高层决策层的长江经济带协同发展战略目标转化为具体的、多部门共同推进和实施的项目、工程和行动,切实做到长江流域水资源、水环境、水生态的统一监测、统一发布、统一规划、统一调度。

4.4.3 建立多层次、多中心协同治理框架[8]

一是充分利用和发挥经济带内既有的各种协调机制和区域性协作组织的基础优势,充分考虑长江经济带超大地理空间尺度和区域差异性特征,在原有中心城市协作区、沿江中心城市协调会、城市群联席会议等既有的跨区域协调与合作体制机制基础上,巩固和扩展其职能和空间范围,优化和创新城市群或经济区内的协调和合作机制,建立起目标更明确、更具约束力的城市群联席会议(或城市群联合体)及长江沿岸中心城市经济协调会,并按照长江经济带协同治理委员会的总体安排和部署,深化不同片、段城市群联席会议(或城市群联合体)之间的横向沟通与交流,共同推进长江经济带全域尺度上的协同与协调发展。

二是深化多层次、多部门的专题协同与合作机制创新。一方面注重推进部省合作机制,根据职能和部门专业化特征,在不同专题领域或专项事务的规划、管理、执法、监督以及研究咨询等方面深化合作。另一方面要充分发挥各省市政府合作与交流的窗口作用,搭建区域性合作交流平台,围绕具有区域共同愿景、关键重要性和具有发展良机的专题进行重点突破。

三是要注重吸收行业同业协会、企业主体与企业联合会、研究学会、技术专家协会、非政府组织等地域性或流域性的市场和社会力量,结合政府部门和公共服务机构,推进公私合作(PPP)治理模式。

(执笔人:胡德)

第4章注释

① 参见苏珊·施迈尔(Susanne Schmeier)于2010年在线发布的《流域组织的制度设计:流域组织制度设计数据库导引与主要发现》(*The Institutional Design of River Basin Organizations: Introducing the RBO Institutional Design Database and Its Main Findings*)。
② 参见莱茵河保护国际委员会(The International Commission for the Protection of the Rhine, ICPR)官网和欧盟空间规划网络2013年项目、新型治理的领域方法、案例研究4:莱茵河流域跨边界合作(ESPON 2013 Programme, ESPON TANGO, Territorial Approaches for New Governance, Case Study 4: Cross-border Cooperation in the River Rhine Basin)。
③ 参见湾区政府联合会(Association of Bay Area Governments, ABAG)官网。
④ 参见湾区委员会(Bay Area Council)官网。

第4章参考文献

[1] 黄贤金,金雨泽,徐国良,等. 胡焕庸亚线构想与长江经济带人口承载格局[J]. 长江流域资源与环境,2017,26(12):1937-1944.

［2］段学军,邹辉,王磊.长江经济带建设与发展的体制机制探索[J].地理科学进展,2015,34(11):1377-1387.

［3］陈湘满.美国田纳西流域开发及其对我国流域经济发展的启示[J].世界地理研究,2000,9(2):87-92.

［4］谈国良,万军.美国田纳西河的流域管理[J].中国水利,2002(10):157-159.

［5］谢世清.美国田纳西河流域开发与管理及其经验[J].亚太经济,2013(2):68-72.

［6］张之婧.美国田纳西流域的开发管理及对我国长江流域科学治理的启示[J].水利建设与管理,2008,28(8):49-51.

［7］STEPHENSON R, POXON J. Regional strategy making and the new structures and processes for regional governance[J]. Local government studies, 2001, 27(1): 109-124.

［8］BENZ A, EBERLEIN B. The Europeanization of regional policies: patterns of multi-level governance[J]. Journal of European public policy, 1999, 6(2): 329-348.

5 长三角城市群边界地区城际流动与行政区划优化

长三角地区是中国经济发展的重要引擎,参与全球竞争的主要空间单元,同时也是中国城市群一体化发展的示范地区。完整的城镇体系、密集的基础设施网络和相对扎实的区域合作基础使长三角城市群的一体化发展较为典型[1]。然而,该地区同样面临着一些问题,比如城市职能分工仍不够合理,区域整体优势和规模效益有待挖掘,影响要素合理流动的行政和制度壁垒仍然存在等。这些问题影响了长三角城市群综合实力的提升,也是推行更高质量一体化发展的主要障碍。

长三角城市群空间经济组织模式的一个显著特点是其由三省一市构成,省市间的行政壁垒和"行政区经济"现象显著存在[2],在为地区发展带来激励的同时,也束缚了跨区域的要素流动与城际合作。习近平总书记2020年8月主持召开了扎实推进长三角一体化发展座谈会,强调实施长三角一体化发展战略要以一体化的思路和举措打破行政壁垒、提高政策协同,让要素在更大范围畅通流动。

长三角内部省市间的边界地区(三省一市相邻县市)是行政壁垒最明显的地方,是推动一体化发展的前沿阵地,也是用好行政区划手段推动城际合作联系的试验场。基于此,本章从多要素流动的角度系统识别长三角城市群边界地区城市跨界联系的主要特点,并结合改革开放以来边界地区行政区划调整的主要过程,提出长三角城市群边界地区行政区划调整的工作思路。

5.1 长三角城市群边界地区城市跨界联系

顺应地区间社会经济交互态势,重新整合相对分割的城际资源要素是行政区划调整工作的动机之一。本章从地理相近、人口流动、文化相通三个维度分别分析长三角城市群边界地区的跨界流动格局,识别出相应的跨界城市对(联系最紧密的伙伴城市为邻省而非本省)。

5.1.1 地理相近

根据地理学第一定律,空间越临近的单元,彼此联系的可能性越大[3]。

伴随着信息革命和交通基础设施的发展,虽然空间距离的作用受到削弱,但仍被广泛视为影响城际要素流动的重要基础[4]。在塑造城际要素流动的因素中,由于地形和交通基础设施的影响,实际驾车距离往往比物理距离更具实际意义。本章基于百度地图的最优城际驾车距离测算,进行长三角边界地区相邻城市市中心的地理距离比对,识别出四对跨界城市对,分别为滁州—南京、南京—马鞍山、嘉兴—苏州和上海—苏州(图5-1)。这些城市分别隶属于不同省份,但其驾车距离均要少于其与省内最邻近城市的驾车距离。以滁州为例,其与江苏南京市中心的距离仅为65 km,而与

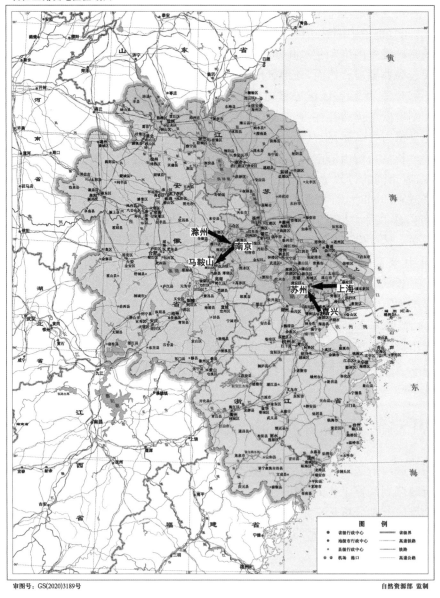

图 5-1　长三角地理相近的跨(省)界城市对

其本省内最紧邻的城市马鞍山市中心的距离高达 102 km,且滁州与江苏接壤边界超过 400 km。空间距离的邻近为滁州、南京两市的产业合作、商贸往来提供了诸多便利。目前,滁州已被纳入南京都市圈,吸引了数十亿元的投资额,成为南京在安徽投资的优先选择;在建的安徽第一条城际铁路——滁宁城际铁路,不仅连通了滁州市内许多重要节点,而且将直接接入南京北站;在民生互通方面,滁州通过发行"亭城通"卡,实现了滁州与南京公交、地铁异地共用一卡。

5.1.2 人口流动

人口流动承载了城际知识、商贸和信息流动,属于城际要素流动中最基础的部分;对城际人口流动态势的分析则是识别城际社会经济联系的重要维度。本章基于 2015—2017 年腾讯位置大数据的人口迁移起讫点(OD)分析,测算了长三角城市群边界地区所有城市最紧密的对外联系,识别出其中跨省的城市对并将其作为跨界城市对(图 5-2)。其中,基于所有交通方式的总体人口移动的跨界城市对为滁州—南京、马鞍山—南京、苏州—上海;基于大巴人口移动的跨界城市对为滁州—南京、马鞍山—南京、南通—上海、上海—苏州、苏州—上海、宿州—徐州;基于列车人口移动的跨界城市对为滁州—南京、马鞍山—南京、苏州—上海。总的来看,除了宿州—徐州外,城市对主要分为两类:一类为南京对马鞍山、滁州等的人流的汇聚;一类是上海对苏州、南通等的人流的汇聚。同合肥相比,南京不仅与马鞍山、滁州等城市的物理距离更为相近,且城市规模与经济实力更强,对人口流动的吸引能力也更强。顺应密集的城际人口流动,马鞍山、滁州两市也主动对接融入南京都市圈的发展战略,正在规划中的分别对接南京的城际铁路和城际地铁也势必会进一步加速推进三市一体化的步伐。上海同苏州、南通的人口联系,主要归因于上海对周边城市的巨大虹吸作用,而宿州与徐州的人员密集联系则是由于距本省省会较远、与徐州历史文化相通、基础设施互联互通等共同作用的结果。其中,徐州与宿州(萧县)2019年已开通省际直通快速公交,使得萧县人可以每日往返徐州—萧县通勤,大大增强了两个城市间的联系程度。

5.1.3 文化相通

根植于历史脉络中的文化联通对城市间居民的心理认同与交互往来具有显著影响。长三角地区幅员广阔,面积为 358 000 km²,历史多元文化交汇,具有相对破碎化的文化属性。以方言为例,长三角区域涵盖了中原官话、吴语、江淮官话、徽语等不同语言区,更有多达数十个方言片。以方言为代表的文化一致性和文化隔阂对城际联系具有一定影响[5]。本章基于《汉语方言大词典》中的中国各县方言归属数据[6],进行长三角边界地区跨省城市的方言一致性识别，发现共有两组方言片属于跨省界的（图 5-3）。其中，滁州、马鞍山、南京同属江淮官话洪巢片（图 5-3 左侧阴影区），湖州、嘉兴、上海、苏州、南通同属吴语区太湖片（图 5-3 右侧阴影区）。这两个区域的文化相近属性同人口流动的跨界识别结果较为一致，再次说明了这两个区域组团具有一体化发展的先天条件，也证实了文化因素是人口跨界流动的重要内生驱动力。

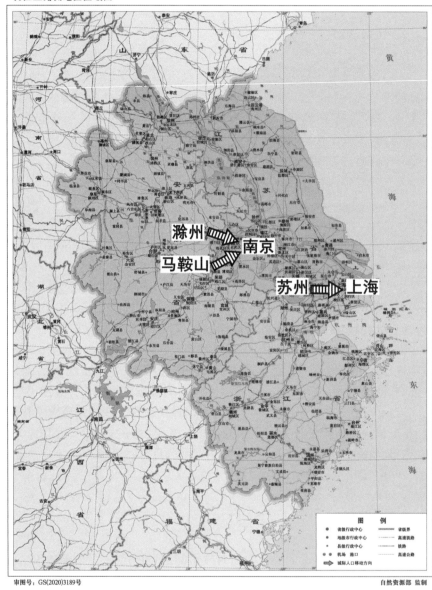

（a）基于所有交通方式的城际人口移动

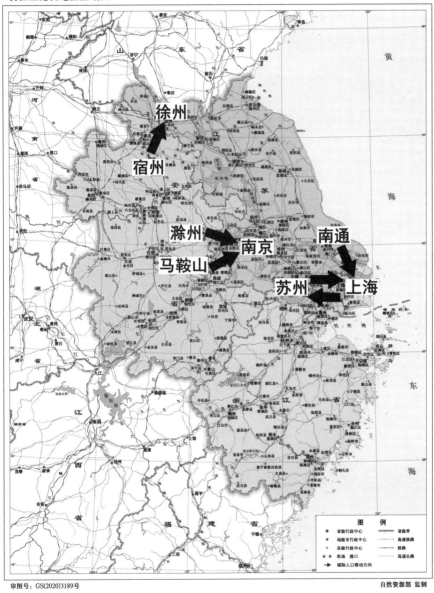

(b) 基于大巴的城际人口移动

5 长三角城市群边界地区城际流动与行政区划优化 | 073

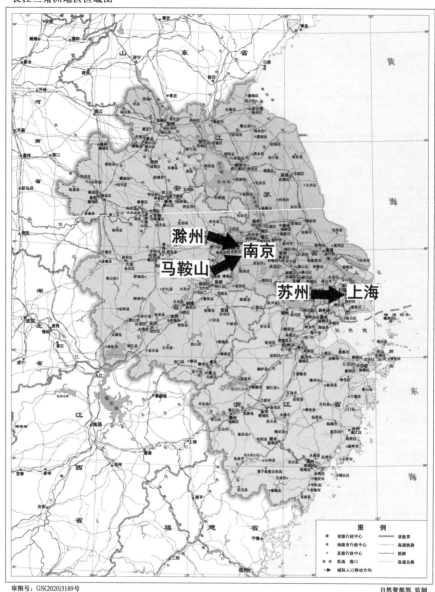

(c) 基于列车的城际人口移动

图 5-2　长三角人口流动的跨(省)界城市对

5.2　改革开放以来长三角城市群边界地区行政区划调整过程

回顾长三角边界地区的行政区划调整过程,有助于总结过去是如何用好"行政区划资源"调控空间治理体系的,为将来进一步考量城际联系态势、优化行政区划空间体系提供参考。总的来看,改革开放以来长三角边界地区的行政区划调整主要经历了 1978—1992 年、1993—2000 年和 2000 年之后三个阶段。

长江三角洲地区区域图

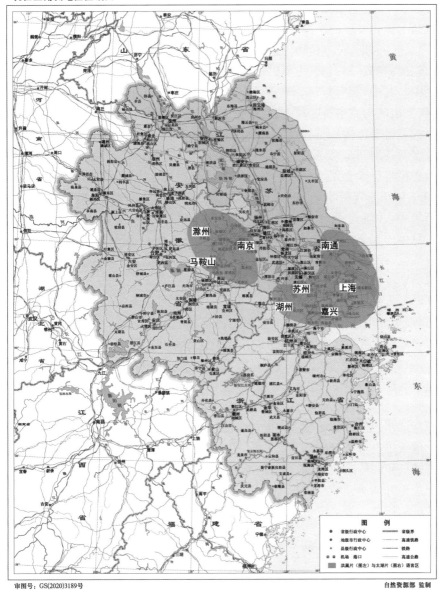

图 5-3 长三角文化相通的跨（省）界城市对

5.2.1　1978—1992 年长三角边界地区的行政区划调整

改革开放初期，中国的工作重心开始转移到经济建设上来，以中央政府为主体也开始推动长三角区域一体化的初步探索。1981 年，国务院政府工作报告明确指出要依托大中城市形成各种经济中心。1982 年，中共中央、国务院发布了《关于省、市、自治区党政机关机构改革若干问题的通知》，明确了以经济发达的城市为中心，逐步实行市管县的城乡发展路线；

同年，国务院正式决定成立上海经济区，直至1984年，这一经济区的范围逐渐扩大，将上海、浙江、江苏、安徽和江西四省一市包括在内，成为如今长三角一体化发展的雏形。

这一时期，长三角边界地区的行政区划调整主要包括三类：第一类是市辖区内部区划调整，主要出现在上海市和江苏、浙江、安徽三省的地级市之中。其中，上海以区调整为主，于1980—1992年陆续设立吴淞区、闵行区、宝山区与浦东新区；其他三省的地级市除少部分区县的调整之外，更常见的是将周边的县与县级市纳入管辖范围。比如1983年，江苏省将高淳、溧水两县划归南京，将宜兴县划归无锡武进，金坛、溧阳三县划归常州；安徽省则将当涂县划归马鞍山等。第二类是撤地设市，以江苏省最为典型。1983年江苏省撤苏州、镇江、徐州、南通、扬州、盐城、淮阴七个地区，实施市领导县体制。第三类是撤县设市（县级市）等，这一类调整非常频繁，约占总体的41%。其中，大部分调整为撤县设县级市，江苏省自1986年起撤仪征县、沙洲县（张家港）等18个县，分别设同名县级市；浙江省自1985年起撤余姚县、兰溪县、萧山县、平湖县，分别设同名县级市；安徽省自1983年起撤太平县、宿州县，分别设县级市。同时部分地区进行了撤县（县级市）设地级市调整，1987年撤县级黄山市设地级黄山市；撤宣城县设宣州市，1992年撤滁县地区和县级滁州市设滁州市等。

这一阶段，上海、江苏、浙江、安徽三省一市边界地区的行政区划调整主要有以下特点：一是寻求破除省与县之间地区与地级市并存的局面，如安徽撤销池州地区等。截至1992年，江苏、浙江、安徽三省交界区共撤除包括苏州、金华、徽州等在内的12个地区，并通过实施市领导县体制与设立地级市进行了行政单元的重组，这一举措不仅使原地区被赋予了更大的管辖面积和行政权力，提高了与相邻省市跨区域交流合作的自主性，同时也能更好地协调城市内部各辖区的发展。二是长三角省市交界地区的行政区划调整主要聚焦于促进重点城市的发展，通过恢复、设立县级市以及将县划归市等举措推动了当地经济的增长[7]。如1979年马鞍山设县级宿州市，并撤郊区；1980年芜湖县划归芜湖市等，通过整合区域内部资源，激发了边界城市的竞争活力。

5.2.2　1993—2000年长三角边界地区的行政区划调整

1992年，党的十四大确定了建立社会主义市场经济体制的目标。地方政府拥有更多的权力来组织当地的经济发展和社会建设。在快速城镇化背景下，撤县设市便成为地方政府获取政治权力和促进当地经济转型的主要手段之一。这一趋势在长三角边界地区的行政区划调整中同样有所体现。1992—2000年，三省一市边界地区共有12个县（县级市）升级为区，被纳入地级市管辖范围；15个县升级为县级市。撤县（县级市）设区与撤县设市（县级市）约占该阶段区县以上行政区划调整数量的84%。

这一时期,长三角边界地区大量的撤县设市(县级市)和部分撤县(县级市)设区以及市管县体制的实施,拓展了地级市的发展空间,强化了边界地区中心城市地位,为推动跨界合作提供了一定的便利。但受到快速城镇化与工业化的影响,加上辖区面积的不断增加,产业同质尤其是制造业结构的高度趋同现象突出,地方政府之间的竞争不断强化[8]。长三角边界地区也通过探索合并市、县、区,减少了作为竞争主体的政区数量。以安徽省宣城地区为例,2000年撤并宣城地区和县级宣州市,设地级宣城市和宣州区。一方面,通过撤地设市来减少其省域内部地区与市之间的竞争;另一方面,县级宣州市的现代农业和文化旅游产业与当时的南京高淳县的产业类别高度重合,通过撤县(县级市)设区,有利于宣城市对该区进行统筹协调发展,提高其与相邻省市交流合作的自主性,避免盲目竞争,以免造成资源的重复无效投入。然而,截至2000年,长三角城市群交界地区的行政单元仍以县和县级市为主,竞争合作的主体仍较为破碎;少数紧邻边界的市辖区多为较大中心城市市域面积的延伸,与邻省缺少市辖区的直接相连,尚构不成省际要素流动的中介与桥梁。

5.2.3 2001—2020年长三角边界地区的行政区划调整

自2001年起,随着中国加入世界贸易组织(WTO)和市场经济体制改革的不断推进,在全球化和市场化两大动力的共同驱动下,国际与国内的产业链布局与产业梯度转移为长三角区域合作提供了新动力[9]。在这一阶段,长三角边界地区的行政区划的策略开始从被动整合、减少竞争转变为主动邻近、扩大合作,其中最主要的表现为通过撤县(县级市)设区的形式,实现临界城市市辖区的跨省直接毗连,从而实现对较发达地区的产业承接,为省际要素流动筑牢了通道,也能在一定程度上改变自身区位。

具体来说,这一阶段的行政区划调整主要包括撤县(县级市)设区(如江苏省2002年起陆续将江浦县、六合县等12个县纳入市辖区范围)和市辖区内部的区划撤并(如上海市2011年撤黄浦区、卢湾区,设新的黄浦区;江苏省无锡市2015年撤崇安区、南长区、北塘区,设梁溪区,新设新吴区;安徽省马鞍山市2012年撤金家庄区和花山区,设新花山区)。至2020年,长三角交界地区的地级市与市辖区数量逐渐增加,以各中心城市沿主要交通干线向边界延伸,形成以江苏南京与安徽邻接的地市,上海周边两个组团为主的市辖区毗连发展。表5-1和图5-4分别识别了2000年以来长三角边界地区通过行政区划调整实现市辖区直接相连的九组城际组团,包括滁州—南京、马鞍山—南京、宣城—南京、宿州—徐州、淮北(段园镇)—徐州、湖州—苏州、嘉兴—苏州、上海—苏州和上海—南通。

马鞍山市设立新花山区与博望区的区划调整即为这类市辖区相连促进城际跨省合作提供了一个范例。2012年安徽省马鞍山市调整金家庄区、花山区与当涂县的行政隶属,设新花山区与博望区,与江苏省南京市辖区江宁区相邻。此次调整令马鞍山市区的总面积由 353 km² 新增到 704 km²,在一定程度上缓解了其城市空间与区域性中心城市发展定位的供需矛盾;同时新设博望区,与江苏的边界接壤由原来的 50.6 km 增加到 103.2 km,实现了更大范围与南京对接。博望区凭借与南京市辖区相接,紧邻南京禄口国际机场与空港新城的区位优势,借助更大的行政权力和政策优惠,以及较低的土地与劳动力成本,积极吸引了大量企业和项目落户、人口就业,成为马鞍山接入南京都市圈的重要门户,深化了马鞍山和南京产业合作的桥头堡。2019 年,南京都市圈规划将博望区纳入"全国航空物流主枢纽及以临空型产业、战略性新型产业为重点的新型产业集聚区",成为马鞍山参与南京空港新城分工合作的开始。自 2013 年以来,在落户博望区的企业中,南京企业占比超过 1/3,涉及汽车配件、数控机床等多类装备制造业。同时,在明确自身创新动力不足的现状后,博望区依托其与南京的邻近优势,通过"星期日工程师""流转博士站"等方式,与南京各大高校研究院开展合作,共建高新技术产业园区,推动其机床及刃模具产业的转型升级。

此外,本章还识别出宣城—杭州(宁国市)、嘉兴—上海(嘉善县/平湖市)两组市辖区间仅隔一县或县级市的组合,这些城市也势必会成为下一轮行政区划调整的潜在区域。以嘉善县为例,它作为嘉兴连接上海的桥头堡,经济发展实力较为强劲。如改县设区,嘉兴城区将直接与上海接壤,可更好地承接上海的资源外溢,从而实现与上海更好的联动发展。

表 5-1　长三角边界地区通过行政区划调整实现市辖区跨省毗邻的情况

年份	行政区划调整情况
2002	江苏省南京市撤浦口区和江浦县,设新的浦口区;撤大厂区和六合县,设六合区,由此与安徽省滁州市南谯区相邻
2003	浙江省湖州市设吴兴区和南浔区,由此与江苏省苏州市吴中区相邻
2010	江苏省徐州市撤铜山县和九里区,设铜山区,由此与安徽省宿州市埇桥区相邻
2012	安徽省马鞍山市撤金家庄区和花山区,设新花山区,新设马鞍山市博望区,由此与江苏省南京市江宁区、溧水区相邻
2012	江苏省苏州市撤县级吴江市,设吴江区,由此与浙江省湖州市吴兴区和南浔区、嘉兴市秀洲区相邻,并与上海市青浦区相邻
2013	江苏省南京市撤溧水县、高淳县,设溧水区和高淳区,由此与安徽省宣城市和宣州区相邻
2020	江苏省南通市撤县级海门市,设海门区,由此与上海市崇明区隔水相邻

5.3　长三角城市群边界地区行政区划调整的工作思路

破除行政壁垒、促进要素流动同行政区划工作密不可分[10]。虽然过去行政区划调整的诸多实践也是致力于优化治理体系、完善资源要素的空间配置,但多是基于市域内部的调整与优化。跨市、省的调整由于涉及重

长江三角洲地区区域图

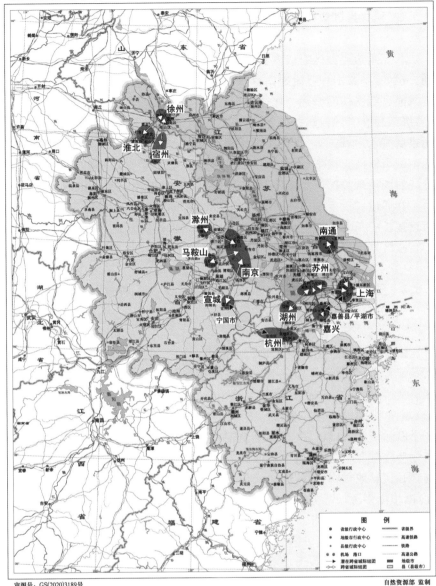

图 5-4　长三角边界地区通过行政区划调整实现市辖区跨省（及潜在）毗邻的城际组团

大地方社会经济利益和区划版图稳定，鲜有涉及。在新形势下，长三角一体化发展的深入推进离不开进一步创新方式方法，围绕重点领域和重点区域进行重点突破；而如何用好行政区划这一国家治理的基本手段，助力长三角一体化发展是一个挑战性和前瞻性议题。在推进国家治理体系和治理能力现代化的要求下，基于对长三角城际联系和行政区划工作的认识，可深化长三角城市群边界地区的行政区划调整工作，以非常之举打好一体化发展的攻坚战。

5.3.1 积极推进边界地区市内行政区划调整,筑牢省际连接通道

长三角边界地区有较多县、县级市与邻省地缘相近、人缘相亲、文化相通。例如,马鞍山和县毗邻南京江北新区、嘉兴嘉善县毗邻上海等。这些地区间有着密切的城际合作往来与政府合作基础。可通过撤市并区、撤县(县级市)设区等措施对这些边界县、(县级)市进行行政区划调整,既可使所隶属城市市域扩容,又可实现相邻省份间市辖区的直接连接。两个跨省强市的市辖区直接临近,可为基础设施互联互通、公共服务均等共享、生态环境协调治理等提供更多便利;更重要的是,为省际要素自由流动筑建起桥梁和通道。近年来完成的海门"设市设区"的行政区划调整,增强了南通市连接长三角北翼的门户能力,为上海第三机场的落地扫清了障碍,为此类行政区划调整提供了范例。

5.3.2 灵活协调边界地区市际、省际行政区划分割,建立长三角省际壁垒融合示范区

由于地理临近和历史文化传承原因,长三角边界地区一些县、市更临近其他省份和城市,人口流动与经济联系也更趋向于流向这些邻省地区。如前文所述,从地理临近、人口流动和文化相通来看,徐州组团(淮北、宿州)、南京组团(马鞍山、滁州)、上海组团(嘉兴、苏州、南通)为长三角内部三个城际交互基础较好、省界壁垒较为薄弱的地区,可进一步打造长三角省际壁垒融合示范区,通过选取区内部分边界县域,顺应城际要素流动格局,采取"异地合作共管"的灵活模式处理这些城市的行政区划隶属问题。比如,根据多源城际流动数据的研究证实[11],安徽省天长市与江苏省扬州市、安徽省萧县和江苏省徐州市间的每日人员通勤与经济往来都要远远超过同其上级隶属城市安徽省滁州市和宿州市的联系。换言之,单纯从城际要素流动的逻辑来看,天长和扬州、萧县和徐州更应属于同一地区。这种跨界城市像触角一样嵌入了相邻省份,走在了长三角一体化合作的前沿。可将天长市建设成为长三角行政壁垒融合示范市,探索由滁州市、扬州市共管共治的市际、省际合作治理新模式。

5.3.3 前瞻性研究边界地区重大行政区划调整预案,服务边界合作走廊建设

现阶段长三角一体化建设秉承着不打破行政隶属关系和行政区划的原则进行制度创新和体制改革。然而,消除行政壁垒是一体化发展的终极目标。应开展前瞻性研究,以"多孔、灵活、相互渗透的行政边界"为目标,做好长三角边界地区行政区划调整远景预案。结合长三角一体化推进实

际,可从以下三个方面着手研究:首先,推动边界地区的"飞地园区"建设。长三角内部形成了一批以靖江工业园区为代表的异地合作共建模式的园区,对推动城际合作共赢起到良好带动作用。下一步应在省际边界地区推广异省、异地合作共建园区的模式,创新省际不同层级政府与园区等相关主体的税收分配机制,论证远景"飞地园区"行政区划变更或互换的科学性和必要性。其次,以太湖流域水污染治理、长江口生态环境保护等为契机,建立区域问题专门委员会,对相应层级政府的制度资源和空间资源再组织赋予特定的行政管辖权限,并拟定远景纳入正式行政区划体系的可操作方案。最后,以边界合作走廊建设为目标,沿边界地区建设一批"产业协同一体化发展示范区""科技创新一体化发展示范区"等主题示范区,逐步解放行政边界对城际要素流动的束缚。

(执笔人:张维阳、钱雨昕)

[本部分内容得到国家自然科学基金项目(41901186)和上海市哲学社会科学规划课题(2018ECK009)资助]

第5章参考文献

[1] 陈雯,闫东升,孙伟. 长江三角洲新型城镇化发展问题与态势的判断[J]. 地理研究,2015,34(3):397-406.
[2] 刘君德,陈占彪. 长江三角洲行政区划体制改革思考[J]. 探索与争鸣,2003(6):12-14.
[3] TOBLER W R. A computer movie simulating urban growth in the Detroit region [J]. Economic geography,1970,46:234-240.
[4] SIMANDAN D. Proximity, subjectivity, and space: rethinking distance in human geography[J]. Geoforum,2016,75:249-252.
[5] WU W J, WANG J H, DAI T S. The geography of cultural ties and human mobility: big data in urban contexts[J]. Annals of the American association of geographers,2016,106(3):612-630.
[6] 刘毓芸,徐现祥,肖泽凯. 劳动力跨方言流动的倒U型模式[J]. 经济研究,2015,50(10):134-146.
[7] 张维阳,陈硕,孙斌栋. 长三角行政区划调整对未来空间治理的启示[EB/OL]. (2020-05-05)[2022-01-03]. 澎湃新闻.
[8] 范剑勇. 长三角一体化、地区专业化与制造业空间转移[J]. 管理世界,2004(11):77-84.
[9] 于涛方,吴志强. "Global Region"结构与重构研究:以长三角地区为例[J]. 城市规划学刊,2006(2):4-11.
[10] 申立. 长三角行政区划调整:历程、特征及思考:基于行政区划资源的视角[J]. 上海城市管理,2020,29(4):4-13.
[11] ZHANG W Y,DERUDDER B,WANG J H, et al. Regionalization in the Yangtze

River Delta, China, from the perspective of inter-city daily mobility[J]. Regional studies, 2018, 52(4): 528-541.

第 5 章图表来源

图 5-1 至图 5-4 源自: 笔者绘制 [底图源自标准地图服务网站, 审图号为 GS(2020) 3189 号].

表 5-1 源自: 笔者整理绘制.

6 构建多层级治理模式,推进长三角港口一体化

6.1 新一轮长三角港口一体化呈现出新的特点

6.1.1 港口资源整合的行政主体已上升至省级层面

早期的港口资源整合大多由相邻的区级或市级政府推动,进而形成港口企业加强合作的港口联盟模式,如苏州港的整合成立、宁波舟山港的合并等。虽然这些邻近港口被整合在一起,但各港口仍有各自的经营自主权。

近年来,长三角港口资源整合的行政主体已上升至省级政府层面,传统的"一城一港"正在被调整为"一省一港",如浙江省海港集团、江苏省港口集团有限公司和安徽省港航集团有限公司的相继成立,无不体现了这种趋势(表6-1)。上述省级层面的港口整合,都是在浙江、江苏、安徽三省省委、省政府的主导下推动的。浙江、江苏、安徽三省在省域层面推进港口一体化、协同化发展,其目的是促进港口资源利用集约化、港口运营高效化、市场竞争有序化、港口服务现代化,形成港口转型发展的新动能。

表6-1 长三角省级层面港口的整合

集团名称	成立时间	整合工作
浙江省海港集团	2015年8月	浙江省海港集团与宁波舟山港集团按"两块牌子、一套机构"运作,是全省海洋港口资源开发建设投融资的主平台。集团先后完成了省内沿海五港和义乌陆港以及有关内河港口的全面整合,形成了以宁波舟山港为主体,以浙东南沿海温州、台州两港和浙北环杭州湾嘉兴港等为两翼,联动发展义乌陆港和其他内河港口的"一体两翼多联"的港口发展新格局
江苏省港口集团有限公司	2017年5月	江苏省港口集团有限公司是经江苏省委、省政府批准成立的省属大型国有企业,由江苏省和连云港、南京、苏州、南通、镇江、常州、泰州、扬州八市地方国有涉港资产共同出资,并整合省属三家航运企业组建而成
安徽省港航集团有限公司	2018年8月	安徽省港航集团有限公司由安徽省政府出资成立,是安徽省属国有大型一类企业。集团公司是安徽省整合港口、航道、航运、临港产业及相关资源的主要平台,拥有安徽省全部水运外贸口岸的港口设施

6.1.2 港口与航运企业之间的整合也在不断推进

近年来,港口与航运企业之间的战略合作更加紧密。2017年,中国远洋海运集团有限公司用190亿元入股上海国际港务(集团)股份有限公司,成为上海国际港务(集团)股份有限公司第三大股东,上海国际港务(集团)股份有限公司与中国远洋海运集团有限公司建立战略合作伙伴关系;2017年6月,招商局港口集团股份有限公司与浙江省海港集团进行合作;2017年11月,上海国际港务(集团)股份有限公司、江苏省港口集团有限公司与中国远洋海运集团有限公司三方签署《战略合作谅解备忘录》,共同建立战略合作伙伴关系;2019年8月,江苏省与招商局港口集团股份有限公司签署框架协议,在港航交通、现代物流等八大领域展开战略合作。上海、江苏、浙江的港口企业与中国两大航运企业——中国远洋海运集团有限公司和招商局港口集团股份有限公司纷纷建立战略合作关系,由此可见,长三角港航合作也在提速。

6.1.3 跨省的港口间合作已取得进展

长三角三省一市所属港口之间的合作也在不断推进。上海国际港务(集团)股份有限公司与浙江省海港集团签署《小洋山港区综合开发合作协议》,共同对小洋山北侧区域进行开发。上海国际港务(集团)股份有限公司与太仓港合作推出"沪太通"物流模式,促进苏南外贸集装箱"弃陆改水",取得了很好的效果。安徽省港航集团有限公司也与浙江省海港集团签订了战略合作协议。

从整体上看,近年来,特别是在长三角高质量一体化发展上升为国家战略后,长三角港口合作在稳步推进:一方面省级层面的港口整合趋于完成;另一方面港航合作和跨省级的港口合作也取得了一定的突破。

6.2 新一轮的港口一体化面临新的问题和挑战

6.2.1 长三角港口之间竞争激烈,但各港口在全球的竞争力较低

上海和宁波—舟山两港为长三角的核心枢纽港,对两港的国际航线覆盖范围和航线间的重叠度进行比较可以发现,整体上两港航线所联系的国际港口数量在不断增加。2014年两港航线所涉及的海外港口数有267个,宁波—舟山港不断地发展海外航线,不仅拥有自己独立的航线联系港口,而且在更多的航区与上海港展开竞争。两港航线共同覆盖的港口为217个,港口的重叠率达81.27%,可见两港海外航线的竞争较为激烈。到2018年,宁波—舟山港的海外航线有了进一步的发展,在保持和上海港展

开竞争的同时,也积极拓展新的港口。在此期间,宁波—舟山港独立连接的港口数增长为 35 个,上海港独立联系的港口 69 个,两港共同覆盖的港口有 145 个,港口重叠率下降到 58.23%。从总体上看,2014—2018 年,宁波—舟山港的海外航线的发展已经较为成熟,在与上海港竞争的同时,也开始拓展自己独立连通的航线,因此两港的海外港口重叠率有所下降,但错位竞争格局还尚未很好地实现[1]。

2019 年,全国 47 个城市拥有高端航运服务业企业,其中上海高端航运服务业的企业共有 123 家,在全国范围内处于第二层级,但企业总数未达到香港企业总数(266 家)的一半,特别是上海的航运金融类企业很少。长三角的南京、宁波仅位居第四层级、第五层级,高端航运服务业企业数量较少,能级较低(表 6-2)。

表 6-2　2019 年中国高端航运服务业节点城市层级及分布

层级	数量/个	相对密度范围(0—1)	城市
一	1	1.000 0	香港
二	1	0.462 4	上海
三	2	0.218 0—0.278 2	台北、大连
四	5	0.902 0—0.150 4	北京、青岛、南京、高雄、广州
五	4	0.037 6—0.071 4	天津、福州、烟台、宁波
六	11	0.011 3—0.030 1	台中、深圳、威海、舟山、厦门、武汉、海口、基隆、江阴、连云港、秦皇岛
七	23	0.003 8—0.007 5	重庆、杭州、丹东、泉州、日照、扬州、营口、包头、长沙、成都、澳门、南宁、南通、汕头、蛇口、苏州、唐山、桃园、潍坊、温州、芜湖、珠海、台州

而从全球尺度来看,高端航运服务业主要集中在欧洲,虽然航运金融等高端航运服务业在亚洲的一些城市也有较大规模,但与欧洲相比还有一定的差距。中低端航运服务业在欧洲城市分布得相对较少,以东亚及东南亚地区的一些港口城市为主。高端航运服务业依托于历史基础或政治资源,可以和实体的航运物流业务及港口资源相分离,而中低端的航运服务业大部分位于港口城市,与港口资源、航运物流结合得较紧密。近年来,上海在不断推动高端航运服务业的发展,但在全球的航运金融、航运保险等高端航运服务业的排名中位置靠后;而南京、宁波等还无法挤进全球前 20 强,说明与其他港口城市还存在不小差距。

6.2.2　区域内港口间的竞争将演变为区域间港口集团的竞争

浙江省海港集团、江苏省港口集团有限公司、安徽省港航集团有限公司等的成立,由"一城一港"转变为"一省一港",以通过省内港口资源整合来提升竞争力,这加剧了港口间的竞争。各港口集团之间在市场份额、投资规模、运费运价等内容的竞争正在从区域内的层面上升至区域间的层面,港口市场寡头垄断的结构特征日益清晰。

当省域内的港口实现一体化经营之后,原来基于市场竞争所确定的市场格局转变为企业内部各经营板块之间的合作格局,这必然导致市场价格的形成机制在一定程度上受到抑制,原来港口企业间竞争的优胜劣汰机制遭到扭曲。当前长三角各省港口集团的规模提升并不能掩盖深层次问题的存在。许多港口仍面临高端配套服务缺失、多式联运和港口集疏运体系尚不完善等问题。

6.2.3 行政力量在港口整合过程中依然强大

港口网络中的社团结构能反映港口之间相互联系的紧密程度。2006年,江苏的港口被拆分为三个社团,浙江省的台州港成为江苏省镇江港的次一级系统,社团的划分和省级行政边界没有明显的联系。2010—2014年,尤其是2014年,社团的层级有了较为明显的变化,上海港和宁波—舟山港仍是社团的核心港口,但浙江省的温州港、台州港、绍兴港和嘉兴港成为其次一级的子系统,该社团的划分逐渐体现出与浙江省行政边界相吻合的趋势。但是在此阶段,江苏省的港口依旧被划分为两个社团,分别为以苏州港为核心、南通港和无锡港为次一级系统的社团和以南京港为核心的社团。2018年,长三角港口航运网络社团结构呈现出与省级行政边界较高吻合的状态。长三角各省整合本省的港口航线资源,江苏和浙江两省已经形成比较明显的社团结构,从而使得各省间的竞争加剧,如何打破省域间的行政壁垒成为推动长三角港口一体化的关键。

当前的"一省一港"就港口资源的配置方式而言,仍然没有脱离地方政府通过国有资本主导港口资源的模式,省际竞争不可避免。按其惯性,是不是只有继续上升为建立长三角区域港口集团才能避免省际竞争?

大型航运企业集团参与到港口资源整合的进程中,通过港航联盟进一步强化相关港口集团的市场力量,港航企业的服务质量、经营内容、议价能力等方面的变化也会导致相关利益格局出现新的调整和变化。长三角的港航联盟是国有港口企业与国有航运企业的相互合作,这种方式是否有利于降低内耗、提升效率,推动市场经济完全有序竞争?

6.2.4 长三角港口整体布局仍缺乏统一的发展规划

市场化改革的加快和中央政府向地方政府的逐步下放权力、资源和责任,增强了港口城市的自主性,激发了它们发展港口物流和发展港口服务企业的积极性[2]。然而这也加剧了长三角港口之间以及港口城市之间的竞争。国家颁布的《交通运输部关于加快发展现代航运服务业的意见》和《国务院关于依托黄金水道促进长江经济带发展的指导意见》都强调了港口和航运服务业的布局优化和要素集聚。虽然目前也成立了上海组合港管理委员会、长三角区域合作办公室等政府机构，但是其目前的职责还处于最基本的港口之间分工定位的协调上，并未对长三角港口一体化提出更高的要求，在协调手段上也缺乏约束机制。

6.3 国外经验的借鉴

6.3.1 地方主导型：美国纽约—新泽西港

纽约港和新泽西港原本是两个独立的港口，两港位于哈德逊河入海口，使用同一航道，但在行政上分属于纽约州和新泽西州。1921年纽约州和新泽西州政府联合成立纽约州港务局，1972年正式更名为纽约—新泽西港务局，其特点包括以下两个方面：

（1）在财政上，港务局是一个两州共有的公共机构，自营自治，财政自主。没有任何州或地方当局税收的支持，也没有征税的权力，只能依靠桥梁和隧道的通行费、对机场和海港用户的收费、轻轨系统的车票费以及办公楼、消费服务、零售商店的租金等。

（2）在经营模式上，实行"地主港"模式。两州政府在1921年划定以自由女神像为中心、半径为25英里（约40.23 km）的约1 500平方英里（约3 885 km^2）的范围为港区，由港务局对码头、空港、地铁、道路及隧道等设施进行统一规划、开发、建设和管理。因此港务局除了拥有伊丽莎白港码头、呼兰克码头、瑞呼克码头等港口设施外，还包括肯尼迪国际机场、纽瓦克自由国际机场、拉瓜迪亚机场、泰特波罗机场以及曼哈顿下城的直升机场，纽瓦克和肯尼迪空港轻轨干线，乔治·华盛顿大桥、林肯隧道、呼兰克隧道，纽约地铁、汽车总站等。港务局还拥有曼哈顿16 hm^{2}的世贸中心原址。港务局本身不能经营码头装卸业务，码头实行招租经营。

6.3.2 国家主导型：日本东京湾

日本东京湾南北长80 km，东西宽20—30 km，入口宽仅8 km，里阔外狭，是一个理想的港湾，其中著名的港口有东京、川崎、横滨、横须贺、千叶、木更津、船桥等，分属于东京、川崎、横滨、横须贺、千叶等城市，是日本最大的港口工业区和城市群，其特点包括以下两个方面：

（1）港口的合作由国家主导。港口管理权下放给地方港口管理机构，但国土交通省港湾局负责协调整个港湾的发展。港湾局站在国家的高度来制定整个港湾发展的政策。日本政府的主导地位是由1951年通过的《港湾法》所确定的。

（2）国家调控措施通过审查和控制预算进行调节。各港口的发展计划由港口所在的地方政府向交通省港湾局提交议案，由交通省进行审查，如提案获得通过,则由国家负责拨款。大项目由交通省直接进行监督;小项目由交通省提供补贴,地方政府负责实施。

6.3.3　协会主导型:欧洲海港组织

欧盟现有大小海港 1 200 多个,分别属于 20 个海洋国家。欧盟于 1993 年成立欧洲海港组织(ESPO)来协调管理整个欧洲地区的海港。欧洲海港组织的特点包括以下两个方面:

(1) 保持各港口的独立性。不直接参与欧洲各个海港的发展、建设以及日常运营业务,反而强调港口自主经营的法律地位来确保港口之间的自由竞争力。支持自由市场法则的实施,禁止本国或欧盟以公共基金计划援助任何扭曲港口之间以及港口和其他运输方式之间的竞争行为活动。

(2) 通过协商的方式达成一致。欧洲海港组织主要由欧盟各海港的港务局、港口行政部门、港口协会组成,并对少数欧洲自由贸易区内非欧盟国家开放。欧洲海港组织成员方通过委派代表在全体会议上提出议案,经过协商的方式来协调各个港口之间的利益,并用法律的形式来确保欧洲海港群的整体利益,其政策包括多式联运、近洋运输、海运安全、环境等方面(图 6-1)。

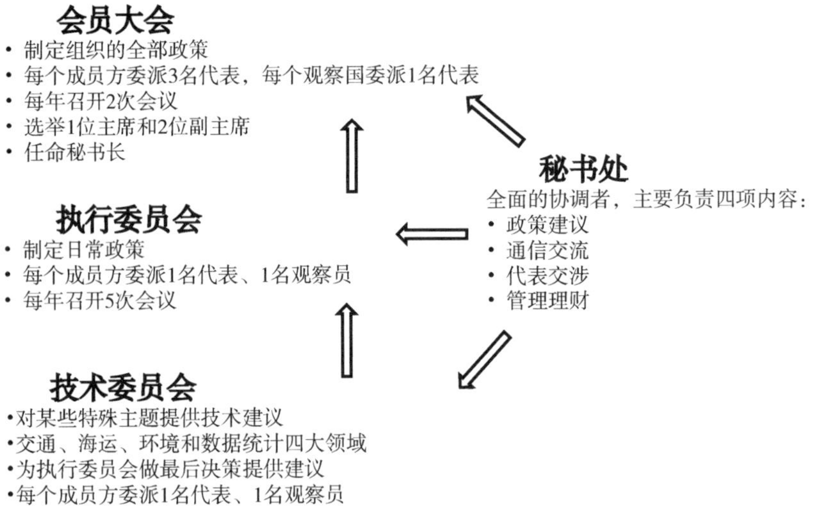

会员大会
- 制定组织的全部政策
- 每个成员方委派3名代表,每个观察国委派1名代表
- 每年召开2次会议
- 选举1位主席和2位副主席
- 任命秘书长

执行委员会
- 制定日常政策
- 每个成员方委派1名代表、1名观察员
- 每年召开5次会议

技术委员会
- 对某些特殊主题提供技术建议
- 交通、海运、环境和数据统计四大领域
- 为执行委员会做最后决策提供建议
- 每个成员方委派1名代表、1名观察员

秘书处
全面的协调者,主要负责四项内容:
- 政策建议
- 通信交流
- 代表交涉
- 管理理财

图 6-1　欧洲海港组织架构

6.3.4　三种合作模式的比较

纽约—新泽西港务局的地方主导型模式最大的特点是共同建立管理机构,实现统一规划、开发和管理。这种模式在较小的区域范围内特别是港口位置非常接近、港口数量有限的情况下比较适合,如宁波—舟山港的

一体化过程中可以建立统一的管理机构,但在较大区域(如长三角)又有众多港口的情况下成立统一的港务局较难实现,也会增加管理成本,而且还会抑制长三角各港口之间的合理竞争。另外,当前实行"地主港"模式还未被地方政府所接受。

日本东京湾港口合作的最大特点是由国家主导,运输省负责各港口的协调。这种发展模式也不适合长三角港口群的发展。其一,日本政府通过统筹规划各港口的职能,使港口能错位发展,但各港口的分工主要体现在散货运输上,如千叶港是能源输入港、川崎港是原料进口与成品输出港、木更津港是地方商港和旅游港,这与各港口所在地的临港工业有很大关系,在集装箱运输方面,东京港和横滨港之间的竞争依然激烈,这一点是很多学者所未注意到的,而长三角港口群的竞争主要也是在集装箱运输方面;其二,中日两港的工业化阶段是很不一样的,日本已经进入后工业化时代,而中国正处于工业化后期,港口在地方经济中的作用非常大,港口城市之间的竞争将长期存在;其三,近年来,中央有关部委对长三角港口群的定位与作用等都有所规划,但由于这些规划布局政出多门,或者与各港口城市政府的思路错位,往往难以实施[3]。

由协会主导的欧洲港口的最大特点是既能保持各港口的独立性,形成并保护港口之间的合理公平的竞争环境,坚决制止任何扭曲港口间自由公平竞争的行为[4],又能在海运安全、海洋环境等问题上保持一致性,维持共同的利益。

6.4 推进长三角港口一体化的思路与举措

由于"一省一港"的推进,长三角港口之间的竞争上升到了省级层面。为了克服省级层面的竞争,已经有学者提出整合长三角三省一市的港口资源,建立中国长三角港口集团股份有限公司的设想[5-6]。

本章认为上述设想并不可取,建立中国长三角港口集团股份有限公司只是政府想用更高级别的行政力量打破传统行政区域壁垒、行业壁垒、系统性壁垒等体制机制障碍,但事实上将不利于降低内耗、提升效率,也不利于推动市场经济完全有序竞争。

长三角港口一体化应该科学合理地界定政府、市场、社会三者的关系,治理的主体应该从一元走向多元,治理结构应该由垂直走向扁平,治理的运作机制应该从垄断走向竞争,由此提出政府退、协会进、企业是主体的推进思路。

6.4.1 政府层面:政府退

2004年1月1日起实施的《中华人民共和国港口法》确立了中国港口由地方政府直接管理并实行政企分开的行政管理体系,其核心就是政企分开,多家经营;"一港一政",统一管理;明确规定了各级政府交通和港口行政管理部门的管理权力和责任,体现了政府部门主要履行统筹规划、掌握政策、信息引导、组织协调、提供服务和检查监督的职能。港口企业作为独立的市场主体,依法自主经营,按照市场法则,公平竞争。

然而在港口属地化管理后,港口之间的竞争愈加激烈,竞争的实质是港口城市之间的竞争,体现的是各港口城市的利益诉求。受当前行政组织架构和地方政府官员考核机制的影响,地方政府多在行政区划范围内追求垄断利益的最大化,这就导致政府在港口发展中的影响非常突出,这种以地方利益为主导、带有政府意志的发展态势,无疑影响了长三角港口群整体利益的实现。同时,国有资本为主导的港口集团依然是各地港口的主要力量,这些港口集团包括一些已经上市的港口集团的主要领导仍由地方政府任命,港口服务区域整体利益最大化的目标得不到真正的保障。

地方政府要由发展型政府向服务型政府转型,政府要把自己的行为严格限定在制订港口合作条款和实行监督、为港口发展创造良好的制度环境、为社会提供稳定而有保障的公共产品和公共服务等方面。政府应该把自己当作协调的主体,而不是微观的经济主体,要从港口竞争中退出来,要确保港口运营的自主性,在长三角港口一体化中的作用是通过立法来营造宽松、规范、公平的市场环境。

6.4.2 社会层面:协会进

行业协会是由作为市场主体的企业本身所具有的趋利性促使相互之间为谋求一致而联合起来组成的。行业协会一旦真正成为独立的非政府组织,对外能保护行业的利益,对内能形成行业自律机制,防范企业无序竞争[7]。当前,中国已经设立国家性的中国港口协会和地方性的港口协会。中国港口协会的主要任务是在全国层面履行行业服务、行业协调、行业自律等职能。中国港口协会还成立了集装箱分会、水路运输服务分会、邮轮游艇码头分会等单一行业性分会和以长江水系为基础的长江港口分会,但是建立在港口群基础之上的区域性港口协会还未建立。地方性的港口协会如上海港口行业协会、浙江省港口协会、江苏省港口协会等对跨地区的港口服务、协调和自律也鞭长莫及。而区域性的港口协会能突破行政樊篱,打破行政封锁,成为港口之间合作的"润滑剂"[8]。

2019年7月,在长三角航运一体化发展论坛上,长三角航运创新发展联盟正式成立。该联盟旨在通过贯彻落实国家战略、建立区域协调机制、发挥港航联动机制、打造优质营商环境等一系列举措,积极推进长三角港航更高质量一体化发展。但是从长三角航运创新发展联盟首批15家发起单位来看,分别是上海市虹口区投资促进办公室(航运服务办公室)、江苏太仓港口管理委员会、江苏省通州湾江海联动开发示范区管理委员会、南京市下关滨江商务区管理委员会、南通市交通运输局、张家港电子口岸有限公司、杭州市港航管理局、宁波市人民政府口岸办公室、舟山市港航和口岸管理局、温州市港航管理局、嘉兴市港航管理局、湖州市港航管理局、台州市港航口岸和渔业管理局、芜湖市港航管理局、马鞍山市港航管理局。这些发起单位在空间上具有一定的广泛性，但主要以长三角各港航管理局为主，各大港口和航运企业是缺位的。虽然该联盟的目的是推进长三角港航一体化发展，但主要还是从管理者的角度出发，缺少航运业主体的参与。同时，航运服务业特别是高端航运服务业涉及航运金融、航运保险等产业的发展，这些高端航运服务业也不属于港航管理部门的管辖范围。

因此，应在以各种联席会议和合作交流机制为代表的政府间合作平台外开辟"第二合作平台"，借鉴欧洲海港组织的成功经验，成立长三角区域港口航运协会，在港口规划与建设、港口市场监管、港口安全与环保、港口信息与培训等方面成立专门小组，推进运输费用、税费标准、通关手续、市场管理、行政执法、政策体系等的一体化。同时建立更加有效的项目推进机制、评估考核机制和奖惩机制，加快实现长三角市场信息共享和数据查询、监控信息交换以及申报信息、审批管理信息等的互联互通，加强各港口之间的资源配置、航运市场的规范，避免恶性竞争。

近年来，长三角的上海、宁波、舟山等城市纷纷提出建设全球海洋中心城市的目标，而高端航运服务业是建设全球海洋中心城市的重要发展方向。从20世纪90年代中期至2005年上海、宁波等都是在围绕着深水枢纽港的选址和建设，那时上海国际航运中心等的建设主要由港口管理局来负责就行了。从2009年《国务院关于推进上海加快发展现代服务业和先进制造业建设国际金融中心和国际航运中心的意见》（国发〔2009〕19号）之后，现代航运服务业成为建设的重点，但由于各类的高端航运服务业非常分散，单靠港口管理局无法管理和协调各类现代航运服务业的发展。长三角地区也没有一个专门的机构进行统筹协调。长三角区域港口航运协会的成立，可以协调航运相关团体、公司与政府相关部门的关系，进而不断改善政府相关部门的服务，从而促进国外航运团体积极布局上海、宁波、南京等长三角城市；可以向政府部门及决策者宣传其共同的观点，代表共同利益，每年定期举行会议，并就港口议程上的重要话题展开讨论；同时推出长三角港口在线数据平台，未来建立长三角港口知识中心，进一步促进长三角港口合作创新发展。

长三角区域港口航运协会的成立，首先要保证协会在人员、资金、运作等方面的独立性，行业协会并不是政府部门的派出机构，也不是退休政府官员发挥余热的组织。长三角区域港口航运协会的根本宗旨是为会员服务，协会的经费应大部分来自会员缴纳的会费，一般不应接受政府的赞助，这样才能保证自己的话语权。协会的运作，也要独立于政府管理部门。协会并不是政府向会员传递政策信息的媒介，而是作为会员的代言人与政府保持沟通。其次要处理好区域性港口航运协会与全国性、地方性港口航运协会之间的关系，区域性港口航运协会可以是地方性港口航运协会改组而成，也可以是独立成立。

6.4.3 企业层面:企业是主体

企业是市场竞争的主体、资源配置的主体、港口制度合作的主体,真正的区域港口一体化通过港口企业的广泛合作才能实现。港口企业主要分为三种:各港的港口集团、国内大型跨地区投资港口业务的国资企业、外商专业码头投资商和船公司所属码头运营商。在这三种企业中,各港口集团和国内大型跨地区投资港口业务的国资企业受政府的影响更大。

要进一步发挥市场机制和利益机制,以企业为主体、以资本为纽带、以项目为载体,建立跨行业、跨地区的港口经营新模式,鼓励长三角港口企业资本经营、异地投资、合作经营,乃至兼并或组织企业联盟,同时鼓励地区之外的各类资本进入长三角港口建设和经营。

加快组建国有资本运营公司。当前长三角各港口集团都是工商产业型国有资本投资公司,建议加快落实党的十八届三中全会中所提出的"组建国有资本投资、运营公司"的有关要求,组建长三角港口国有资本运营公司,让这个运营公司像新加坡淡马锡公司和美国巴菲特的投资公司、私募基金那样专注另类投资、股权投资,根据被投资企业的效益来决定进退。

推动混合所有制改革。港口集团要向包括民营企业、国际资本等在内的更多投资者开放,吸引新的战略投资者参股,优化企业经营管理机制,进一步释放活力,不断提高企业国际竞争力。

6.5 结论

本章首先分析近年来新一轮的长三角港口一体化发展现状和存在的问题,接着对国外港口群制度合作模式进行考察,归纳了三种制度合作的模式,即纽约—新泽西港务局的地方主导型模式、日本东京湾的国家主导型模式和欧洲海港组织的协会主导型模式。本章进而分析了长三角港口发展的现状,由于地方政府要在行政区划范围内追求垄断利益的最大化,长三角各港口之间的刚性竞争将长期存在。虽然在省级行政单位内港口合作已取得较大突破,但省际港口合作还有待进一步增强,协调机制也很难有所作用。本章提出"政府退、协会进、企业是主体"的发展思路。政府要从港口竞争中退出来,要确保港口运营的自主性,在长三角港口一体化中的作用是通过立法来营造宽松、规范、公平的市场环境。企业是市场竞争的主体,要进一步发挥市场机制和利益机制。应借鉴欧洲海港组织的成功经验,成立长三角区域港口航运协会,充分发挥区域性行业协会的"服务"与"自律"作用,在港口规划与建设、港口市场监管、港口安全与环保、港口信息与培训等方面成立专门小组,推进运输费用、税费标准、通关手续、市场管理、行政执法、政策体系等的一体化。

由于中国相对缺乏地方自治基础,期待用行政手段在长三角地区组建跨行政区域的政府间合作组织来推动港口之间有效合作,在实践中不具备现实可行性。在政府部门精简的大背景下,原有的许多机构和职能都在整合归并,新的政府间组织机构很难成立。企业成为市场主体后将会面临更加复杂多变的竞争环境,要建立新的社会沟通机制和利益保障机制。然而很多工作仅靠单个企业难以做到,区域港口行业协会作为连接政府和企业的桥梁,能积极参与政府港口政策的制定,同时能为港口群的合作出谋划策。

以往的研究成果一般只重视政府或市场的作用,忽视行业协会在港口一体化合作中的重要作用,本章提出"政府退、协会进、企业是主体"的发展思路,建议成立区域性港口行业协会,使其成为长三角港口一体化合作的突破口。

需要强调的是,"政府退、协会进、企业是主体"的发展思路是针对区域港口经营市场而言的。在港口资源的规划管理以及对港口经营市场秩序的监管上,政府应该有所作为,而且必须依法行政,这是不能退的。在执行国家批准的港口规划上,政府必须体现权威性。政府的作用主要体现在调控整合港口资源,区域性港口协会的功能在于协调自律港口市场,企业则跳出行政区划制约,作为市场主体进行自由竞争。

(执笔人:王列辉)

[本部分内容是国家社会科学基金重大项目(20&ZD070)阶段性成果]

第6章参考文献

[1] 王列辉,朱艳. 上海港在"21世纪海上丝绸之路"的地位及发展战略研究[J]. 人文地理,2018,33(4):121-129.
[2] 王柏玲,朱芳阳,于婷婷. 我国新一轮港口资源整合的特点、问题和应对[J]. 改革与战略,2018,34(2):142-146.
[3] 王列辉,茅伯科. 港口群制度合作模式的比选及对长三角的启示[J]. 社会科学,2010(6):37-44.
[4] 戴梓岍. 欧洲海港组织的启示[J]. 物流科技,2005,28(7):64-66.
[5] 童孟达. 长三角港口一体化港企整合构架设计的思考[J]. 中国港口,2020(5):22-25.
[6] 秦诗立. 浙江参与长三角港口一体化需谋新思路[J]. 浙江经济,2020(5):51-53.
[7] 葛月凤. 长三角行业协会合作发展问题分析[J]. 上海经济研究,2008,20(1):60-65.
[8] 陈晓云. 长三角创建区域性行业协会的必要性和可行性[J]. 杭州通讯(下半月),2007(8):33.

第6章图表来源

图 6-1 源自:欧洲海港组织(The European Sea Ports Organisation)官网.
表 6-1 源自:浙江省海港集团、江苏省港口集团有限公司、安徽省港航集团有限公司官网.
表 6-2 源自:笔者根据 2019 年中国劳动社会保障出版社的航运服务业数据整理绘制.

7 区域一体化背景下的县域发展特征与困境探析：以河北环京县(市)为例

区域一体化是世界各国打破行政藩篱、提升经济密度、缩小区域差异的重要政策工具，现有研究围绕产业经济、生态环境、基础设施等方面对区域合作模式和机制展开了广泛的理论与实证研究[1-3]。已有研究多采用合作伙伴或尺度重构的理论视角[4-5]，侧重探讨合作的利益动机以及地方之间横向的合作博弈过程及其相关治理模式的构建[6]，而相对较少从微观层面分析和展现一体化的过程及其对不同层级行政单元的影响效应[7]。

本章旨在阐述伴随区域经济发展和一体化进程，城市群特别是大城市周边县域发展的演变轨迹，总结不同阶段的趋势特征并探析其所面临的发展困境。中国城市行政层级复杂，同时与官员级别、行政权力、公共资源配置挂钩，使得不同层级行政单元在一体化合作中的协商能力存在巨大差异，进而可能导致一体化红利在区域内部的不均衡分布格局。本章通过对行政层级差距明显的京津冀地区，特别是河北省毗邻北京的县市发展展开追踪研究，以反思区域一体化发展对县域经济的正负向影响及其成因机制，为促进形成更为开放、共享和包容的区域一体化发展提供反思与借鉴。

7.1 区域一体化背景下中国县域发展的演变趋势

改革开放之初，县域经济曾经作为推动中国经济增长的新生力量，释放出巨大的经济活力，产生了以外商投资为主、"三来一补"、出口加工的珠三角模式，以乡镇企业为主导的苏南模式，以民营企业和专有市场推动的温州模式，以及通过建设开发区来推动招商引资、筑巢引凤的昆山模式等。然而，随着建设世界城市、全球城市的浪潮兴起，中国自下而上的城市化逐渐被自上而下的模式所取代[8]。在区域一体化建设的制度设计中，处于行政层级底端的县域行政单元也难以自主发声。然而，县域发展并非游离在区域一体化过程之外，实则裹挟在以大城市主导的区域一体化进程之中，其发展道路亦逐渐被塑造和演化出不同阶段特征。

7.1.1 县域单元的治理演变：从行政兼并到跨界融合发展

自 20 世纪末以来，大量县级行政单元通过撤县(县级市)设区的形式被中心城市行政兼并。中国县级行政单元的数量已由1996年的445个县级市、1 522个县、174个自治县逐渐降至2018年的375个县级市、1 335个县、117个自治县,甚至北京、上海、广州、深圳、武汉、天津、南京、东莞、佛山这9个城市已进入"无县时代"[9]。撤县(县级市)设区的行政兼并手段在一定程度上解决了城市扩张所引发的中心城区与城市边缘的冲突矛盾,极大地增强了中心城市对整个市域发展的控制力[10]。撤县(县级市)设区就如欧美国家设立大都市区政府一样,通过行政手段刚性地调节中心城市与所辖市县间的竞争关系[11],中心城市成为最大的获益者,开启了由大城市主导的区域一体化进程[12]。之后,伴随高速铁路等城际交通网络的建设,城市间的时间距离进一步压缩[13],逐渐出现了上班族的高铁通勤,即跨界的日常流动[14]。愈来愈多大城市周边的、跨市域的县级行政单元也开始主动制定融入大城市一体化发展的发展策略,并借助区域交通互联互通的发展机遇,积极构筑以大城市为核心的半小时或一小时通勤圈,以驱动自身经济的跨越式发展[15]。

7.1.2 县域单元的产业变化:从工业园区到郊区新城建设

工业园区曾是城市快速向外扩张的主要驱动力[16]。地理区位偏远、土地资源丰富、地价相对便宜的县级单元往往成为承接外溢工业产业、建设工业园区的首选之地。在此期间,相比活跃的工业外迁和开发区建设,人口外迁和居住的多中心发展则要更被动得多[17]。例如,上海早在2000年就提出"一城九镇"的空间发展策略以疏解中心区人口,但直至2010年上海人口分布的单中心模式仍未被打破[18]。不过,随着市域交通体系的完善,人口郊区化进程开始加速[19]。特别是一些撤县(县级市)设区的新城区被规划成为城市副中心后,城市边缘的形象逐渐从工业卫星城转向宜居城市[20]。伴随中心城区房价的轮番上涨,城市边缘的县域单元所接受的外溢产业亦显现出由工业企业向房地产业转变的态势[21]。

综上,在区域一体化建设背景下,县级单元在治理结构和产业类型方面逐渐展现出不同的阶段特征。在治理思路上,县级单元呈现出越来越显著的融入大城市、区域合作发展的趋势特征。这不仅包含从21世纪初开始、被动、刚性、主要在市域范围内实施的撤县(县级市)设区等行政兼并手段,而且越来越多地表现在一些大城市周边、跨市域的县级单元主动对接毗邻大城市的治理策略。在产业类型方面,县级单元所承接的大城市产业空间扩散也逐渐从低端制造产业逐步扩大至房地产等行业。接下来,本章将以京津冀地区为例,详述这一发展过程及其影响效应。

7.2 京津冀一体化背景下河北环京县(市)的发展与困境

2014年,习近平总书记提出京津冀协同发展的"七点要求",标志着国家开始强势推动京津冀一体化发展。河北雄安国家级新区的设立、河北张家口与北京联合举办 2022 年冬奥会等重大事件,皆可视作对这一国家战略的具体落实[22]。伴随京津冀协同发展上升为国家战略,京津冀一体化建设进程加快,特别是河北省环首都北京的县级行政单元开始迎来全新的发展机遇与挑战。

7.2.1 环京县(市)的发展跃迁:从"贫困带"到"地产带"

2005 年由亚洲开发银行与相关专家共同编制的《河北省社会经济发展战略》中指出,河北省与京津接壤的 32 个县处于贫困状态,大约有 270 万人生活在贫困线以下,遂首次提出"环京津贫困带"概念[23]。随后,学术界启用"大都市阴影区""灯下黑"等概念来形象描述北京、天津等大城市对周边小城镇的虹吸效应[24-25]。然而,就在短短 10 年间,该区域就在地产界拥有了一个新的身份——"环京楼市"[26]。事实上,自 2000 年以来,毗邻首都北京周边的市县便悄然迎来一波以房地产项目引领的新城建设浪潮。从表 7-1 可见,这些新城的营销热点均为紧邻北京、交通便利的独特地理区位。尽管在行政关系上,它们或隶属河北,或隶属天津,但在新城品牌营销中,却都选择对标北京。换言之,这些居住新城的房地产项目并非面向自身所处行政辖区内的购房者;其楼盘所针对的客户群体是那些在北京工作但买不起北京房子、想在北京置业而没有购房资格的"新北京人"。

表 7-1 环京县(市)的区位与新城营销

阶段	县域单元	行政隶属	地理区位	时间距离	新城营销
第一阶段（2000—2010 年）	三河	河北省廊坊市	所谓的"北三县",被北京和天津夹在中间,离北京和天津比离河北省廊坊市更近	930 路、910 路等跨省公交直达;高速 20 分钟车程	—
	香河				
	大厂				
第二阶段（2011 年至今）	固安		距北京天安门广场 50 km	高速 25 分钟车程	航空城(北京第二机场附近)
	永清		北距北京 50 km,东距天津 60 km	高速 30 分钟车程	绿色家园
	涞水	河北省保定市	与北京房山区接壤;距北京、天津、保定市中心分别为 90 km、170 km 和 75 km	高速 40 分钟车程	生态小镇
	涿州		距北京天安门广场 55 km	高铁 12 分钟直达北京西站	首都北京南门
	怀来	河北省张家口市	距北京 120 km	880 路、876 路、921 路、920 路、919 路等跨省公交直达	旅游地产(葡萄酒)

总体来看,环京地区的新城开发可以划分为两个阶段:第一个阶段是

2000—2010年,最初的房地产开发也仅集中在"北三县",即三河、香河和大厂。从地理区位来看,"北三县"虽由河北省廊坊市管辖,却在空间上被北京和天津包围,与廊坊市区分隔,甚至在空间距离上比北京的密云、延庆、怀柔、昌平等郊区县更紧邻北京城区。三河市燕郊开发区一个房地产项目的意外热销,开创了房地产新城的县域发展模式。"星月·云河"是2003年由廊坊本地的住达房地产开发有限公司开发的首个地产项目,在北京非典期间依然创造了当年开盘、当年竣工、当年销售超过80%的市场奇迹[27]。该项目坐落于北京国际贸易中心正东29 km,驱车到达北京中央商务区(CBD)仅需20分钟;该项目与北京公共交通集团签订协议,将高速公交930路总站设在小区门口;该项目的座机电话按北京市话收费,加上销售均价仅为1 860元/m²,远远低于北京经济适用房和郊区住房价格,使其成为在京普通工作者的置业首选[28]。2005年以"国八条"为代表的针对一线城市房地产投机的调控政策、北京市居住用地供应的减少、征地和开发成本的急剧上升,都为"北三县"房地产的蓬勃发展起到了推波助澜的作用。2015年通州区被确立为北京市行政副中心以后,毗邻通州的"北三县"楼市再度高歌猛进。

如果说"北三县"对接北京的发展策略是地产商基于市场自发主导的话,那么2010年河北省政府提出打造环首都经济圈则标志着河北地方政府开始转向积极推动区域合作、融入北京发展的新阶段。规划提出环首都的14个市县在交通与功能布局上与北京接轨,以寻求新的经济增长动力。随后2013年北京市大外环高速路网建设开始推进,引发了一场庞大的环绕北京的造城运动和环京楼市的新一轮卖点[29]。这条原本计划承担疏解北京市货运物流的高速公路,将河北的涞水、涿州、固安、永清、香河、大厂、燕郊、崇礼、怀来等环京县市都囊括在了北京一小时通勤圈内,意外地加速了环京县市的房地产开发。至此,北京周边的"贫困带"变成了名副其实的"地产带"。

7.2.2 环京县(市)的发展困境:卧城的尴尬

然而,对接北京的一体化发展并不仅仅为环京县(市)带来了发展机遇,同时还有许多困境和挑战。本节以河北廊坊"北三县"中的燕郊为例,进一步阐明对接区域一体化战略对县域社会经济发展的正负面影响效应。燕郊是"北三县"中三河县级市的下辖镇,位于北京东部,与通州区隔潮白河相望。同时,燕郊又是"北三县"中距离北京最近的一块区域,由京哈高速路连接,北京930路、811至819路公交车直通镇区,但房价远低于北京(图7-1)。相对便利的交通和低廉的开发成本,使得燕郊成为最早面向北京开发房地产的地区。房地产业的发展也彻底改变了燕郊的人口社会结构。据保守估计,80%以上的燕郊置业者均非本地户籍人口,而是在北京工作的"新北京人";燕郊和北京之间每天大约有40万人口通勤,俨然成为名副其实的北京"卧城"[30]。随着房地产业的发展,燕郊的经济增长显著。原本户籍人口仅为3万人的小镇,现已拥有常住人口25万人,其财政收入占了三河市的半壁江山,多年度入选全国综合实力千强镇前100名,被列为全国重点镇。

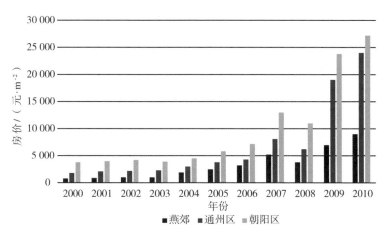

图7-1 环京地区(燕郊)与北京(通州区、朝阳区)房价对比

尽管短期内经济发展迅速,但从长远来看,燕郊未必就是赢家。尽管近年来燕郊在土地滥用、土地腐败、强征土地等相关社会和治理问题方面有所改善[31-32],但在经济领域则面临产业空心化和房地产调控的巨大压力。其实在变成"卧城"以前,燕郊曾是一个颇有前途的高新技术产业集聚区。在20世纪70年代到80年代初,大量隶属于国家部委的单位欲从支援三线建设回流北京,但最终因各种原因进驻燕郊镇,为燕郊的工业发展奠定了基础[30]。至今,燕郊镇内仍有中央部委直属单位约50家。1992年8月,河北省政府批准设立燕郊经济技术开发区,7年后升为省级高新技术产业开发区,2001年被列为河北省第一个软件进出口基地和华侨企业高新技术企业孵化器。2010年11月29日,经国务院批准,燕郊高新技术产业开发区升级为国家高新技术产业开发区。燕郊国家高新技术产业开发区成为与昆山国家高新技术产业开发区齐名、全国仅有的两个由县级市管辖的国家级高新技术产业开发区之一,也是全国唯一设在镇域的国家级高新技术产业开发区。由此可见,燕郊原本的发展定位是高新技术产业,而不是房地产导向。开发区早在1999年就提出建设"京东硅谷"的目标,欲利用其独特区位,搭乘首都经济的快车,将燕郊打造成为高新技术成果转化基地和高端服务业新城,力争在未来20年形成"西有中关村,东有燕郊城"的局面[33-34]。

事实上,燕郊开发区在最初10年的建设中的确取得了不小的成绩:早在1992年设立之初,便吸引了不少信息产业部研究机构和中关村制造业企业,建区10年引进企业500多家,初步形成了电子信息、新医药、新材料、绿色食品等主导产业;2002年,高新技术对经济增长的贡献率更达到70%,"京东硅谷"初具规模[35]。然而,随着改革开放的深入和竞争的日益激烈,燕郊对产业的吸引力遇到了瓶颈。根据相关报道,的确有不少企业因北京远郊产业园区的拆迁或转型而外溢至燕郊;企业搬迁虽然降低了租金成本,却意外带来了员工的流失,因为很多人一听说要去燕郊就辞职了。所以,尽管燕郊镇的起点很高,避免了传统的低端工业发展道路,但近年也越来越陷入难以吸引高新技术等目标产业的困境之中。于是在房地产开发的热潮中,许多原本规划用于工业用途的闲置用地被转为住宅用地[36]。尽管开发区管理委员会并不乐意将房地产视为支柱,但这却成为不争的事实[37]。

目前已有越来越多的报道反映出"卧城"燕郊的后续发展问题[30,36,38-40]。除了拥堵的进京交通,更严峻的是教育和医疗等公共服务的供给问题。中国当前的财税体制尚未开始征收房产税,这对燕郊来说意味着巨大的财政缺口。就燕郊而言,在北京工作的 40 万居民对燕郊的地方财政收入贡献基本为零,因为个人所得税是在北京征收的。但与此同时,燕郊地方政府仍需为这部分群体配套教育、医疗等公共服务。也就是说,对于像燕郊这样的"卧城",政府只能在土地出让时获得一笔一次性收入,但却要提供未来长期的公共服务配套。为了解决这一问题,有学者建议京津冀一体化应创新现行财税体制,发展京冀税收共享体系,以缓解这一局面;然而,该方案多年来一直处于讨论阶段,尚未采取具体措施。更为致命的是,继北京、上海等一线城市出台房地产调控政策之后,国家对整体房地产经济的调控升级亦使燕郊及其他环京县市的楼市经济受到牵制[41-42]。

7.2.3 讨论:行政层级设置对区域一体化发展的影响

在区域一体化研究中,学术界习惯将京津冀环京县(市)的发展与珠三角的虎门、长三角的昆山等进行对比,从而论述京津冀在经济一体化建设中的滞后,批判北京的独大和过度集聚发展[43]。然而,这三个城市群中县域发展的差异并不完全是因为上海和广州的城市集聚效应比北京更弱,或是它们在区域合作过程中相比北京更加积极主动。河北环京地区作为北京和天津这两个直辖市的水源地,其工业发展在过去受到了严格的限制;而且由于华北地区水资源紧张,环京县(市)不得不进一步关停其工业企业以减少水电消耗,从而保障北京、天津的经济发展和水电供应。正是这样的原因在很大程度上使得京津周边的县级单元错失了类似于长三角、珠三角的工业化大发展机遇。

如果说在工业外溢阶段,三个城市群中的市县发展命运存在天壤之别的话,那么在新一轮产业升级和竞争三产外溢的区域一体化发展阶段,长三角、珠三角的小城镇也都呈现出与京津冀的燕郊类似的发展困局,即只能承接到房地产和人口的外溢,而难以实现自身实体经济的转型和升级。在长三角县域经济的明星城市昆山的调研中,当地领导就坦言其经济转型升级压力巨大。昆山曾经试图借江苏全省之力打造花桥国际商务区,以承接上海大虹桥综合商务区的服务溢出,但收效甚微,目前只能为上海做低端服务配套:当上海发展电子商务时,昆山就只能做其仓储配套;当上海发展金融服务业时,昆山就只能做其后台客服呼叫中心;上海可以吸引全球高端人才,而昆山却难以吸引人才落户[44]。

事实上,无论是长三角、珠三角、京津冀等城市群,抑或是其他都市圈的发展轨迹,都或多或少折射出区域一体化背景下县级单元发展的共性问题。在经历改革开放40多年的大发展后,县域经济发展的比较优势不再,并且面临相似的困境。导致这一问题的原因是结构性的制度问题,即中国复杂的城市行政层级结构。不同于国外的地域管理,中国的城乡关系不是单纯的经济与地域类型划分,还涉及权力等级关系。例如,中国城市分直辖市、副省级城市、地级市、县级市等。1983年以来推广的市管县体制,更使得县与县级市成为层级结构中最底层的行政单元。级别高的行政单元不仅享有管辖下级的更大的社会经济管理权力,而且在教育、医疗等公共服务投入方面也形成相应的梯级结构[45]。正是这样的行政层级权力体制造就了当前区域一体化背景下县级单元发展的现状与困境。一方面,公共资源投入的不均等化,在客观上加剧了中国房价在一定区域范围内按行政层级梯级分布的格局,在一定程度上推动了人口和房地产业向大城市周边房价更低的县级单元外溢。但另一方面,县级单元在教育(高校)、科技、文化、医疗等公共资源方面的短板,常常又使其所吸引的外溢人口只视其为跳板过渡,一旦外溢人口的事业步入正轨、有一定的经济实力后,依然选择回流到大城市购房居住。难以吸引和留住人才是当前县域经济所面临的普遍困境,进而导致产业转型升级困难重重、前景不明。因此,围绕区域一体化问题,不仅要着眼区域层面的合作制度设计,而且要关注区域内部长期积累的不均衡发展与等级结构问题对一体化过程的影响。

7.3 结论与启示

在区域一体化发展背景下,城市群大中城市周边市县发展呈现出越来越显著地融入大城市、合作发展的趋势特征。在治理结构上,除市域范围内刚性的撤县(县级市)设区行政兼并以外,越来越多的大城市周边、跨市域的县级单元主动对接毗邻大城市的治理策略。在产业类型方面,县级单元所承接的大城市产业空间扩散也逐渐从低端制造产业逐步扩大至房地产等行业。本章以河北环京县(市)为例,进一步探究了在这一趋势背景下县域发展的特征与困境。研究发现,曾经的环京津"贫困带"在新一轮京津冀一体化发展背景下,正迅速发展演化成为楼市经济主导的"地产带"。北京与周边县市巨大的房价差距,刺激了庞大的环北京造城运动。虽然蓬勃发展的地产经济在短期内拉动了周边县市的经济增长,但它们同时面临产业空心化和房地产调控所带来的长期经济发展压力。从讨论中可以发现,区域合作未必带来互利共赢,反而可能对空间的社会极化推波助澜、加剧破碎化的不均衡格局[46-47]。未来区域一体化研究不仅要着眼于制定相关制度、政策以激励各种合作模式的开展,而且要从微观层面关注区域合作和一体化发展的实际过程和实践成效。

京津冀区域一体化发展背景下环京县(市)的发展经验与教训,也可为中国当下的区划管理政策提供反思。借助市场机制通过要素自由流动来实现区域均衡发展的新古典经济增长理论,其前提假设之一为均质的发展基础和条件。然而,中国行政等级的设置在客观上塑造了城镇发展在基础设施和公共服务等方面的等级化格局,进而对人口流动的空间选择和社会分层的等级化产生影响,在一定程度上可能阻碍区域城镇发展协调性和均衡性。在当前国家鼓励城市群、都市圈发展的政策背景下,在相应区域范围内试行扁平化的行政管理,特别是缩小地级市与县级市的等级差距,可有助于控制特大城市人口增长、积极培育小城镇发展、推动区域协调和一体化发展。

首先,可因地制宜地深化省管县改革,以促进多中心区域发展。从适度推进城市行政等级扁平化的目标出发,同时考虑到全面推行省管县对行政管理幅度的挑战,建议通过优先选择位于京津冀协同发展、粤港澳大湾区建设和长三角一体化国家发展战略中资源禀赋和发展潜力较好的县级单元,进一步深化省管县改革。在财政省直管县的基础上,进一步扩大县域单元的经济管理和社会管理权限,包括规划、经济、贸易、国土等方面事权,逐步缩小地级市与县域单元财权事权上的差距,消除小城镇健康发展与区域均衡发展的障碍。

其次,应分区域调控撤县(县级市)设区,避免中心城市过度集聚发展。撤县(县级市)设区虽有利于集中资源推动中心城市发展,但也可能造成行政层级较高城市资源的过度集中,不仅不利于周边小城市的发展,而且可能导致大城市病。在适度推进城市行政等级扁平化的指引下,同时考虑到中西部地区尚需打造经济增长极的情况,建议对撤县(县级市)设区实行分区化引导和调控。对于京津冀、珠三角、长三角等区域经济基础较好的地区和省份[事实上,这些地区在2000年前后也已经完成一轮大规模的撤县(县级市)设区],不再鼓励撤县(县级市)设区,以避免城市群首位度过高,造成行政层级较高城市的过度集聚发展。相应地,对于国家正在培育发展的现代都市圈地区,可适当进行撤县(县级市)设区。

最后,应进一步推动公共服务均等化,缩小市县公共服务差距。通过推动公共资源配置与行政等级脱钩,加大财政转移支付力度,探索各级政府公共投入的分担机制和比例,逐步削弱行政等级对公共资源配置的影响作用,是引导各类资本向县域单元流动的制度基础。只有显著强化县域单元的公共服务配套,提升城镇生活品质,才可能留住人才,培育县域经济发展的内生动力。

(执笔人:李禕、王婷)

第7章参考文献

[1] 罗小龙. 长江三角洲地区的城市合作与管治[M]. 北京：商务印书馆，2011.

[2] 方创琳. 京津冀城市群协同发展的理论基础与规律性分析[J]. 地理科学进展，2017，36(1)：15-24.

[3] 张虹鸥，王洋，叶玉瑶，等. 粤港澳区域联动发展的关键科学问题与重点议题[J]. 地理科学进展，2018，37(12)：1587-1596.

[4] 马学广，李鲁奇. 城际合作空间的生产与重构：基于领域、网络与尺度的视角[J]. 地理科学进展，2017，36(12)：1510-1520.

[5] 许志桦，刘开智. 回归后香港城市发展的尺度重组：以广深港高速铁路香港段项目的规划过程为例[J]. 地理学报，2019，74(2)：253-265.

[6] 陈雯，王珏，孙伟. 基于成本—收益的长三角地方政府的区域合作行为机制案例分析[J]. 地理学报，2019，74(2)：312-322.

[7] 陈宏胜，王兴平，陈浩，等. 区域协同发展进程中"配角城市"的"发展困境"探讨：以唐山为例[J]. 城市发展研究，2015，22(7)：24-30.

[8] SHEN J F. Understanding dual-track urbanisation in post-reform China: conceptual framework and empirical analysis[J]. Population, space and place, 2006, 12(6): 497-516.

[9] 国家统计局. 中国统计年鉴：2019[M]. 北京：中国统计出版社，2019.

[10] 张京祥，吴缚龙. 从行政区兼并到区域管治：长江三角洲的实证与思考[J]. 城市规划，2004，28(5)：25-30.

[11] XU J, YEH A G O. City repositioning and competitiveness building in regional development: new development strategies in Guangzhou, China[J]. International journal of urban and regional research, 2005, 29(2): 283-308.

[12] LIN G C S. Scaling-up regional development in globalizing China: local capital accumulation, land-centred politics, and reproduction of space[J]. Regional studies, 2009, 43(3): 429-447.

[13] WANG L. High-speed rail services development and regional accessibility restructuring in megaregions: a case of the Yangtze River Delta, China[J]. Transport policy, 2018, 73(9): 34-44.

[14] 韦胜，马海涛. 中国城市间高铁通勤案例比较分析[J]. 城市问题，2017(6)：52-59.

[15] 徐海贤. 同城化的阶段特征、形式与趋势探析[J]. 规划师，2017，33(S2)：129-133.

[16] WU F L, SHEN J. Suburban development and governance in China[M]// EKERS M, HAMEL P, KEIL R. Governing suburbia: modalities and mechanisms of suburban governance. Toronto: University of Toronto Press, 2015.

[17] ZHOU Y X, MA L J C. Economic restructuring and suburbanization in China[J]. Urban geography, 2000, 21(3): 205-236.

[18] 王春兰，杨上广. 上海人口郊区化与新城发展动态分析[J]. 城市规划，2015，39(4)：65-70.

[19] SHEN J, WU F L. Paving the way to growth: transit-oriented development as a financing instrument for Shanghai's post-suburbanization[J]. Urban geography,

2020,41(7):1010-1032.

[20] WU F L, PHELPS N A. (Post) suburban development and state entrepreneurialism in Beijing's outer suburbs[J]. Environment and planning A: economy and space 2011,43(2):410-430.

[21] SHEN J, WU F L. Restless urban landscapes in China: a case study of three projects in Shanghai[J]. Journal of urban affairs, 2012,34(3):255-277.

[22] ZOU Y H, ZHAO W X. Making a new area in Xiong'an: incentives and challenges of China's "Millennium Plan"[J]. Geoforum, 2018,88:45-48.

[23] 龙茂乾,孟晓晨. 基于京津冀城镇群交通成本的北京极化—扩散效应分析[J]. 地域研究与开发,2014,33(4):76-81.

[24] 孙东琪,张京祥,胡毅,等. 基于产业空间联系的"大都市阴影区"形成机制解析:长三角城市群与京津冀城市群的比较研究[J]. 地理科学,2013,33(9):1043-1050.

[25] 朱宽樊,杨永春,沈鑫,等. 大城市"灯下黑地区"发展模式与规划应对[J]. 规划师,2014,30(6):99-105.

[26] 马晓春. 环京楼市对京津冀协同发展的影响与对策[J]. 当代经济管理,2017,39(8):59-62.

[27] 周志荣. 金牌团队 创热销风潮:访星月云河总经理林成[J]. 当代经理人,2004(1):94-95.

[28] 孟春晓. 星月·云河 购销两旺[J]. 安家,2003(8):125.

[29] 刘光宇,卢嵘,胡堃,等. 解密"北京新七环"[J]. 安家,2013(8):36-66.

[30] 宋雪莲. 10万北京人"赌"燕郊[J]. 中国经济周刊,2007(47):16-22.

[31] 田国宝. 全面招拍挂或破燕郊楼市壁垒[N]. 中国房地产报,2015-08-03(A05).

[32] 郭煦. 燕郊产业空心化困局[J]. 小康,2017(4):70-73.

[33] 付士安,徐连城,李连印. 强化优势经营观念 点燃高新技术之火 促进强区产业升级 燕郊开发区建设"京东硅谷"[J]. 中国高新技术企业评价,1999(3):16-17.

[34] 赵越. "京东硅谷"正金秋:河北省燕郊开发区十年发展纪实[J]. 中国建设信息,2002(17):38-39.

[35] 赵越,何江. 立足独特区位 打造"京东硅谷":燕郊经济技术开发区发展纪实[J]. 中国经贸,2003(12):9-11.

[36] 郭煦. 燕郊堵城:这么近,那么远[J]. 小康,2014(5):36-39.

[37] 宋雪莲. 燕郊开发区管委会:别把燕郊和房地产划等号[J]. 中国经济周刊,2008(2):32-34.

[38] 刘津津. 尴尬燕郊[J]. 中国经济和信息化,2014(10):76-79.

[39] 赵玉洁. 唤醒"沉睡"的卫星城[N]. 中华建筑报,2013-11-22(11).

[40] 董曙光. "疯狂"的燕郊[J]. 新产经,2014(8):65-67.

[41] 卢嵘,史可,喻鹏. 环京小城之冬[J]. 安家,2011(12):112-113.

[42] 王军,康小小,刘光宇. 直播:严控下的环京楼市[J]. 安家,2017(9):144-145.

[43] 孙东琪,陆大道,张京祥,等. 主体间战略互动视角下的区域空间生产解析:基于环上海与环北京地区的比较研究[J]. 地理科学,2017,37(7):967-975.

[44] LI Y, JONAS A E G. City-regionalism as countervailing geopolitical processes: the evolution and dynamics of Yangtze River Delta region, China[J]. Political

geography,2019,73:70-81.
[45] 陈玉宇. 必须变革城市行政层级权力体制[J]. 理论学习,2013(6):47.
[46] 陈雯,孙伟,袁丰. 长江三角洲区域一体化空间:合作、分工与差异[M]. 北京:商务印书馆,2018.
[47] 尼尔·博任纳. 城市 地域 星球:批判城市理论[M]. 李志刚,徐江,曹康,等译. 北京:商务印书馆,2019.

第 7 章图表来源

图 7-1 源自:笔者根据张明睿. 河北燕郊:一个北京卫星城的死与生[N]. 21 世纪经济报道,2013-09-16(13)修改绘制.

表 7-1 源自:笔者整理绘制.

8 省会城市行政区划扩张的合理性评价与建议

近年来,中国各省纷纷举起"强省会"战略的大旗,积极促进省会城市进行扩张型的行政区划调整。2016年,江苏省明确提出要"努力建成首位度高的省会城市"①,随后南京市在其政府工作报告中将"提升中心城市首位度"列为首要任务。郑州市于2016年被中央定位为"国家中心城市",并随之出台《郑州建设国家中心城市行动纲要(2017—2035年)》②,该纲要提出要完成中牟、荥阳、新郑的撤县(县级市)设区以进一步扩容郑州市,且在目标中明确要彰显郑州市对中原地区的辐射带动作用。郑州市上升为国家中心城市也直接刺激了山东省致力于提高济南的首位度,原地级莱芜市于2019年被济南"吞并"。2019年,广西壮族自治区出台《关于实施强首府战略的若干意见》③,确立省会南宁市拓展发展空间、扩大城市规模的政策依据。除上述省份外,其他省会城市也采取了一系列措施,如2011年将原地级巢湖市的居巢区、庐江县并入合肥,2016年成都代管县级简阳市,2017年西安代管西咸新区,2019年撤销湟中县设立西宁市湟中区,2020年长春代管县级公主岭市等等。

这种扩张型的行政区划调整也是对现阶段国家增强中心城市的经济和人口承载能力战略的响应。当前国家不断强调的增强中心城市辐射带动力和发展城市群等经济优势区域,实际上暗示着中国的空间发展模式发生了战略性调整。中国目前的空间发展逻辑除了从以沿海对外开放、西部大开发、中部崛起和东北振兴为代表的"梯度推进"模式外,还新增了设立国家中心城市、国家级新区和推动城市群一体化发展的"中心辐射"模式[1]。增强中心城市的经济和人口承载能力成为现阶段国家空间发展战略的新思路,而各省积极促进省会城市进行扩张型的区划调整就是响应国家这一战略调整的必然结果。

一般认为,行政区划调整是实现城市空间扩展的重要调控手段,是优化城市空间布局、实现城市空间优化重组的有效路径。然而,必须承认的是,通过扩张型的行政区划调整来打造"强省会"的发展模式在理论和实证上都没有充分的依据。本章从人口规模、用地范围和城市辖区数量三个方面考察省会城市行政区划调整的合理性,尤其是这种扩张型的行政区划调整能否促进经济的进一步发展。

8.1 城市人口规模

行政区划调整往往能直接打破要素流动的行政壁垒,进而影响行政区内人口规模的大小;而行政区人口规模的大小也会影响城市的未来发展,因此可以将人口规模作为判断行政区划是否合理的标准之一。具体说来,作为集聚经济的核心指标,人口规模增大往往意味着集聚效应的提高,这就有利于共享基础设施、多样性的中间投入品和劳动力市场等,也有利于提高劳动力市场匹配的数量和质量,更有利于知识的生产、传播和积累。在这种情况下,人口的增加有利于城市的进一步发展,因此如果行政区划调整方向与之一致,即进行扩张型行政区划调整,就会有利于城市增长潜力的释放,并增强辐射带动作用。

当然,人口规模过度扩大也会带来负面影响,比如房价和地价的高企、交通拥堵、公共卫生危机、环境污染等"城市病"问题。尤其当这种集聚不经济占据主导地位时,扩张型的行政区划调整则会加剧集聚不经济的种种负面作用,不利于城市的进一步发展。因此,判断城市发展处于集聚经济的哪个阶段是行政区划调整的重要依据,也直接影响行政区划调整后的后续成效。此外,作为省域内规模最大的城市,省会城市往往能最先捕捉到集聚不经济,而如果首位城市尚未到集聚不经济的阶段,可以推断省域中的其他城市也应该处于需要进一步集聚人口发挥集聚经济的阶段。需要注意的是,判断人口规模处于集聚经济的哪个阶段,不仅要看人口规模对城市自身发展的影响,而且要看其对更大区域范围的影响,这对于肩负辐射带动全省使命的省会城市尤为重要。

8.1.1 省会城市的人口规模情况

首先,基于全球人口分布数据库(LandScan)和欧洲航天局(ESA)全球土地利用数据集识别提取了 2000—2015 年的实体城市及其常住人口规模①,用以分析省会城市的人口基本情况。从 2015 年省会的人口规模来看(图 8-1),除了海口市外,所有省会城市的常住人口均已经超过 100 万人,而省会城市规模最大的广州市的人口规模远超其他省会城市,比第二位的成都市还多 200 多万人口。整体而言,西部地区的省会城市人口规模普遍相对较少,而东部和处于大区节点的省会城市人口规模则相对较大。

从各个省会的首位度(省会城市占省域内全部人口的比重)来看,青海、宁夏、四川、陕西、云南等中西部地区省份的首位度比较高,即省域中大部分人口集中在省会城市,东部地区省会人口的分布则相对分散,省会城市的首位度相对较低(图 8-2)。这一方面是由于东部地区自然地理环境也相对优越,省域其他地区也适合城市发展建设;另一方面东部地区整体经济发展水平比较高,除了省会城市外,其他城市的基础设施和服务配套也都能很好地满足生活与生产需要。

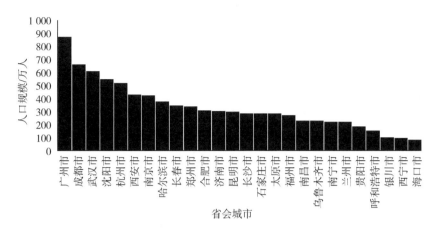

图 8-1 2015 年省会城市人口规模

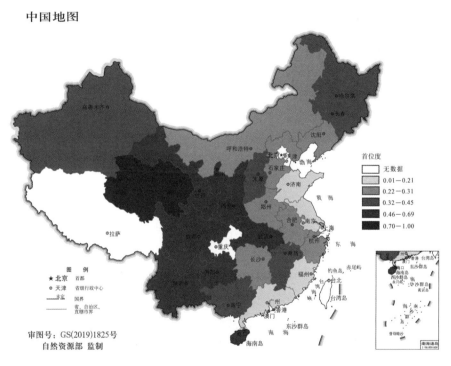

图 8-2 2015 年中国省会城市的首位度情况

8.1.2 省会城市人口规模对经济的影响

通过构建 2000—2015 年中国省域人口空间结构数据库，运用面板多元回归模型检验省会城市人口规模对经济效率的影响，由此判断省会城市人口规模所处阶段，判断扩张型行政区划调整的合理性。研究发现，现阶段中国省会城市的人口规模增加已对省会城市人均 GDP 起着

8 省会城市行政区划扩张的合理性评价与建议 | 107

负向影响,但对全省的人均 GDP 仍起着正向作用(图 8-3)。换言之,省会城市人口规模的扩大并不利于其自身经济的发展,即省会城市可能已经进入规模集聚不经济阶段,但省会城市的人口集聚对整个省域经济发展还是有利的。这可能有两个方面原因:一方面,虽然省会城市已经进入集聚不经济阶段,但其经济效率仍高于省域其他城市,如 2000—2015 年省会平均人均 GDP 水平(82 190 元/人)远超省域平均水平(41 579 元/人),这就使得引导人口进入省会城市对整个省域的经济绩效来说仍是有效的;另一方面,省会城市还可能通过"借出"规模或功能[2-3]辐射带动省域其他城市发展。

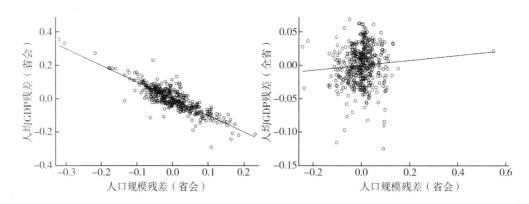

图 8-3 省会城市人口规模对省会人均 GDP 和全省人均 GDP 的偏回归图

8.1.3 异质性讨论

考虑到省会城市的人口规模及其首位度分布的巨大差异,省会城市人口规模对经济发展的影响很有可能具有异质性,本节主要探索东中西地区和人口规模差异是否会产生异质性影响。

首先,分东部、中部、西部来看人口规模对经济发展的影响(图 8-4)。与整体结果一致,东部、中部和西部的城市其人口规模对省会城市的人均 GDP 均为显著的负向影响(系数均小于 0 值),而人口规模对省域人均 GDP 则倾向于正向显著(系数大于 0 值)。从对省会城市人均 GDP 的影响中来看,中部省会城市的集聚不经济效应相对较小,即中部的省会城市面临的集聚不经济相对较小。这可能是由于中部地区相对经济发展水平比较好的东部地区而言,经济发展水平有限,因此对人口的吸引力相对不足;而相对自然环境恶劣、人口只能集聚在部分城市的西部地区而言,人口流动的方向相对多元。而从对整个省域的人均 GDP 的影响来看,东部省会城市回归系数的置信区间包括了 0,即东部省会城市有可能正处于集聚经济和集聚不经济过渡的阶段,这一阶段对于扩张型的行政区划调整更要十分谨慎。

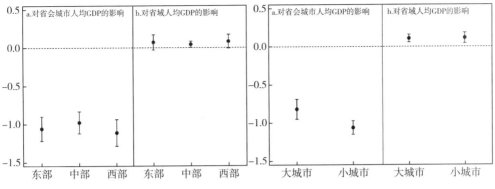

图 8-4 人口规模对经济发展的异质性影响

其次,将省会城市按 250 万分为大小两组⑤,分别看人口规模对经济发展的影响(图 8-4)。与整体结果一致,无论是人口规模大的省会城市还是人口规模小的省会城市,对于省会城市的人均 GDP 的影响均为负向影响(系数显著地小于 0),而对省域人均 GDP 则为正向影响(系数大于 0)。对于省域经济的拉动来看,省会城市规模的大小并没有明显的差距。出乎意料的是,在对于省会城市人均 GDP 的影响中,大城市的负向影响相对于小城市更小。这可能是由于大城市的政府治理水平也相对更高,也更有财力治理"城市病",这就使得大城市的集聚不经济呈现出低于小城市的特征。这也就启示我们,对于人口规模大的省会城市,扩张型的区划调整不能一刀切地认为全部是不合理的,还要结合省会的现实情况。

8.2 城市用地范围

行政区划调整本身就是城市为适应发展需求所做出的主动尺度调整过程。行政区划调整的目标之一,尤其是扩张型的行政区划调整,就是拓展城市的发展空间,进而刺激城市的增长。因此,通过判断城市土地能不能促进经济发展是行政区划调整是否合理的标准之一。首先,由于通勤联系是维系城市功能的主要支撑,通勤范围在某种程度上决定了城市用地范围。工作地点和居住地点反映了居民的生产空间和生活品质等,而连接二者的"居住—工作"的通勤联系则反映了居民的生产、生活轨迹和节奏,影响城市最重要的生产和生活功能的发挥。此外,居民能承受的通勤时间范围也是一定的,这就决定了城市的用地范围不能无限扩大。其次,土地是经济增长的重要因素之一,理论上存在一个最优的用地范围。当城市空间过小时,由于无法满足城市的土地需求,土地利用结构调整的余地也不大,不利于城市的进一步发展;当城市空间过大时,基础设施负担加重,土地使用往往浪费,且整个城市内部的联系不够紧密,因此也不利于城市的未来发展。

8.2.1 省会城市的通勤范围

建设现代化都市圈是推进新型城镇化的重要手段,既有利于优化人口和经济的空间结构,又有利于激活有效投资和潜在消费需求,增强内生发展动力。根据《国家发展改革委关于培育发展现代化都市圈的指导意见》,都市圈是城市群内部以超大特大城市或辐射带动功能强的大城市为中心、以 1 小时通勤圈为基本范围的城镇化空间形态。一般认为,都市圈代表了功能性城市,1 小时通勤圈能够基本实现居住和就业功能的匹配,有利于促进内部功能的联系和集中。黄洁等基于地铁刷卡数据研究发现,北京市居民可忍受地铁通勤时间的最大值为 45 分钟,通常认为最大通勤时间范围不宜超过 1.5 小时[4]。

当然,在不同的交通技术条件下,1 小时通勤时间范围所对应的空间范围是不同的。以小汽车、公共汽车、轨道交通或乘高铁出行来计算 1 小时的通勤范围会得出地域面积完全不同的通勤圈。可以预期的是,随着交通技术的改进,1 小时通勤范围对应的都市圈范围也会持续扩大。

8.2.2 省会城市用地规模对经济的影响

首先,分析现阶段中国省会城市的基本用地情况。由于中国是典型的广域型城市政区,实行市管县(也包括县级市)的行政管理体制,即地级市以代管的名义管辖若干县或县级市,所以省会城市整个市域的行政区面积往往很大。其中行政区面积最大的为哈尔滨市,其下辖 9 个区、7 个县、代管 2 个县级市,总面积达 53 100 km^2;行政区面积最小的海口市辖 4 个区,总面积约为 3 146 km^2(图 8-5)。现阶段省会城市市辖区的行政区面积也很大,主要表现为市辖区的行政区面积远超其建成区面积。2015 年市辖区平均的行政区面积为 3 594 km^2,远超仅为 404 km^2 的平均建成区面积。与建成区比较来看,省会城市相对充足的行政区面积,也在一定程度上暗示着扩张型的行政区划调整可能不会影响其经济绩效或者为其城市的发展带来负向影响。

接下来,采用面板回归方法检验省会城市的行政区用地面积的经济绩效效应,并借此判断行政区划调整政策的合理性。所用数据是基于本章所构建的 2000—2015 年中国省域数据库,核心解释变量采用省会城市的市域和市辖区的行政区面积及其相应的二次项,被解释变量分别采用省会城市和省域的人均 GDP 水平。实证结果显示,当被解释变量为省会城市自身的经济发展水平时,行政区面积均不显著(包括市域和市辖区,以及无论是否加入二次项)。这可能跟前面发现省会城市用地相对充足有关。当解释变量为整个省域的经济发展水平时,行政区面积对省域的经济发展存在"倒 U"形的影响,即存在一个最优的行政区面积(图 8-6)。具体说来,当

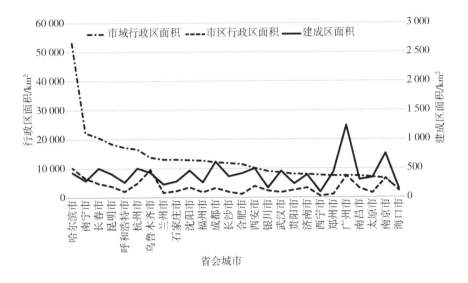

图 8-5　2015 年省会城市的市域/市区行政区面积和建成区面积

注：市域和市区的行政区面积使用左侧坐标轴，而建成区面积则使用右侧坐标轴。

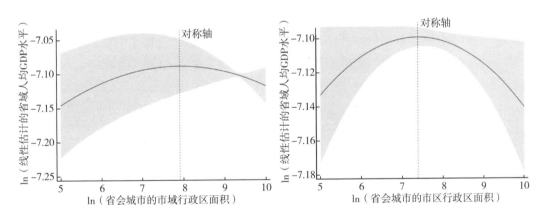

图 8-6　市域行政区面积和市区行政区面积分别对省域人均 GDP 的影响

注：阴影区域为 95% 的置信区间。

市域行政区面积为 2 739 km² 时，整个省域经济绩效最高；当省会市辖区的行政区面积为 1 598 km² 时，整个省域经济绩效最高。结合 2015 年省会城市的市域行政区面积来看，只有海口市小于 2 739 km²，其他省会城市已经都远超该值；从市区行政区面积来看，只有太原市、合肥市、郑州市和西宁市小于 1 598 km²，85% 的省会城市已经位于该对称轴的右侧。

8.3　城市辖区数量

省会城市在实行扩张型行政区划调整时，通常会采用县市改区和区界重组等区划调整措施来扩大省会城市市辖区（中心城市），进而改变城市辖区的个数。城市辖区数量既是行政区划的主要要素，也是判断城市行政区划合理性的重要依据。一方面,辖区数量体现了辖区之间的竞争程度,辖区数量增加可以促进辖区政府之间的发展竞争,提高辖区政府参与经济建设的积极性和主动性;另一方面,多个辖区政府可以依照各自的比较优势和特点来提供更好的城市公共物品,从而提升整个城市的公共服务水平[5]。但辖区数量并不是越多越好,过多的辖区也可能会带来负面效应:①损害辖区官员参与竞争的积极性,甚至带来恶性竞争,使得辖区之间难以协同[6-7];②不利于实现公共物品的规模经济[8-9],造成行政资源的浪费,导致行政成本较高。周黎安曾经提出,"一级政府所辖的下级政府的数目必须存在一个合理的规模,过大和过小都不利于调动参与人的积极性"[10]。

8.3.1 城市辖区数量的基本情况

2010年地级市市辖区的平均个数为2.81个(标准差为2.14)。剔除4个直辖市样本和控制变量缺失的拉萨,89%的地级市(包含省会城市和一般地级市)的辖区个数为5个及5个以下。其中,除了伊春有15个市辖区⑥,其他一般地级市的市辖区均在7个以内(图8-7);而省会城市的市辖区个数相对较多,62%的省会城市的市辖区个数都集中在4—6个,另有35%的省会城市的市辖区个数在7个及7个以上(图8-8)。

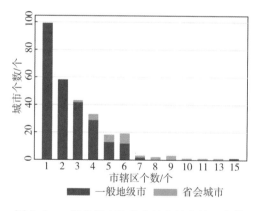

图8-7 一般地级市和省会城市的市辖区个数

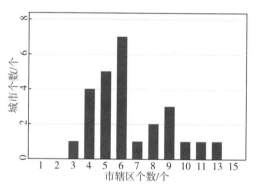

图8-8 省会城市的市辖区个数

8.3.2 辖区数量对经济的影响

采用巴罗的增长率模型,以2000—2010年10年间的人均二产、三产GDP平均增长速度(经过GDP平减指数折算为可比价格)作为模型的因变量,以市辖区的个数为核心自变量,从而获得城市辖区数量和城市经济增长的实证证据,为省会城市进行涉及辖区数量变化的区划调整的政策提供科学依据。

计量分析显示,市辖区数量和经济发展水平之间存在一个明显的"倒

U"形特征,即存在经济发展水平最优条件下的最佳辖区数量。当分区数较少时,增加分区数有利于促进地方政府之间的竞争激励,从而带动整体机构及发展水平的提高;当分区数超过合理数目时,增设区级政府,由于地方官员之间的恶性竞争逐渐加强,晋升锦标赛的模式不仅无益于经济增长,反而会阻碍经济发展,降低经济增长率。

通过计算二次函数的对称轴可得,在平均意义上,市辖区分区数为3个左右时[ln(市辖区分区数)=1.04],经济增长率提升最快(图8-9)。可见,目前中国多数城市的市辖区个数处于收益递增阶段。具体而言,样本中的分区数在最优规模及以下的城市有200个,占总体的71%,即多数城市的市辖区地方政府官员之间并未出现过度竞争。在此阶段中,晋升锦标赛是较为有效的激励手段,适度的辖区个数在辖区官员之间形成了共同促进市辖区整体经济增长的良性竞争局面。

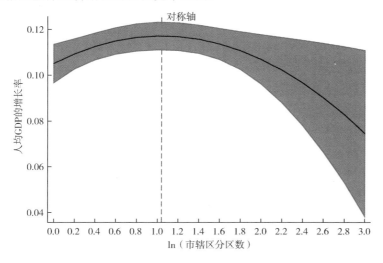

图8-9 市辖区个数对人均GDP增长率的非线性影响

8.3.3 异质性讨论

省会城市和一般地级市的市辖区个数对经济增长的影响很可能存在异质性:一方面,中央对省会城市的监管要高于一般地级市,因此省会城市官员的自我约束动机较强,过度竞争带来的负面效应也会小于一般地级市;另一方面,省会城市通常汇聚了多样化的企业和居民,多中心的政府空间治理结构很可能更有利于为这些多元需求的企业和居民提供更多可选的公共服务,比如企业和居民在服务、税收等方面更有可能找到符合自身偏好的类型。

在分区数非线性分析的基础上,加入分区数和省会城市虚拟变量的交互项,结果发现,该变量在1%的水平上显著为正,即省会城市的最优分区数相对于一般城市要多。如图8-10所示,在控制了其他条件的平均意义上,省会城市的最优分区数可达20个左右。这一结果表明,目前所有的省会城市的市辖区的竞争尚处于积极正向的状态,整体上形成了促进经济增长的良好态势。

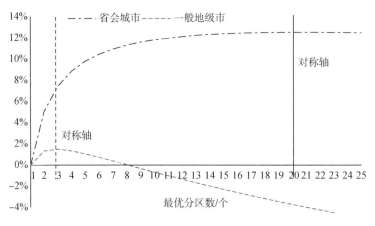

图 8-10　省会城市和一般地级市的最优分区数示意图

8.4　政策建议

8.4.1　对人口、用地和辖区个数等进行科学论证

是否有利于城市经济的进一步发展是行政区划调整效果的重要判断依据。省会城市区划调整的过程涉及人口规模、用地规模以及辖区个数的调整,这三个方面的经济绩效评估可作为省会扩充政策是否有效的衡量标准,也是未来省会扩充政策是否值得实施的基本判断依据。具体而言,人口规模是城市规模经济的重要组成部分,适度的规模有利于产生集聚经济从而提高劳动生产率,但规模过大也容易带来交通拥堵、环境污染等集聚不经济问题,从而损害整体城市的经济发展水平。以 1 小时通勤圈为基本范围的都市圈有利于促进内部功能的联系带动城市经济发展,是合理的城市用地范围。同时区划调整也常常会涉及辖区个数的变动,由此带来的政府治理结构的变化,过于碎化或者集中型的政府,都不利于城市的经济发展。理论上城市规模和用地规模均存在适度规模,城市辖区个数也存在理论上的最优解。需要说明的是,本章实证结果中所涉及的具体数值门槛并不具有绝对含义,在进行省会城市进行区划调整的实践过程中,要结合不同城市的人口规模、用地规模以及辖区个数的情况进行具体分析。

8.4.2　充分利用省会城市辖区政府良性竞争的红利

通过扩张型的行政区划调整来增加辖区个数从而实现中心城市的扩

张,不失为当前省会城市进一步推动经济发展的良策。由于中国大部分城市的市辖区个数都处于最优分区数以下,尤其是省会城市,其官员主动约束自利行为的动机较强,政府"掠夺之手"的现象发生较少,城市多元化公共服务的需求也相对更大,因此省会城市通常可以设置更多的分区数。当前的省会城市可以充分利用当前辖区之间良性竞争的优势,辖区之间通过积极的竞争为属地企业居民提供多样化的公共服务,吸引经济活动主体"用脚投票",从而带动城市整体经济快速增长。省会城市也要充分考虑本城市的基本条件和禀赋,在经过严谨的可行性论证的基础上,适当采用扩张型的行政区划政策,合理增加市辖区数目,实现城市治理结构的调整与优化,促进城市资本、人力资本等其他资源的配置与利用。

8.4.3　区划调整助力中国新型城镇化

从经济发展的角度来看,扩大省会城市的人口、用地和辖区个数仍基本起积极作用,因此扩张型的行政区划调整基本符合现阶段省会城市的发展需要。当然,在此过程中要警惕可能出现的城市集聚不经济问题,集聚不经济的苗头在省域层面上已经开始显现。与此同时,要注意扩张型行政区划调整背景下的中小城市发展,"强省会"城市发展模式有利于整个省域经济绩效发展并不意味着对省域内其他中小城市就放任自流。具体来说,对于发展基础比较好的中小城市,要注重打通与省会联系的通道,建立有效地产业分工协作,切实发挥省会对其的辐射带动作用;而对于可能出现收缩的中小城市,要理性看待并转变城市惯性的增量发展思路,引导"精明收缩"。

(执笔人:李琬、张婷麟、孙斌栋、张之帆)

第8章注释

① 参见江苏省人民政府官网。
② 参见河南省人民政府官网。
③ 参见广西壮族自治区人民政府门户网站。
④ 识别实体城市并提取人口的具体过程如下:首先,将欧洲航天局用地数据重新采样到与人口数据相同的分辨率,即1 km×1 km;其次,提取欧洲航天局用地数据中的不透水面用地作为候选实体城市区域,将其与人口数据进行空间匹配,剔除无人口数据的不透水面;然后,将空间相邻且有人口数据的不透水面进行合并,得到连片的人口聚集区;最后,以10万人作为城市门槛,提取人口大于门槛人口的聚集区作为实体城市,并提取其上相应的人口规模。
⑤ 2000—2015年,省会城市的平均人口规模为248万人。
⑥ 2019年已撤销15个市辖区,新设4区4县。

第 8 章参考文献

［1］徐琴. 省域发展的空间逻辑:兼论"强省会"战略的地方实践［J］. 现代经济探讨, 2020(6):107-110.

［2］ALONSO W. Urban zero population growth［J］. Daedalus, 1973, 102(4):191-206.

［3］MEIJERS E J, BURGER M J, HOOGERBRUGGE M M. Borrowing size in networks of cities: city size, network connectivity and metropolitan functions in Europe［J］. Papers in regional science, 2016, 95(1):181-198.

［4］HUANG J, LEVINSON D, WANG J E, et al. Tracking job and housing dynamics with smartcard data［J］. Proceedings of the national academy of sciences of the United States of America, 2018, 115(50):12710-12715.

［5］尹来盛. 政府碎化、都市治理与经济发展:基于机构集体行动的分析框架［D］. 广州:暨南大学, 2012.

［6］OATES W E, SCHWAB R M. Economic competition among jurisdictions: efficiency enhancing or distortion inducing［J］. Journal of public economics, 1988, 35(3):333-354.

［7］QIAN Y Y, WEINGAST B R. Federalism as a commitment to preserving market incentives［J］. Journal of economic perspectives, 1997, 11(4):83-92.

［8］RUSK D. Cities without suburbs［M］. Washington, DC: Woodrow Wilson Center Press, 1993.

［9］RUSK D. Cities without suburbs［M］. 2nd ed. Washington, DC: Woodrow Wilson Center Press, 1995.

［10］周黎安. 中国地方官员的晋升锦标赛模式研究［J］. 经济研究, 2007, 42(7):36-50.

第 8 章图片来源

图 8-1 源自:笔者根据 LandScan 全球人口和 ESA 全球土地利用数据识别提取的 2000—2015 年实体城市及其常住人口规模绘制.

图 8-2 源自:笔者根据 LandScan 全球人口和 ESA 全球土地利用数据识别提取的 2015 年的省域和省会实体城市及其常住人口规模绘制[底图源自标准地图服务网站,审图号为 GS(2019)1825 号].

图 8-3、图 8-4 源自:笔者根据 LandScan 全球人口和 ESA 全球土地利用数据识别提取的 2015 年的省域和省会实体城市及其常住人口规模以及《中国统计年鉴》相关数据绘制.

图 8-5、图 8-6 源自:笔者根据 LandScan 全球人口和 ESA 全球土地利用数据识别提取的 2015 年的省域和省会实体城市范围以及《中国统计年鉴》和《中国城市统计年鉴》相关数据绘制.

图 8-7 至图 8-10 源自:笔者根据《中国城市统计年鉴》相关数据绘制.

9 上海城市绿色治理:基于居民绿色支付意愿的分析

国务院批复的《上海城市总体规划(2017—2035年)》,明确了上海城市发展的创新、协调、绿色、开放、共享五大理念,及其成为具备卓越的创新之城、人文之城、生态之城等内涵的全球城市和社会主义现代化国际大都市的愿景[①],创新的绿色治理是上海实现愿景的必然选择。近年来,上海各级政府围绕"生态环境建设""城市精细化管理""生活垃圾分类""节能环保"等诸多领域进行着城市绿色治理的不懈探索,在绿色技术创新方面也颇有建树。至2019年末,上海就催生出6 000多家以新能源汽车为主导的绿色型企业[1]。但与此同时,上海的总能耗还在持续增加,且上海的非新能源汽车拥有量也在增加;城市绿色建筑水平得到提高,但上海居民人均居住的建筑面积却在增多[2]。以上凸显出上海绿色创新与社会发展的悖论问题,如果问题不得到及时管控,上海的发展必然与2035年绿色创新之城的愿景渐行渐远。客观来说,作为新兴产业,绿色技术具有先导性特点,其本身所具有的实用性不容易得到社会的普遍认同。因而,上海推进绿色创新战略的当务之急,无疑是先从引导和推动居民的绿色意愿和行动入手。本章基于城市绿色治理和创新理论,结合技术认同等相关学科分析路径,从居民绿色支付意愿视角分析促进上海城市绿色治理的相关政策,希望为相关决策部门提供参考依据。

9.1 城市治理及绿色技术创新

9.1.1 城市治理

城市治理是指为了谋求城市经济、社会、生态等方面的可持续发展,对城市中的资本、土地、劳动力、技术、信息、知识等生产要素进行整合,实现整体地域的协调发展。狭义的城市治理是指城市范围内政府、私营部门、非营利组织作为三种主要的组织形态,由其组成相互依赖的多主体治理网络,在平等的基础上按照参与、沟通、协商、合作的治理机制,在解决城市公共问题、提供城市公共服务、增进城市公共利益的过程中相互合作的利益整合过程。

当前,城市治理理念转向以人为本、开放透明、包容共享和系统创新,治理目标转向满足人民对幸福和美好生活的向往[3]。因而,在城市治理的未来图景中,主观因素如人的偏好和作用被高度重视。而个体存在差异,个体对问题认知程度的不同会导致其对政策的理解不同,进而可能改变政策制定者的初衷,导致执行出现偏差。因此,对政策制定和实施的研究有必要将政策目标与政策对象的认知和行为相结合,让城市治理者与民众达成协同,才能实现城市治理的"共景"。此外,在现实中,由于企业的趋利性,政府很难规范企业行为,更无力全面引导企业承担更多的社会责任和环境生态责任[4]。社会的绿色认同和居民的绿色支付意愿,有利于推动企业采取绿色行动,遵守绿色法规、法律,承担社会责任和绿色使命。于是,绿色战略与社会认同紧密关联、互相促进,能最终推动城市绿色创新战略的实现。

9.1.2 绿色技术创新

19世纪60年代,西方国家工业化产生了严重的环境污染,催生出一系列环保技术,所以传统上,人们强调的绿色技术往往会与环保相关。当今,绿色技术越来越多样化,相关领域不但包括能源发电、能源存储、能源基础设施、能源效率、能源运输,也包括传统的水、空气的保护和废水处理,同时还涉及材料科学,甚至囊括制造工艺、建筑和农业等。绿色技术的多样性和广泛性,也势必导致参与者越来越多元化,需要的专业知识愈加广泛,被民众接纳并应用的难度越来越高[5]。

相比绿色技术,绿色创新是新近创新界所关注的议题[6],相关研究从早期单纯从技术上分析,转向加入经济、政策管理监督视角进行思考。伴随着人们对创新现象认知的深化,为捕获更为广泛的创新资源,创新主体不再仅仅是最初的产学研三类,社会被越来越多的研究纳入绿色创新主体中[7]。有学者认为,消费升级使得居民更关注产品的安全性和绿色性,会倒逼企业加强绿色创新,通过提升产品绿色含量来稳定其市场份额,从而最终使得整个社会实现绿色发展[8]。总而言之,城市绿色创新战略是绿色技术产品应用和居民消费行为改变的结果,与社会公众对绿色技术产品的认知程度密切相关,是消费者对各类绿色技术产品的看法、态度、感受和价值判断等一系列心理活动的综合,是社会公众对绿色技术及其产品的认知,具体体现在社会公众对绿色技术产品的信息掌握程度、感知有用性、使用态度、行为倾向和支付意愿等一系列理性计划行为中[9]。

有鉴于此,本章通过本人所承担的上海科技发展基金软科学研究项目"硅谷绿色转型与创新战略及其对上海的政策启示"和"长三角城市群绿色技术高水平协同创新网络研究",在2019年对全市各区县进行抽样调查,构建居民的绿色技术产品支付意愿影响因素模型,从技术的应用和接受层面分析居民对绿色技术产品的支付意愿,以期为城市政府推广绿色经济、引导绿色技术产品的治理实践提供相应的施政依据[8]。

9.2 上海居民绿色支付意愿的调查与分析

抽样调查主要在上海黄浦区、静安区、徐汇区、长宁区、杨浦区、虹口区、普陀区、浦东新区、宝山区、嘉定区、闵行区、松江区、青浦区、奉贤区、金山区、崇明区16个区县展开。基于分层抽样法,结合上海的人口分布规律,按照内环、中环、外环的人口数量比例作为参考,选取各区域抽样地点的样本数量;以各区各街道的人口、性别、各年龄阶段比例确定抽样地点的问卷数量,有效问卷计303份。

本章对居民问卷调查的主要统计量进行了分类,从信息交流、感知有用性、感知易用性、感知风险、使用态度、行为意愿、支付意愿七个方面,统计分析了上海居民对绿色技术产品的了解程度和接受程度(表9-1)。

表9-1 绿色技术接受程度评价指标

因素	测度指标
信息交流	我对绿色技术比较了解
	我所在的街道、社区会开展相关的绿色节能技术知识普及活动
	我所在的街道、社区会鼓励我们使用相关的绿色技术产品
	我所在的街道、社区有相关公司宣传推广他们的绿色技术产品
	我自己会通过各种渠道获取相关绿色技术方面的知识或信息
感知有用性	绿色技术的应用改善了环境质量
	绿色技术产品的使用提高了自己的生活质量
	绿色技术的研发有助于国家的经济转型和可持续发展
感知易用性	我觉得新的绿色技术产品(如新能源汽车)质量可靠
	学习使用一项新的绿色技术产品会花费我一些时间
	新的绿色技术产品出现问题时维修费用较高
感知风险	价格因素是绿色技术产品推广的主要障碍
	资金问题是上海发展绿色技术的主要困难
	公众环保意识不强是绿色技术产品难以被大众接受的主要原因
使用态度	我觉得上海大力发展绿色创新技术是一个好主意
	我对应用绿色技术的相关产品感兴趣
	我对上海绿色技术未来的发展和应用充满希望
行为意愿	我已经或可能很快开始使用相关应用绿色技术的产品
	未来我打算频繁地使用相关应用绿色技术的产品
	我会向亲友推荐使用相关应用绿色技术的产品
支付意愿	我能接受的电动汽车与传统汽车之间的涨幅范围
	如果使用绿色能源(如太阳能、风能)成本会增加,我每月能接受的电费价格增加范围

根据问卷结果发现,上海居民对绿色技术产品接受的整体状况表现在

以下四个方面:①城市绿色技术的认知和交流网络发育不足,民众对绿色技术产品的整体认知不稳定;②城市绿色技术传播渠道不畅通,绿色理念扩散不充分;③民众信息交流较少,缺乏传输介质;④居民对于使用绿色技术产品效益和风险的认知存在分化现象。

上述调查结果也可以初步窥探出,上海绿色技术信息流动及其交流存在分异和缺失。为进一步探讨上述缺失现象背后的逻辑,本章继续基于上海居民绿色支付意愿分析视角,进行政策制定的理论推演和实证分析。

9.3 上海居民绿色支付意愿的假设与推演

9.3.1 支付意愿

个体对产品的支付意愿受产品自身属性和个人对产品认知程度的双重影响。个人对产品效用感知程度存在差异,使得支付意愿与特定消费者的感知及其行为密切相关,也与消费者价值取向、行为及态度等个体心理过程有关。因而,从认知、情感、态度等人的心理层面可以把握形成绿色技术产品支付意愿的普遍性规律[10-11]。扎莱伊斯卡-琼森(Zalejska-Jonsson)研究发现,居民使用绿色技术产品后所能感知的实际价值越清晰,其支付意愿越强烈[12];木村(Kimura)等人的研究也表明,当消费者主动、有目的地搜寻某绿色技术产品的相关信息时,其支付意愿会显著高于被动接受信息条件下的支付意愿[13]。

9.3.2 技术接受模型和行为理论模型

技术接受模型(TAM)认为,个体的支付意愿一般取决于其对消费对象的认知和理解,因而在新技术层面,个体使用新技术的态度及其感受到该技术的有用性会决定其行为意向,即使用意愿由感知有用性和感知易用性共同决定[14-15]。在信息时代,学者运用 TAM 时,通常还会将信息交流等因子应用到对居民是否接受新技术的相关研究中[16]。基于 TAM 理论,本章认为,绿色技术产品与居民间信息的通畅程度,以及居民形成绿色技术产品的感知有用性是进一步产生使用意向的前提,从而最终影响居民对绿色技术产品的支付意愿。据此,本章提出以下假设(Hypothesis,以下简称"H"):

H1:居民对绿色技术产品的技术接受程度会显著影响其对该产品的支付意愿。

H1a:感知有用性对支付意愿产生显著影响。

H1b:信息交流对支付意愿产生显著影响。

计划行为理论(TPB)模型认为,个人行为由其意愿主导,而个体意愿受行为主体的使用态度、规范、知觉和行为控制(如计划)等影响[17-18]。本章用使用态度、行为倾向构成的诸项变量来刻画居民对绿色技术产品的态

度和行为。据此,提出以下假设:

H2:居民对绿色技术产品的计划行为显著影响其支付意愿。

H2a:使用态度对支付意愿产生显著影响。

H2b:行为倾向对支付意愿产生显著影响。

TAM 探讨行为主体对新技术的认知和接受意愿,侧重外部变量的影响;TPB 模型研究行为主体自身的意向和情感控制,强调个体内部因素的作用。就新技术而言,个体对技术的认知程度和其使用新产品的行为意愿,离不开 TAM 对技术接受程度的分析框架和 TPB 架构的行为倾向分析理论。因此,本章用整合模型来探测居民对技术的认知程度对其支付意愿和行为的影响,并提出以下假设:

H3:居民对绿色技术的接受程度会对其使用绿色技术产品的行为意向产生影响。

H3a:信息交流对使用态度产生显著影响。

H3b:信息交流对行为倾向产生显著影响。

H3c:感知有用性对使用态度产生显著影响。

H3d:感知有用性对行为倾向产生显著影响。

由此,本章选取信息交流、感知有用性、使用态度、行为倾向、支付意愿五大类因素群,构建绿色技术产品支付意愿影响因素研究模型(图 9-1)。

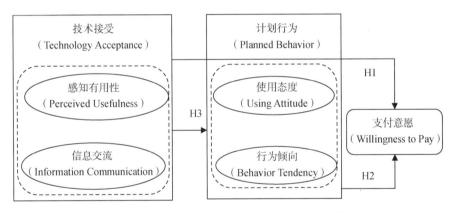

图 9-1 绿色技术产品支付意愿影响因素研究模型

9.4 实证研究

9.4.1 量表设计

问卷量表基于技术接受模型和计划行为理论对各因素的测度原则,借鉴现有成熟的 TAM 和 TPB 模型量表开发经验,兼顾测量因素的专业性和居民的理解度,并结合居民对绿色技术产品的实际感知和认知现状,设计出本章所需各变量的测量题项(表 9-2)。博伦(Bollen)认为测量因素题目至少为

3项,4—6项为最佳[19],故本问卷将每个因子的测量题项设计为3—5项。

量表由信息交流、感知有用性、使用态度、行为倾向和支付意愿五个部分组成,采用经典五度 Likert 量表评分形式,从"1"表示"非常不同意",到"5"表示"非常同意",认同程度逐渐增加。

表9-2 测量题项

变量		题项	参考来源
信息交流(IC)	IC1	我对绿色技术比较了解	阿莫亚科-坚帕(Amoako-Gyampah)等[16]
	IC2	我所在的街道、社区会经常开展相关的绿色技术知识普及活动	
	IC3	我所在的街道、社区会鼓励我们使用相关的绿色技术产品	
	IC4	我所在的街道、社区经常有相关公司宣传推广他们的绿色技术产品	
	IC5	我自己会通过各种渠道获取绿色技术相关知识或信息	
感知有用性(PU)	UA1	我感觉绿色技术的应用改善了环境质量	石洪斌(Shih)[20]
	UA2	绿色技术产品的使用提高了我的生活质量	
	UA3	我相信绿色技术的研发有助于国家的经济转型和可持续发展	
使用态度(UA)	DT1	我觉得上海大力发展绿色技术是一个好主意	伊塞克·艾奇森(Icek Ajzen)[21]尹哲湖(Cheolho Yoon)[22]博贝尔(Bobek)等[23]
	DT2	我对上海绿色技术未来的发展和应用充满希望	
	DT3	我对上海的绿色技术产品感兴趣	
行为倾向(BT)	BT1	我已经或可能很快开始使用绿色技术产品	
	BT2	未来我打算频繁使用绿色相关技术产品	
	BT3	我会向亲友推荐使用绿色相关技术产品	
支付意愿(WTP)	WTP1	我购买绿色技术产品的意愿程度	吴力波等[24]周晟吕等[25]王中可等[26]
	WTP2	我能接受的电动汽车与传统汽车之间的涨幅范围	
	WTP3	如果使用绿色能源(如太阳能、风能)成本会增加,我每月能接受的电费价格增加范围	

9.4.2 样本与数据搜集

本章的实证数据以抽样问卷调查方式获取。问卷分为两个部分:第一部分收集被调查者的性别、年龄、受教育程度、收入等人口统计学信息;第二部分采集居民对绿色技术产品的信息获取(即信息交流)、感知有用性、使用态度、行为倾向以及支付意愿五个方面的信息。本次问卷调研的对象为上海居民,参考人口分布现状,选取内环、中环和外环三大区域的抽样地点;为避免样本的同质性及被访者重复填写,以第六次全国人口普查数据中上海各区各街道的人口、性别、年龄阶段比例为基础,确定抽样地点所发放的问卷数量和被访者特征(图9-2)。通过实地走访调查、发放问卷和现场访谈等方式,对收回的303份有效问卷,运用统计产品与服务解决方案(SPSS 22.0)软件进行问卷数据处理,借助结构方程模型分析软件(AMOS 21.0)进行结构方程模型分析。

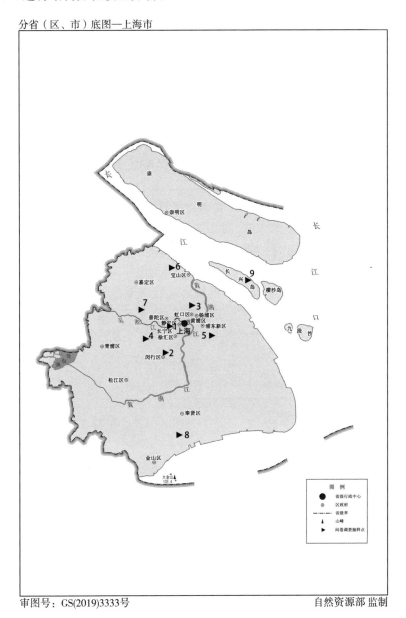

图 9-2 问卷调查抽样地点示意图

9.4.3 信度和效度检验

本章采用克朗巴哈 α 系数来分析问卷量表中单一因素多题项测量回答的信度。按照目前主流研究所采用的分类观点，借鉴克兰(Kline)、迪亚曼托普洛斯(Diamantopoulous)、西谷瓦(Siguwa)以及博戈齐(Bogozzi)等相关学者的研究标准[27]，本章选定的信度判别依据为：信度系数值 0.90 以上为最佳；0.80 附近为好；0.70 附近为适中；0.50 以上是最小可接受范围；低于 0.5 表示有一半的观察变异来自随机误差，不被接受；个别显性变量信度接受值采用 0.50；潜在变量信度值为 0.60 以上。

分析发现，量表的总体 α 系数为 0.824，多数潜在变量的组合信度在 0.7 左右，仅"使用态度"的组合信度为 0.470，略低于 0.50。将"使用态度"中低于 0.5 的 UA3 数据做删除处理后，量表总体 α 系数变成 0.811，"使用态度"维度的 α 系数值升至 0.68，量表数据具有较好的信度。

效度检验标准借鉴薛永基、潘煜等学者[28-29]的研究，利用平均提取方差值及对其平方根的处理结果，分析各变量的收敛效度和区分效度。除了信息交流指标外，各变量的平均提取方差值均大于 0.5，但信息交流的组合信度大于 0.6，因此量表数据具有较高的收敛效度。另外，量表中所有变量经过平均提取方差值和平方根运算后，均大于其所在行、列相关系数的绝对值，故认为量表的区分效度也较高。经过上述检测，判定问卷数据具有较好的信度和效度(表 9-3)。

表 9-3 变量的信度和效度指标

变量	平均提取方差	平均提取方差平方根	组合信度	相关系数				
				支付意愿	信息交流	感知有用性	使用态度	行为倾向
支付意愿	0.50	0.71	0.61	0.71	—			
信息交流	0.44	0.67	0.77	0.30	0.66	—		
感知有用性	0.54	0.74	0.77	0.15	0.21	0.73	—	
使用态度	0.52	0.73	0.68	0.03	0.08	0.47	0.72	—
行为倾向	0.54	0.74	0.76	0.28	0.42	0.34	0.30	0.73

9.4.4 结构方程模型检验

本章继续通过适配度指标来核检整体假设模型与所搜集数据是否相互适配。根据黑尔(Hair)等人的研究，整体模型适配度用绝对适配度指数、增值适配度指数和简约适配度指数三类评估检测。综合相关学者研究，本章进一步选取卡方自由度比、拟合优度指数(GFI)和近似误差均方根(RMSEA)三项指标测度绝对适配度，以比较适配指数(CFI)和非规准适配指数(TLI)两项指标测度增值适配度,另外采用简约基准拟合指标(PNFI)和简约拟合指标(PGFI)两个指标测度简约适配度(表 9-4)。

表 9-4 整体模型适配度评价指标及标准

拟合指标		判断标准	参考来源
绝对适配度指数	卡方自由度比	2—5 可以接受;小于 2.0 时模型拟合较好	卡迈(Carmines)等[30]
	GFI	大于 0.90;越接近 1 拟合度越好	利兹·霍(Hu)等[31]
	RMSEA	小于 0.05,拟合较好;小于 0.08,拟合合理	麦克唐纳(McDonald)等[32]
增值适配度指数	CFI	大于 0.90;越接近 1 拟合越好	吴明隆[27]
	TLI	大于 0.90;越接近 1 拟合越好	
简约适配度指数	PNFI	大于 0.50	
	PGFI	大于 0.50	

经过计算得到以下结果:卡方自由度比(2.395)、GFI(0.914)、RMSEA(0.068)、CFI(0.915)、TLI(0.894)、PNFI(0.691)、PGFI(0.645)。依据表 9-4 模型适配度评价标准,本章认为,理论模型与数据适配度达标(图 9-3),可以进行进一步的路径分析。

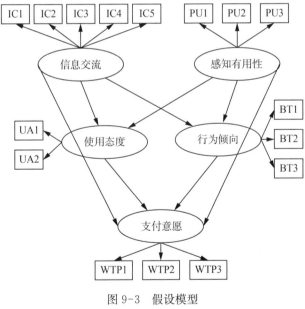

图 9-3 假设模型

本章进一步对假设模型进行路径分析。结果显示,除假设 H3a 未通过外,其他假设均得到验证:感知有用性、信息交流对支付意愿的影响在 $P<0.05$ 的水平上显著,H1a、H1b 成立;使用态度对支付意愿的负向影响在 $P<0.05$ 的水平上显著,H2a 成立;行为倾向对支付意愿的正向影响在 $P<$

0.01 的水平上显著,H2b 成立;信息交流、感知有用性对行为倾向、使用态度的正向影响在 $P<0.001$ 的水平上显著,H3b、H3c、H3d 成立(表 9-5)。

表 9-5 结构方程模型路径指标

假设路径	估计值(Estimate)	P	结论
H1a:感知有用性→支付意愿	0.337	0.024*	接受
H1b:信息交流→支付意愿	0.208	0.032*	接受
H2a:使用态度→支付意愿	−0.227	0.035*	接受
H2b:行为倾向→支付意愿	0.189	0.002**	接受
H3a:信息交流→使用态度	−0.017	0.082	拒绝
H3b:信息交流→行为倾向	0.689	***	接受
H3c:感知有用性→使用态度	0.769	***	接受
H3d:感知有用性→行为倾向	0.662	***	接受

注:P 值就是当原假设为真时所得到的样本观察结果或更极端结果出现的概率。*** 表示在 0.001的水平上显著;** 表示在 0.01 的水平上显著;* 表示在0.05的水平上显著。

9.4.5 结论

(1) 居民对绿色技术产品的技术接受程度对其支付意愿产生显著的正向影响,感知有用性和信息交流对居民支付意愿均具有促进作用。城市文明进步、社会开放开明均能促进绿色技术得到推广;城市设施通达促使信息通畅,是形成绿色技术产品推广的基础,更易产生广泛的民众绿色支付意愿倾向。

(2) 居民对绿色技术产品的计划行为对其支付意愿产生显著影响。其中,行为倾向对绿色技术产品支付意愿的提高具有促进作用,而使用态度对支付意愿会产生负向影响。这是由于行为倾向在一定程度上受情感倾向支配,会形成相对一致的群体意识,而居民的使用态度受居民个体稳定的偏好立场影响,居民对绿色技术在上海的发展前景乐观与否的判断是一种宏观层面抽象化的认知评价。使用态度越高,在一定程度上反映居民对绿色技术的认知更为抽象和模糊,居民对绿色技术产品与日常生活之间的联系感知脱节的可能性会更大,其实际会产生的支付意愿反而会降低。

(3) 当整合了 TAM 和 TPB 模型进行分析后,上述各影响因素之间彼此产生交叉作用,导致居民的感知有用性对其使用态度和行为倾向能产生显著的正向影响,但信息交流对计划行为的不同方面产生的影响具有差异性,信息交流正向显著影响居民的行为倾向,但对居民使用态度的影响并不显著。结合(2)中使用态度对支付意愿的负向作用结果分析,绿色技术产品的宏观和过度宣传反而更会影响个体的使用态度,从而不利于个体产生绿色技术产品的支付意愿。

9.5 讨论与建议

9.5.1 讨论

本章基于城市绿色治理的社会视角,以上海居民对绿色技术产品的支付意愿为研究议题,通过技术接受模型、计划行为理论及其两者的整合模型,对居民绿色技术产品支付意愿影响因素的内在机理进行分析,结果表明:

(1) 城市的信息、宣传通畅与否和社会的文明开放,能使居民对绿色技术产品产生清晰的价值感知,从而促进居民产生支付意愿。

(2) 居民对绿色技术产品的行为倾向会显著促进其支付意愿,只有当绿色技术产品的信息宣传契合居民实际的使用需求时,居民才会产生购买绿色技术产品的计划,进而提升其支付意愿。实证结果表明,使用态度对支付意愿呈负向影响,即居民对绿色技术发展前景的预期并不能导致其产生支付意愿,实证结果表明 TPB 模型部分成立。

(3) 当本章整合侧重外部变量影响的 TAM 和强调个体内部因素作用的 TPB 模型进行分析后,上述各影响因素会彼此产生交叉作用,来自外部的信息交流因素作用于个体内部的使用态度因素,不但进一步弱化居民对绿色技术产品的使用态度,而且可能导致负向作用。具体到现实中,会产生"绿色技术信息的过度传播反而更不利于居民个体产生绿色技术产品支付意愿"的结果。

9.5.2 建议

在全球政治经济的复杂背景下,绿色战略毫无疑问是认同度较高的治理策略之一,因为与一般的科技创新相比,绿色创新兼具知识正外部性和环境正外部性的双重优势,相比其他技术创新,具有更高的公共价值,容易获得国际社会的广泛认同。绿色战略所依托的清洁能源和电动汽车及智能电网等核心技术,与当今所有前瞻性城市发展导向(如弹性城市、翡翠城市等目标)相契合,既能使城市愿景具有道德立场,又让城市创新富有弹性,因而成为全球众多都市的发展取向。

本章基于技术接受模型和计划行为理论及其两者的整合模型,探讨居民绿色技术产品支付意愿的影响因素,为上海制定相关绿色创新的治理政策提供如下思考和建议:

1) 紧扣市场绿色需求,开展市场调研,精准分析居民绿色技术产品需求

为提升绿色创新成果的市场转化率,上海的绿色技术引导政策要以个性化、柔性化、智能化为导向,以最大化满足居民对绿色技术产品的现实需求,提升绿色技术产品的市场兼容性和包容度。提升绿色技术产品信息传

播的中介服务,加强节能、环保和新能源产品的咨询和服务及其与企业和行业协会的紧密对接,强化节能环保等绿色技术的宣传和知识服务对绿色技术产品创新的促进作用。

2) 架构绿色技术产品的信息交流渠道,催生城市居民绿色行动力

上海政府在提升公众绿色认知方面的建设卓有成效,推动社会各阶层形成对绿色技术产品的广泛认同,使民众建立良好的绿色愿景,上述成绩与上海各级政府长期扎根社区建设、推广环保和绿色认同的努力分不开。城市街道社区的绿色环保知识科普、企业绿色技术产品的社会推广,均有利于强化大众绿色意识,激发居民对绿色技术产品效能的感知度。政府有必要进一步采取多样化的信息沟通方式,拓宽绿色信息交流的渠道,立足不同的居民群体特征,围绕居民生活场景和体验,搭建多样化的绿色信息交流平台,为居民提供有针对性的绿色技术产品信息,以提升绿色技术产品和技术信息密切贴近居民个体偏好的宣传实效,从而最终促使居民绿色技术产品支付意愿的普遍提高。

3) 切实夯实绿色发展观的社会基础,沟通绿色战略与民生民心民意相通

绿色技术产品从研发到市场的转化往往经历漫长的过程,绿色技术不能一蹴而就,离不开整个社会的人文情怀和绿色价值等的认同基础。调查发现,尽管居民普遍认同城市区域和国家的绿色发展观,但当前市场上存在的绿色技术产品质量不高、技术缺乏可靠性,极易造成居民对绿色技术和产品效益的感知度低,影响其购买行为倾向和支付意愿。可见,政府亟须出台提升绿色技术产品质量和服务的相关保障政策,引导绿色企业优先开发民生类产品,以契合居民实际生活体验,从而夯实绿色技术产品的民众认同基础。

4) 提升居民对绿色技术产品的认同水平,强化居民绿色支付意愿的使用态度

使用态度反映居民对绿色技术在上海的发展前景乐观与否的判断,是一种宏观层面抽象化的认知评价。绿色战略在范围和场景尺度上与居民的日常生活关联不大,容易造成居民对绿色技术认知的抽象和模糊,影响居民使用绿色技术产品的个体态度,从而降低居民的支付意愿。由此建议政府将绿色教育纳入中小学教育体系中,注重民众绿色理念和环保意识的系统形成,让居民从思维深处消除个体偏好,认同绿色发展理念和趋势,尽早从本源上促进社会绿色认同下居民个体使用态度的全面形成。

(执笔人:黄丽、朱婷)

[本部分内容得到上海科技发展基金软科学研究项目(18692103400;19692104200)资助]

第9章注释

① 详见上海市人民政府官网。

第9章参考文献

[1] 许鑫,衣春波,姚占雷,等. 上海产业大数据与产业链水平提升[J]. 科学发展,2020(10):16-27.

[2] 诸大建. 2050:上海的绿色挑战与绿色创新[J]. 科学发展,2015(10):32-37.

[3] 李水金. 2050年政府治理的新图景:基于"时—空—技术"三维演化的视角[J]. 中共天津市委党校学报,2020,22(3):76-85.

[4] 张晨. 我国资源型城市绿色转型复合系统研究:山西省太原市实践的启发[D]. 天津:南开大学,2010.

[5] CHESBROUGH H W. Open innovation:the new imperative for creating and profiting from technology[M]. Boston:Harvard Business Press,2003.

[6] 许庆瑞,王毅,黄岳元,等. 中小企业可持续发展的技术战略研究[J]. 科学管理研究,1998,16(1):5-9.

[7] Von Hippel E. Democratizing innovation[M]. Cambridge:The MIT Press,2006.

[8] 黄磊,吴传清. 长江经济带工业绿色创新发展效率及其协同效应[J]. 重庆大学学报(社会科学版),2019,25(3):1-13.

[9] 胡小梅,刘梦晨,王心月. 社会公众对绿色金融产品的认知度及其影响因素研究[J]. 金融经济,2019(10):9-11.

[10] BROUWER R,BRANDER L,VAN BEUKERING P. "A convenient truth":air travel passengers' willingness to pay to offset their CO_2 emissions[J]. Climatic change,2008,90(3):299-313.

[11] FRANCIS CASEY J,BROWN C,SCHUHMANN P. Are tourists willing to pay additional fees to protect corals in Mexico[J]. Journal of sustainable tourism,2010,18(4):557-573.

[12] ZALEJSKA-JONSSON A. Stated WTP and rational WTP:willingness to pay for green apartments in Sweden[J]. Sustainable cities and society,2014,13:46-56.

[13] KIMURA A,WADA Y J,KAMADA A,et al. Interactive effects of carbon footprint information and its accessibility on value and subjective qualities of food products[J]. Appetite,2010,55(2):271-278.

[14] CHEN S Y. Using the sustainable modified TAM and TPB to analyze the effects of perceived green value on loyalty to a public bike system[J]. Transportation research part A:policy and practice,2016,88:58-72.

[15] DAVIS F D. Perceived usefulness,perceived ease of use,and user acceptance of information technology[J]. MIS quarterly,1989,13(3):319-340.

[16] AMOAKO-GYAMPAH K,ACQUAAH M. Manufacturing strategy,competitive strategy and firm performance:an empirical study in a developing economy environment[J]. International journal of production economics,2008,111(2):575-592.

[17] AJZEN I. The theory of planned behavior[J]. Organizational behavior and human decision processes,1991,50(2):179-211.

[18] 劳可夫. 消费者创新性对绿色消费行为的影响机制研究[J]. 南开管理评论,

2013,16(4):106-113.

[19] BOLLEN K A. A new incremental fit index for general structural equation models[J]. Sociological methods & research,1989,17(3):303-316.

[20] SHIH H P. An empirical study on predicting user acceptance of e-shopping on the web[J]. Information & management,2004,41(3):351-368.

[21] AJZEN I. Constructing a TPB questionnaire: conceptual and methodological considerations[D]. Amherst: University of Massachusetts Amherst,2002.

[22] YOON C. Theory of planned behavior and ethics theory in digital piracy: an integrated model[J]. Journal of business ethics,2011,100(3):405-417.

[23] BOBEK D D, HATFIELD R C. An investigation of the theory of planned behavior and the role of moral obligation in tax compliance[J]. Behavioral research in accounting,2003,15(1):13-38.

[24] 吴力波,周阳,徐呈隽. 上海市居民绿色电力支付意愿研究[J]. 中国人口·资源与环境,2018,28(2):86-93.

[25] 周晟吕,李月寒,胡静,等. 基于问卷调查的上海市大气环境质量改善的支付意愿研究[J]. 长江流域资源与环境,2018,27(11):2419-2424.

[26] 王中可,张洁,郭峦. 绿色展会的认知路径及支付意愿研究:基于参展商视角[J]. 旅游学刊,2019,34(3):71-85.

[27] 吴明隆. 结构方程模型:AMOS的操作与应用[M]. 重庆:重庆大学出版社,2009.

[28] 薛永基,白雪珊,胡煜晗. 感知价值与预期后悔影响绿色食品购买意向的实证研究[J]. 软科学,2016,30(11):131-135.

[29] 潘煜,高丽,张星,等. 中国文化背景下的消费者价值观研究:量表开发与比较[J]. 管理世界,2014(4):90-106.

[30] CARMINES E G, MCLVER J P. Analyzing models with unobserved variables: analysis of covariance structures[M]//BOHRNSTEDT G W, BORGATTA E F. Social measurement: current issues. Beverly Hills: Sage Publication,1981.

[31] HU L T, BENTLER P M. Cutoff criteria for fit indexes in covariance structure analysis: conventional criteria versus new alternatives[J]. Structural equation modeling: a multidisciplinary journal,1999,6(1):1-55.

[32] MCDONALD R P, RINGO HO M H. Principles and practice in reporting structural equation analyses[J]. Psychological methods,2002,7(1):64-82.

第9章图表来源

图9-1源自:笔者根据 CHEN S Y. Using the sustainable modified TAM and TPB to analyze the effects of perceived green value on loyalty to a public bike system[J]. Transportation research part A: policy and practice,2016,88:58-72;DAVIS F D. Perceived usefulness, perceived ease of use, and user acceptance of information technology[J]. MIS quarterly,1989,13(3):319-340;AJZEN I. Constructing a TPB questionnaire: conceptual and methodological considerations[D]. Amherst: University of Massachusetts Amherst,2002;AJZEN I. The theory of planned behavior[J]. Organizational behavior and human decision processes,1991,50(2):179-211;劳可夫. 消费者创新性对绿色消费行为的影响机制研究[J]. 南开管理评论,2013,16

(4):106-113 修改绘制.

图 9-2 源自:笔者根据调查问卷发放情况绘制[底图源自标准地图服务网站,审图号为 GS(2019)3333 号].

图 9-3 源自:笔者根据图 9-1 绘制.

表 9-1 源自:问卷调查.

表 9-2 源自:AMOAKO-GYAMPAH K, ACQUAAH M. Manufacturing strategy, competitive strategy and firm performance: an empirical study in a developing economy environment[J]. International journal of production economics, 2008, 111 (2):575-592; SHIH H P. An empirical study on predicting user acceptance of e-shopping on the web[J]. Information & management, 2004, 41(3):351-368; YOON C. Theory of planned behavior and ethics theory in digital piracy: an integrated model[J]. Journal of business ethics, 2011, 100(3):405-417.

表 9-3 源自:变量信度和效度检验.

表 9-4 源自:CARMINES E G, MCIVER J P. Analyzing models with unobserved variables: analysis of covariance structures [M]//BOHRNSTEDT G W, BORGATTA E F. Social measurement: current issues. Beverly Hills: Sage Publication, 1981; HU L T, BENTLER P M. Cutoff criteria for fit indexes in covariance structure analysis: conventional criteria versus new alternatives[J]. Structural equation modeling: a multidisciplinary journal, 1999, 6(1):1-55; MCDONALD R P, RINGO HO M H. Principles and practice in reporting structural equation analyses[J]. Psychological methods, 2002, 7(1):64-82; 吴明隆. 结构方程模型:AMOS 的操作与应用[M]. 重庆:重庆大学出版社, 2009.

表 9-5 源自:结构方程模型检验结果.

10　准行政区划视角下开发区的管理问题研究

开发区（Development Zone）是政府为吸引外部生产要素、加快经济发展而划定的享受特殊经济政策、实施特殊经济管理、开展特定经济活动的专门区域[1]。在中国，开发区主要指纳入《中国开发区审核公告目录》、由国务院或省（自治区、直辖市）人民政府批准设立的经济技术开发区、高新技术产业开发区、边境经济合作区、旅游度假区、海关特殊监管区等。不过，广义上的开发区还包括一些其他政府层级或部门设立的园区或按照开发区性质运行的城市新区等。本章所讨论的开发区指广义上的开发区。

开发区源自国外的出口加工区（Export Processing Zone）和特殊经济区（Special Economic Zone），是冷战和全球产业分工转型的产物[2-3]。目前，开发区已经成为中国对外开放的重要窗口和实施创新驱动发展战略的重要载体，不仅在中国的经济社会发展中有重要地位，而且已经成为中国"走出去"的过程中输出中国经验的重要内容[4]。因此，开发区是国内外学者长期关注的议题。其中，一些研究主要将开发区作为一种功能区，探讨其对经济增长的作用[5]；还有一些研究则将开发区作为一种特殊的制度空间，探讨地方政府在开发区发展中的作用[6]，中央—地方政府以及不同地方政府之间的政治博弈[7-9]；还有一些学者将开发区作为不完整的城市化区域，考察开发区的产城融合问题[10]及其对农村地区城市化的推动作用[11]。此外，部分学者分析了开发区与行政区间的关系[12]，尤其是管理中面临的矛盾和困惑[13-16]。不过，现有研究很少将开发区看作一种功能不完全的行政区并从行政区划角度探讨解决之道。本章尝试基于准行政区划的相关理论视角，通过将开发区看作一种特殊的行政区来探讨推进开发区产城融合和完善开发区行政管理的路径。

10.1　中国开发区的概况及其面临的行政管理问题

10.1.1　中国开发区的类型和数量

根据国家发展和改革委员会、科技部、国土资源部、住房和城乡建设部、商务部、海关总署联合发布的《中国开发区审核公告目录》（2018年版），2018年中国共有国家级开发区552家，省（自治区、直辖市）级开发区

1 991家。从功能上看,国家级开发区包括经济技术开发区(起始于1984年9月,共219家)、高新技术产业开发区(起始于1988年,共156家)、海关特殊监管区域(起始于1990年6月,共135家)、边境/跨境经济合作区(起始于1992年3月,共19家)和其他类型开发区(起始于1989年5月,共23家)等类型,且以经济技术开发区和高新技术产业开发区为主(图10-1);省级开发区则主要包括经济开发区和产业园区两类。

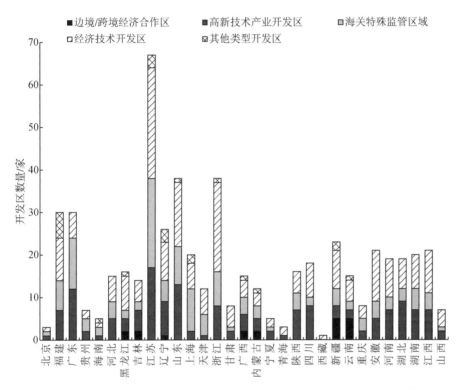

图10-1 2018年中国各省份(自治区、直辖市)不同类型国家级开发区的数量

10.1.2 中国开发区的发展阶段

中国开发区的发展主要经历了四个阶段(图10-2):①1984—1991年。1984年5月4日中共中央、国务院批转《沿海部分城市座谈会纪要》,提出"逐步兴办经济技术开发区",标志着国内各地开始兴建开发区。②1992—2002年。在1992年邓小平南方谈话之后的10多年时间里,中国的开发区数量快速增长。③2003—2007年。2003年《国务院办公厅关于暂停审批各类开发区的紧急通知》(国办发明电〔2003〕30号)、《国务院办公厅关于清理整顿各类开发区加强建设用地管理的通知》(国办发〔2003〕70号)相继出台,2005年国家发展和改革委员会同国土资源部和建设部制定《清理整顿开发区的审核原则和标准》,全国范围内的开发区数量增长开始趋缓。④2008年至今。自2008年商务部发布《省级开发区升级为国家级经济技

术开发区的审核原则和标准》和2009年科技部会同国土资源部、住房和城乡建设部联合制定《国家高新区扩区、改变区位和省级高新区升级的审批原则和审批程序》以来,开发区的增长重新加快。同时,为发展更高层次的开放型经济、加快形成国际竞争新优势,国家日益重视开发区的转型升级,有关部门先后发布《国务院办公厅关于促进国家级经济技术开发区转型升级创新发展的若干意见》(国办发〔2014〕54号)、《国务院办公厅关于完善国家级经济技术开发区考核制度促进创新驱动发展的指导意见》(国办发〔2016〕14号)、《国家级经济技术开发区综合发展水平考核评价办法》(商资函〔2016〕192号)、《国务院关于推进国家级经济技术开发区创新提升打造改革开放新高地的意见》(国发〔2019〕11号)、《国务院关于促进国家高新技术产业开发区高质量发展的若干意见》(国发〔2020〕7号)等文件。

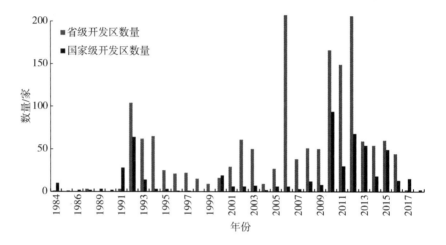

图10-2　1984—2018年中国每年新增的开发区数

注:2006年和2012年省级开发区数量超过了200家(分别为590家和206家),受坐标轴长度限制,这两个年份的柱状图未完整显示。

10.1.3　中国开发区与行政区的关系

开发区的行政管理问题集中体现为开发区与行政区之间的张力。开发区作为一种主要用于招商引资和推动产业发展的功能性区域,一方面具有一系列自主的行政管理权力(尤其是在招商、税收、土地管理等方面),另一方面又缺乏明确的行政区划边界和完整的行政管理职能,导致其在提供社会服务等方面存在天然的局限性。

总体上,可以按照空间范围将开发区与传统行政区之间的关系划分为以下四种:①开发区处于单个行政区之内。目前中国绝大多数开发区都是从城区中切块设立,一般由开发区管理委员会直接负责其招商引资相关的职能,而以开发区所在城区负责区内的社会公共服务职能。②开发区占据行政区主体。一些开发区的设立主要承担推动城市扩张和新城建设的功能，因此其范围与城市新区的范围基本重合，且很快通过与周边乡镇合并后成为城市新区。如广州市原萝岗区和鄂尔多斯市康巴什新区分别由广州开发区和青春山经济技术开发区转变或扩展后成立。③开发区包含多个区块且隶属于多个行政区。一些开发区为了统一管理、提升竞争力、享受更多的国家优惠措施，将不同地区的园区整合打包，出现了"一区多园"的情况。如上海市先后三次将不同知识经济集聚区域纳入张江国家自主创新示范区管理范围，形成了包含张江核心园、漕河泾园、金桥园、闸北园、青浦园、嘉定园、杨浦园、长宁园、徐汇园、虹口园、闵行园、松江园、普陀园、陆家嘴园、临港园、奉贤园、金山园、崇明园、宝山园、世博园、黄浦园和静安园在内的总面积约为 531 km^2 的"一区二十二园"，上海所有区县都有张江国家自主创新示范区的分园。类似地，中关村国家自主创新示范区包含海淀园、昌平园、顺义园、大兴亦庄园、房山园、通州园、东城园、西城园、朝阳园、丰台园、石景山园、门头沟园、平谷园、怀柔园、密云园和延庆园"一区十六园"；天津国家自主创新示范区也包含在天津市各区县及滨海新区分布的 21 个分园。④跨行政区设立的合作性园区。目前，一些经济较为发达、招商引资经验丰富的开发区开始在一些土地资源充足、经济发展相对落后的其他行政区设立开发区分园或合办开发区，如苏州工业园区、深汕特别合作区、上海漕河泾新兴技术开发区海宁分区等跨国或跨省市合作运营的开发区。

从行政隶属关系上看，开发区与行政区主要存在两类关系：一是开发区与行政区合署办公并统一管理。如广州开发区与广州市原萝岗区、沈阳市开发区与铁西区、绍兴袍江开发区与越城区采取合署办公的方式。二是以开发区管理委员会为派出机构，专门负责开发区的部分行政管理职能。目前，中国绝大多数开发区都采取这一管理方式。其中国家级开发区管理委员会有的是省政府的派出机构但由开发区所在的市代管，有的是所在市政府的派出机构且由市直接管理；除少部分省级经济开发区的管理机构为事业单位外，大部分省级经济开发区由作为同级党委、政府的派出机构的党工委、管理委员会管理，管理委员会往往按照有关规定行使所在地政府相应的市级或县级经济管理权限和行政管理职能，直接对市委、市政府或县(市、区)委、县(市、区)政府负责。此外，一些开发区托管其所辖(下级)行政区。开发区托管是指地方党委、政府在不改变行政区划现状的情况下，由当地政府将相关的一个或几个行政区的部分区域划归开发区管理，该开发区管理委员会在托管区域内享有一级政府的权限，全面负责所托管区域的党政、经济和社会事务，地方政府仅保留基于行政区划名义上的领导权和监督权[1]。以江苏省为例，26 个国家级开发区中有 17 个采用行政托管模式，共托管 19 个乡(镇)、20 个街道。

10.1.4 中国开发区行政管理面临的主要问题

开发区与行政区的分立产生了一系列行政管理问题。

首先,开发区的行政管理责权配置不明晰,缺乏法律依据和体制保障。目前开发区主要由管理委员会管理。但是,按照《中华人民共和国地方各级人民代表大会和地方各级人民政府组织法》规定,管理委员会在实际的职责运作中既非拥有法定的职权,也非符合法定程序要求的行政主体;既非一级独立政府,也非委托机关。因此,管理委员会的性质、地位、权限和资格缺乏法律依据和主体资格[17-18],开发区很多内设机构无上级归口部门,容易导致纵向管理机制不畅。2014 年《最高人民法院关于审理涉及国有土地使用权合同纠纷案件适用法律问题的解释》第二条也明确规定,开发区管理委员会作为出让方与受让方订立的土地使用权出让合同,应当认定无效。

其次,开发区为了提高其招商引资和产业发展的效率,其管理委员会主要掌管税收、规划及土地流转等职能,而缺失对于公共服务、社会保障乃至民间纠纷的处理职能,容易造成经济建设与社会责任"一条腿长、一条腿短"的产城融合问题[10, 19-21]和开发区与周边乡镇发展不平衡问题[13]。如石家庄高新技术产业开发区(以下简称"高新区")托管栾城县的郄马镇后,后者的人事权、财政权归高新区,人民代表大会、政协代表委员的关系在栾城县,而 2 万多个农民户籍却被托管到与高新区邻近的裕华区。

最后,不同类型开发区的管理部门不同,开发区的管理级别也不统一。一方面,目前国家经济技术开发区和边境经济合作区的主管部门是商务部,国家高新技术产业开发区的主管部门是科技部;海关、工商、税务、烟草、交通、盐业、审计、环保等部门对开发区的特定功能有管理职能。另一方面,开发区管理委员会的负责人多由所在政区的主要官员兼职,存在低职高配的现象,部分开发区还由国有企业管理。如长春汽车经济技术开发区是由长春市委、市政府与中国第一汽车集团有限公司(以下简称"一汽")合作共建的省级开发区,由一汽主厂区、绿园区锦程街道办事处、高新区汽车研发园和 3 个省级开发区(原长春汽车经济贸易开发区、绿园区汽车产业开发区、四平市范家屯经济开发区)组成,是全国首个政企共建的开发区,其管理主体既包括政府官员,也包括企业管理人员。这些多样的管理层级和管理主体级别给开发区的统一管理造成巨大困难。

10.2 准行政区划的概念及分析框架

行政区划(Administrative Division)一般被定义为国家行政机关为实行分级管理而进行的区域划分[22-24],兼具管理与空间的双重属性[25-26]。从字面上看,行政区划为动词,即从行政上划分区域的行为与过程,但在使用过程中往往作为名词,即行政区域(Administrative Region),简称"行政区"或"政区"。尽管"行政区划"的概念是十分浅显易懂甚至不证自明的,但是学术界往往将行政区划作为一个约定俗成的术语,对其具体范畴反而没有进行严格的定义[27],从而产生一些认识上的分歧或讨论的盲区。例如,哪些级别——宪法、国务院、民政部还是地方政府所划分的区域才能算作行政区划?具有哪些(部分还是全部)管理功能——行政命令上传下达、人口流动、财税收缴、社会保障的区域划分才算是行政区域?区域是否需要具备明确的边界、排他的权属、连续的幅员才能算作行政区划?行政区划是仅指对陆上区域的划分还是也包含水体乃至天空?基于对这些问题的深入思考,周振鹤和刘君德两位国内研究行政区划的大师不约而同地提出行政区划有广义和狭义之分[27-28]——狭义的行政区划是指国家划定的正式的行政管理区域,在当前中国就是"省—市—县(区)—镇(乡)"的行政等级序列;广义的行政区划则是指由政府划分的具有行政管理功能的所有区域,不仅包括狭义的行政区划,而且包括除狭义行政区划之外的准行政区划。

准行政区划是指由政府划分的具有行政管理功能而又未被列入正式行政区划体系内的区域。这一概念与一些研究[29-30]中的"功能区"概念有重合之处。首先,"功能区"概念一般有两个源流:一是区域经济研究,指那些具有密切的内部交互作用的区域,通常特指地方就业市场(Local Labor Market),可以根据就业率、通勤区间和可达性等指标加以界定[31-32];另一个是城市或区域规划中的功能分区[33],如主体功能区和城市规划中的用地分类(Zoning)等。不过,功能区与本章所讨论的准行政区划之间存在差别。首先,功能区往往是自发形成或根据区内要素同质性所划分的,而准行政区划是由政府划分、主要受政府管理的,区内不一定有同质性。其次,功能区的空间边界不必十分明晰、严格,但是由于地理空间划分是行政责权划分的前提,因此准行政区划必须具有明晰的地理边界。最后,功能区包含但是又不仅仅基于行政管理功能划分,且往往指代的是经济等非行政功能。基于类似的逻辑,本章将缺少明确地理边界的政策空间或政治区如城市群、国家空间系统[34]、虚拟区域[35](Virtual Region)和基本经济区[36]也排除在"准行政区划"概念之外。

为了更好地理解准行政区划的概念及其类型,本章构建了一个三维的概念框架(图10-3)。根据行政区划的定义,本章将行政区划细分为行政层级、行政主体和行政功能三个维度①。基于这三个维度,可以区分出三类与狭义行政区划相对的准行政区划。第一,对于具有完整的政府行政功能但是不在正式行政区划层级体系的准行政区划,可以将其称为"次"行政区划。"次"行政区划的行政主体就是正式的地方政府,但是政府的级别超出了国家规定的正式行政机关的层级体系,如古代根据行政区的重要程度、距离都城的距离及其人口财富规模等划分的"赤畿望紧"[37]是被普遍承认的行政级别,但是未被纳入正式的"郡—县"或"道(镇)—州(府)—县"

等层级体系中;再如当代的副省级市、县级市或"省管县"的行政级别和部分权限分别高于普通的地级市或普通的"市带县",但是这些级别都未被纳入宪法所规定的行政级别序列。第二,对于具有行政管理职能但是行政主体不是一级政府的准行政区划,可以将其称为"虚"行政区划。如古代的监察区主要负责监察各地官员的政绩[37],但是没有明确、正式的政府机构设置;再如中华人民共和国成立早期的"单位"和当代的街道办事处行使了很多社会事务的行政管理职能,但是其行政主体只是一级政府的派出机构。此外,长江经济带和长三角地区虽然承担着推进跨省市合作治理和社会服务均等化等功能[38-39],但执行这些功能的主体是推动长江经济带发展领导小组办公室、长三角地区合作与发展联席会议办公室等临时设立的机构。第三,对于行政主体不但不是一级政府而且仅行使部分行政管理职能的准行政区划,可以将其称为"半"行政区划。如北魏的军镇[40]和宋朝的发运司等财政督理区[41]不仅不是正式的地方政府,而且分别主要掌管边疆地区守卫和转漕工作等特定行政管理职能;再如,改革开放前政企合一的矿区和管理渔民的渔民行政区[42]、近期出现的为推进水环境治理的"河长"、承担国家重大发展和改革开放战略任务的国家级新区和对用地开发进行法律约束的主体功能区及控制性详细规划分区等也都是"半"行政区划的例子。目前的开发区往往通过开发区管理委员会对区内的对外招商、土地批租等工作进行行政管理[43],也属于"半"行政区划之列。

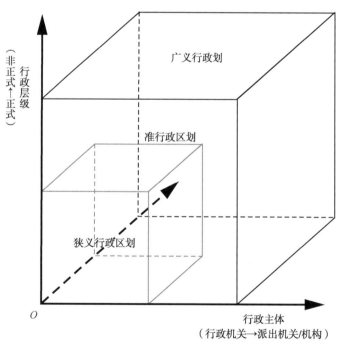

图 10-3　准行政区划的概念模型

可以将"准行政区划"的概念置于西方三个相辅相成的理论视角下理解：

第一，领域的质量（Quality）与领域的生产提供了理解准行政区划（尤其是半行政区划）的理论基础。早期研究一般将领域理解为被管制的有界空间[44]。近年来，以斯图亚特·埃尔登（Stuart Elden）为代表的西方学者对领域概念进行了系统反思和深入辨析[45-47]，从两个方面对领域的内涵进行了扩展：一方面，领域受测量方式和控制技艺（法律、监控等）等的影响而存在不同质量[45]（Qualities）、内容[48]（Content）或维度[49]（Dimension）。对空间的领域化控制或管理可以只针对部分维度，不同维度控制或管理功能所对应的空间边界也可以错位，如上海市政府对于辖区内的军事管理区、领事馆、长江航道、机场与领空、综合保税区乃至一些国有企业和外资企业都没有全部的行政管理权限。基于这一视角，行政区划并非是一个均质的区域，而是多种行政管理功能（如财税征收、土地开发管理和人口流动控制）在空间上交叠而成的"马赛克"。如果行政区划仅涵盖部分行政管理功能或领域维度，那么它就是准行政区划（更确切地说是半行政区划）。另一方面，领域不仅是空间，而且是实现空间控制和管理的策略、方式或技术，或是不同历史时期社会建构过程的产物。从这一视角出发，行政区划不是一步到位、始终不变的，而是存在从试行到正式设立的过程和因地制宜的变通。如果行政区划未被正式确立或发生了变异，那么它往往也表现为准行政区划的形式。

第二，尺度的"二次抽象"和尺度重构理论为理解准行政区划的层级关系及其变动提供了另一个理论视角[50]。尺度一般指地理现象或过程的空间范围。当讨论单一区域的尺度时，其含义近似于领域的幅员。与领域存在不同维度类似，尺度也有不同的维度，如区域面积、行政等级、网络中心性等。不过，尺度更重要的理论意义在于它是一个相对的概念，隐含着不同尺度耦合形成的格式塔（Gestalt）。此时，尺度应该被理解为沿着不同维度对地理现象或过程的空间范围所进行的"二次抽象"[51]（Second Abstraction）。基于尺度的二次抽象视角，行政区划的级别有不同的形式和等级序列。如除了行政管辖的等级关系外，还有按重要性划分的行政级别和一些等级性不太明显的行政类型（如民族自治县与普通县的差别），并将重要性不同的行政区划抽象为新的等级结构。如果行政区划的等级属性不属于法定行政等级序列，那么它就是准行政区划（更确切地说是次行政区划）。尺度重构理论则能够很好地解释各种准行政区划的变动和调整过程。根据尺度重构的方向变化，可以将尺度重构进一步区分为尺度上推、尺度下推和尺度重组等类型[52-53]。对于那些等级性不强的尺度重构过程，仍然可以根据约定俗成的等级差异将其划分为尺度上推和尺度下推过程，或讨论名义性质的尺度（如表达、合法性）重构[54-55]。因此，虽然很多准行政区划的等级性不够明晰，仍然可以在尺度重构的理论下讨论其演变和调整的相关问题[50]。实际上，此前已经有研究采用尺度重构的视角分析国家级新区[56-58]、产业园区[59]和新城[43]等准行政区划的演变过程。

第三,政治学、组织社会学和制度经济学中关于中国行政治理的逻辑和"中央—地方"关系的研究,尤其是周雪光归纳的"中华帝国的治理逻辑"[60],为理解准行政区划的形成机制和运行逻辑提供了重要参考。周雪光从帝国治理面临的组织困境、制度安排和制度转化机制方面归纳了中国历史上国家治理逻辑的三对关系——"委托与代理""正式与非正式""名与实"。作为疆域庞大的国家,中国在治理中面临着"规模之累"和"威权体制与有效治理"的矛盾[61-62],须采用"委托—代理"的形式实现中央集权和地方的灵活治理。然而,在"委托—代理"的过程中存在信息不对称和交易成本高昂等问题,使得国家在统一性与灵活性的张力之间面临集权和放权的两难。为了应对这一难题,中央在正式制度之外形成了各种非正式治理形式,并通过正式制度与非正式制度、名(合法性)与实(灵活性)的转化实现中央集权与灵活治理的平衡。受制度黏性和路径依赖等影响,中国的治理逻辑分析框架不仅对古代政治过程具有解释力,对理解当前的很多非正式治理(如项目制[63-64]、运动型治理[65-66]、变通[67]等)的形成演变也具有重要的参考意义。此外,尽管现有研究侧重于研究财政资源分配和官僚制度等治理形式,但是由于制度必然存在空间投射、制度变迁必然存在空间效应[68-69],因此上述理论对于理解准行政区划同样具有启发意义。准行政区划就是中央在处理"委托—代理"矛盾和"中央—地方"关系时所形成的非正式治理的空间形式。上层政府通过设立一系列非正式的行政区划既能够赋予下层政府解决地方问题、推动地方发展的灵活性和积极性,又能够避免对行政区划体系的稳定性和合法性造成过大的冲击。这一过程与周雪光等讨论的并税制、项目制和运动型治理等机制一脉相承、互为表里,都是国家实现中央集权与地方灵活治理之间平衡的重要方式。

10.3 准行政区划视角对开发区行政管理的启示

根据准行政区划的界定,开发区是典型的准行政区划。为了加快开发区的发展速度、提高招商引资中的竞争力,开发区的管理部门(主要是管理委员会)往往只有部分行政管理功能(如招商、财税和土地)或仅作为政府派出机构运行的非正规部门(如办事处、委员会等),而非宪法所规定的国家权力机关。因此,与准行政区划的定义比对可知,开发区作为行政管理灵活化的产物,是一种准行政区划(更具体而言,开发区一般是半行政区划)。

尽管开发区管理委员会承担了重要的行政管理职能,但是由于其中以民政部门为依托、负责社会服务的行政管理部门较少,因此始终未被纳入民政部区划地名司或基层政权和社区建设司的管辖范围。相反,民政部门更多地将开发区看作尚未理顺的行政区划关系和有待规范清理的对象。除个别开发区(如浦东新区、广州经济技术开发区)后续转为正式的行政区外,大多数开发区始终没有被作为一种独立的行政区划类型纳入民政部管理。

笔者认为,准行政区划视角有助于民政部门理顺开发区与城区的关系,民政部应该调整对开发区的认识,并从以下几个方面入手来加强对开发区的管辖:

首先,民政部应该在承认准行政区划存在必要性的基础上,探索准行政区划在正式政区中的定位及其治理需求。由于准行政区划承担着重要的行政管理功能,也对正式行政区划的正常运作具有重要影响,因此不能简单以准行政区划不是民政部的管辖对象而对其不予理睬。实际上,民政部的区划地名司有责任"提出行政区划总体方案和体制改革建议",基层政权和社区建设司也有责任"指导社区服务体系建设",那么开发区的行政区划设置合理性、开发区内科教文卫等配套服务的设置就理应是民政部门所要考虑的问题。因此,应该调整认识,将开发区作为正式行政区划中较为特殊的一类区域,制定符合其需求和发展阶段的行政区划方案,明确对这些区域行使的管辖权限和服务责任。

其次,民政部应该组建团队,设立部分科研项目,增强对开发区与城区之间关系的长期深入研究。其中,尤其值得研究的问题包括:①开发区的行政管理配置标准。根据2019年12月3日民政部部务会议通过的《行政区划管理条例实施办法》,市辖区设立标准的设定应考虑人口规模结构、经济社会发展水平、资源环境承载能力、国土空间开发利用状况、基础设施建设状况和基本公共服务能力等。然而,开发区往往经济发展水平高而公共服务能力弱,其人口多将开发区作为工作地,如果单纯以居住地为标准统计人口规模会严重低估开发区的行政管理需求。因此,应该针对这些情况,摸索合理的开发区行政区划设定和行政管辖功能配置水平,适当放宽某些已经具有较多居住人口的开发区"转正"的条件。②开发区行政管理中面临的短板和困境。针对开发区以商务活动人口为主的特征,评估区内人员的社会服务配套需求,识别社会服务的多头管理或缺乏明确责任主体等问题。③评估开发区在打破行政界限和提高经济活动效率中的作用,摸索优越的开发区行政管理模式。通过案例分析和比较分析,找出值得推广的开发区管理模式,按照开发区的发展阶段及其具体行政管理功能理顺开发区在正式行政区划体系中的隶属关系,为更好地发挥开发区推动经济发展和跨行政区协作中的机构灵活性和功能精简性提供思路。

最后,民政部应明确开发区的行政区域界线,优化开发区的地名管理。尽管准行政区划没有被算作正式的行政区划体系,但是仍然处于正式的行政区划体系中,如开发区的社会事务往往由所在区代管。然而,目前开发区往往只有模糊的四至范围,缺少明晰的空间边界和统一的地名规划,也没有太多以开发区为统计单元的社会人口统计资料,不利于对开发区的社会事务加以管理。为此,应该加强对开发区的边界划分、社会人口统计和地名管理工作,借助开发区新建空间的优势,推行更为科学、系统的地名编码方案和统计区划分方案。

(执笔人:王丰龙、刘云刚、张吉星)

［本部分内容得到国家自然科学基金项目(42071187)、国家社会科学基金重大项目(15ZDA032)、上海市教育发展基金会和上海市教育委员会"晨光计划"(18CG28)、上海市2020年度"科技创新行动计划"软科学项目(20692108500)和中央高校基本科研业务费专项资金资助］

第10章注释

① 由于缺少明确地理边界的区域不属于准行政区划,也就没必要将是否有明确的地理空间作为理解准行政区划的维度。

第10章参考文献

［1］胡丽燕. 开发区托管行政区:因果透视与改革思路:基于法律地位与性质分析的视角［J］. 经济地理,2016,36(11):62-68.

［2］SKLAIR L. Free zones, development and the new international division of labour［J］. The journal of development studies, 1986, 22(4):753-759.

［3］NEVELING P. Export processing zones, special economic zones and the long march of capitalist development policies during the Cold War［M］// JAMES L, LEAKE E. Decolonization and the Cold War: negotiating independence. New York: Bloomsbury Academic, 2015:63-84.

［4］WANG X P, ZHU K, LI Y C, et al. Applicability and prospect of China's development zone model in Africa［J］. Chinese geographical science, 2017, 27(6):860-874.

［5］ZHENG G, BARBIERI E, DI TOMMASO M R, et al. Development zones and local economic growth: zooming in on the Chinese case［J］. China economic review, 2016, 38:238-249.

［6］DENNIS WEI Y H. Zone fever, project fever: development policy, economic transition, and urban expansion in China［J］. Geographical review, 2015, 105(2):156-177.

［7］YOU-REN YANG D, WANG H K. Dilemmas of local governance under the development zone fever in China: a case study of the Suzhou region［J］. Urban studies, 2008, 45(5/6):1037-1054.

［8］ZHANG J F. Interjurisdictional competition for FDI: the case of China's "development zone fever"［J］. Regional science and urban economics, 2011, 41(2):145-159.

［9］NGO T W, YIN C Y, TANG Z L. Scalar restructuring of the Chinese state: the subnational politics of development zones［J］. Environment and planning C: politics and space, 2017, 35(1):57-75.

［10］孔翔,杨帆. "产城融合"发展与开发区的转型升级:基于对江苏昆山的实地调研［J］. 经济问题探索,2013(5):124-128.

［11］ZHU Y. In situ urbanization in rural China: case studies from Fujian province［J］. Development and change, 2000, 31(2):413-434.

[12] 朱孟珏,周春山. 我国城市新区开发的管理模式与空间组织研究[J]. 热带地理, 2013,33(1):56-62.

[13] 林拓,刘君德. 开发区与乡镇行政体制关系问题研究[J]. 经济地理,2002,22(2): 196-199.

[14] 程郁,吕佳龄. 高新区与行政区合并:是体制复归,还是创新选择[J]. 科学学与科学技术管理,2013,34(6):91-101.

[15] 王卉青,牛玉兵. 论政区合一型开发区管理模式的体制回归风险与应对[J]. 辽宁行政学院学报,2014,16(11):25-26.

[16] 曹前满. 论城镇化进程中我国开发区的成长困惑:归属与归宿[J]. 城市发展研究,2017,24(2):40-46.

[17] 胡丽燕,王开泳. 开发区托管的不良后果与改革路径[J]. 城市发展研究,2016,23 (11):10-12,18.

[18] 朱泳,姜诚. 论开发区的法律地位与开发区的政区化[J]. 江汉大学学报(社会科学版),2009,26(3):79-84.

[19] WONG S W, TANG B S. Challenges to the sustainability of "development zones": a case study of Guangzhou Development District, China[J]. Cities, 2005, 22(4): 303-316.

[20] 李文彬,陈浩. 产城融合内涵解析与规划建议[J]. 城市规划学刊,2012(7): 99-103.

[21] 庞明礼,徐干. 开发区扩张、行政托管与治权调适:以H市经济技术开发区为例 [J]. 郑州大学学报(哲学社会科学版),2015,48(2):66-70.

[22] 刘君德. 中国行政区划的理论与实践[M]. 上海:华东师范大学出版社,1996.

[23] 刘君德,冯春萍,华林甫,等. 中外行政区划比较研究[M]. 上海:华东师范大学出版社,2002:1-470.

[24] 朱建华,陈田,王开泳,等. 改革开放以来中国行政区划格局演变与驱动力分析 [J]. 地理研究,2015,34(2):247-258.

[25] 罗震东. 改革开放以来中国城市行政区划变更特征及趋势[J]. 城市问题,2008 (6):77-82.

[26] 叶林,杨宇泽. 中国城市行政区划调整的三重逻辑:一个研究述评[J]. 公共行政评论,2017,10(4):158-178.

[27] 周振鹤. 行政区划史研究的基本概念与学术用语刍议[J]. 复旦学报(社会科学版),2001,43(3):31-36.

[28] 刘君德,舒庆. 论行政区划、行政管理体制与区域经济发展战略[J]. 经济地理, 1993,13(1):1-5.

[29] 陈浩,张京祥. 功能区与行政区"双轨制":城市政府空间管理与创新:以南京市区为例[J]. 经济地理,2017,37(10):59-67.

[30] 谢涤湘,谭俊杰,楚晗. 粤港澳大湾区城市群行政区划体制改革研究[J]. 规划师, 2019,35(8):44-50.

[31] KARLSSON C, OLSSON M. The identification of functional regions: theory, methods, and applications[J]. The annals of regional science, 2006,40(1):1-18.

[32] CÖRVERS F, HENSEN M, BONGAERTS D. Delimitation and coherence of functional and administrative regions[J]. Regional Studies, 2009, 43(1):19-31.

[33] SHURTLEFF F. The law of city planning and zoning[J]. American political science review，1923，17(3)：486-487.

[34] 罗志刚. 全国城镇体系、主体功能区与"国家空间系统"[J]. 城市规划学刊，2008(3)：1-10.

[35] 田冬，罗小龙，杨效忠，等. 虚拟区域与城市竞合研究：对扬州区域发展战略的实证研究[J]. 世界地理研究，2010，19(4)：98-105.

[36] CHI C T. Key economic areas in Chinese history，as revealed in the development of public works for water-control[M]. New York：A. M. Kelley Publishers，1936：1-168.

[37] 周振鹤. 体国经野之道：中国行政区划沿革[M]. 上海：上海书店出版社，2009.

[38] 王丰龙，曾刚. 长江经济带研究综述与展望[J]. 世界地理研究，2017，26(2)：62-71.

[39] 曾刚，王丰龙. 长三角区域城市一体化发展能力评价及其提升策略[J]. 改革，2018(12)：103-111.

[40] 牟发松. 北魏军镇起源新探[J]. 社会科学，2017(11)：129-141.

[41] 高敏. 十六国时期的军镇制度[J]. 史学月刊，1998(1)：16-25.

[42] 陈冰. 20世纪50年代中国渔民行政区置废初探[J]. 中国历史地理论丛，2019，34(7)：99-113.

[43] 张京祥，陈浩，胡嘉佩. 中国城市空间开发中的柔性尺度调整：南京河西新城区的实证研究[J]. 城市规划，2014，38(1)：43-49.

[44] PAINTER J. Rethinking territory[J]. Antipode，2010，42(5)：1090-1118.

[45] ELDEN S. The birth of territory[M]. Chicago：University of Chicago Press，2013.

[46] STOREY D. Territories：the claiming of space[M]. New York：Routledge，2012：1-256.

[47] 刘云刚，王丰龙. 政治地理学中的领域概念辨析[J]. 人文地理，2019，34(1)：14-19.

[48] RAFFESTIN C，BUTLER S A. Space，territory，and territoriality[J]. Environment and planning D：society and space，2012，30(1)：121-141.

[49] PAASI A. Constructing territories，boundaries and regional identities[M]//FORSBERG T. Contested territory：border disputes at the edge of the Former Soviet Empire. Aldershot：Edward Elgar，1995：42-61.

[50] 王丰龙，刘云刚. 中国行政区划调整的尺度政治[J]. 地理学报，2019，74(10)：2136-2146.

[51] 王丰龙，刘云刚. 尺度概念的演化与尺度的本质：基于二次抽象的尺度认识论[J]. 人文地理，2015，30(1)：9-15.

[52] 刘云刚，王丰龙. 尺度的人文地理内涵与尺度政治：基于1980年代以来英语圈人文地理学的尺度研究[J]. 人文地理，2011，26(3)：1-6.

[53] 王丰龙，刘云刚. 尺度政治理论框架[J]. 地理科学进展，2017，36(12)：1500-1509.

[54] 刘云刚，王丰龙. 三鹿奶粉事件的尺度政治分析[J]. 地理学报，2011，66(10)：1368-1378.

[55] 张争胜,刘玄宇,牛姝雅. 尺度政治视角下中菲黄岩岛争端[J]. 地理研究,2017, 36(10):1915-1924.

[56] 殷洁,罗小龙,肖菲. 国家级新区的空间生产与治理尺度建构[J]. 人文地理, 2018,33(3):89-96.

[57] 王佃利,于棋,王庆歌. 尺度重构视角下国家级新区发展的行政逻辑探析[J]. 中国行政管理,2016(8):41-47.

[58] 晁恒,马学广,李贵才. 尺度重构视角下国家战略区域的空间生产策略:基于国家级新区的探讨[J]. 经济地理,2015,35(5):1-8.

[59] 李郇,谢石营,张丞国. 佛山管治尺度重整对产业空间分散化的影响[J]. 热带地理,2017,37(3):334-346.

[60] 周雪光. 从"黄宗羲定律"到帝国的逻辑:中国国家治理逻辑的历史线索[J]. 开放时代,2014(4):108-132.

[61] 周雪光. 权威体制与有效治理:当代中国国家治理的制度逻辑[J]. 开放时代, 2011(10):67-85.

[62] WONG C P W. Central‐local relations in an era of fiscal decline:the paradox of fiscal decentralization in Post-Mao China[J]. The China quarterly,1991(128): 691-715.

[63] 渠敬东. 项目制:一种新的国家治理体制[J]. 中国社会科学,2012(5):113-130.

[64] 周雪光. 项目制:一个"控制权"理论视角[J]. 开放时代,2015(2):82-102.

[65] 冯仕政. 中国国家运动的形成与变异:基于政体的整体性解释[J]. 开放时代, 2011(1):73-97.

[66] 周雪光. 运动型治理机制:中国国家治理的制度逻辑再思考[J]. 开放时代,2012 (9):105-125.

[67] 刘骥,熊彩. 解释政策变通:运动式治理中的条块关系[J]. 公共行政评论,2015,8 (6):88-112.

[68] 朱勍,胡德. 分权化过程对都市区空间结构和规划的影响:基于两种分权模式的考察[J]. 城市规划学刊,2011(3):81-86.

[69] 王丰龙,刘云刚. 异端空间的生产:福柯对中国政治地理学研究的启示[J]. 人文地理,2017,32(2):1-8.

第10章图片来源

图10-1、图10-2源自:笔者根据《中国开发区审核公告目录》(2018年版)整理绘制.

图10-3源自:笔者绘制.

11 优化基层区划助推超大城市精细化治理研究：以上海为例

中国快速率、巨规模、大差异的城镇化进程，让城市经济社会发展显示出日益复杂的景象。进入新时代，城市发展更是面临产业转型升级、技术创新加速、土地资源约束、民生需求多样、跨界发展管理、国际国内竞争等新问题，特别是超大城市作为国内国际双循环相互促进的核心节点，在当前全球新格局、城市区域化背景下其重要性凸显。如何在这种高速变动和复杂环境中提升超大城市的综合承载能力、守住城市管理的安全底线、提升城市运行的韧性标准、保障城市居民的生活服务、推以精细化思维优化基层区划至关重要。

11.1 超大城市基层区划面临的问题和挑战

"基础不牢、地动山摇。"超大城市高度的流动性、变动性、复杂性、风险性等特征，使得基层治理需要更为精巧科学的行政区划设置才能实现基层秩序与活力之间的平衡，进而影响到整个城市的运行，否则要么导致基层问题频频，要么使得行政管理成本过高。从超大城市基层区划近年来的突出问题及其未来挑战来看，主要有以下几个方面：

11.1.1 纵向治理体系需优化

为解决区县和街镇政府发展积极性问题，超大城市从20世纪90年代开始，纷纷探索了在中心城区和郊区分别推行"两级政府三级管理""三级政府三级管理"等政区层级之间的放权让利改革，这一城市的纵向层级改革极大地调动了基层政府的发展积极性，也取得了很好的成效。然而，随着城市化进程的推进以及城郊空间的重构，这一体制也面临一些新的挑战。例如，在经济空间格局上，超大城市中心城区在深度城市化过程中呈现产业高度服务化和空间高度融合化的趋势，而中心城区的"二级政府三级管理"的强属地化管理，则容易导致商圈、市场圈、公共服务圈等的割裂甚至碎片化，典型的案例包括位于上海市中心静安、普陀、长宁三区交界处的曹家渡商圈的衰落[1]。与此同时，超大城市郊区市辖区（一般面积比中心城区市辖区大十几倍）由于继续承担建设发展的重任（包括承担避免制造业空心化的重任),仍需要"三级政府三级管理"体制,甚至需要强化这一层级体制来继续激发市辖区的建设发展积极性。而中心城区和郊区都是市辖区建制,在"放管服"框架下权责体系差异类似,这显然为地域属性、发展特点和承担使命具有显著差异的城郊市辖区治理带来了挑战,因此,要更好地促进郊区在新一轮的"放权让利"改革中激发更多的自主性和积极性,则需要从市辖区体制上做考量。

11.1.2 基层政区存在治理资源非均衡分布的挑战

超大城市基层政区是指超大城市政区下辖的政区,包括市辖区以及市管县体制下所辖的县级市和县。改革开放以来,中国开启快速工业化和城镇化步伐,人口城镇化率从1978年的17.92%猛增到2019年的超过60%,可以说用41年的时间走过了西方百余年的城镇化发展历程,并且还将继续在城市化"诺瑟姆S形曲线"的规律下不断提升。在"地广人多"背景下高歌猛进的中国城市化,也一不小心、有意无意地形成了显著的超大城市现象,并在连锁反应下出现了超大城市内部的超大型市辖区(政区面积超过1 000 km² 的浦东新区、滨海新区、两江新区等)、超大型街镇(东莞市虎门镇、佛山市狮山镇、温州市龙港镇、上海市南汇新城镇等)、超大型社区(武汉百步亭社区、人口规模近80万人的"亚洲最大社区"——北京回天社区、上海大型保障房基地社区等)[2]。

由于中国的治理资源一般还是依据单个政区来进行配置,例如上海一个街镇的公务员数量大致为50—60名,包括设置一个相应的派出所、市场监督局、城管所,社区事务受理中心、社区卫生服务中心、社区文化活动中心等,而街镇规模的差异性则很大,最大的街镇面积达到150 km² 以上、人口为30余万人,而最小的几平方千米,人口为几万人。这使得治理资源与治理对象在空间体系上严重失衡,造成了基层治理诸多难题。此外,由于"直辖市下不辖市、市辖区下不辖区",也使得很多诸如浦东新区、滨海新区、两江新区等特大型市辖区在治理上面临一定挑战。

11.1.3 基层区划单元规模过大导致应急管理不力和公共服务不到位

中国超大城市在发展过程中有意无意地形成了诸多超大社区。虽然在实践中也有"大有大的管法、小有小的管法"的说法,但在应对新冠肺炎疫情等重大突发事件时,过大的区划单元规模可能就会带来社区韧性的不足,甚至突破管理底线,例如难以实现封闭式管理等。此外,基层区划单元规模过大,也影响了基本公共服务供给的"最后一公里",不仅降低了公共服务的可及性,而且难以更好地匹配社区居民的实际需求。

本章以2020年武汉新冠肺炎疫情为例,通过实证数据分析,探讨在规避重大公共卫生事件、提升应急管理能力的要求下,城市政区规模到底是偏大为好还是偏小为宜。根据数据所得性,以地级政区单元(地级市、地区行署、部分类比地级政区的省直辖单位)为主做一个规模大小与疫情防控相关性的分析。通过制作全国除湖北以外地区省级和省直辖建制的人口规模与百万人平均确诊病例数的散点图可以发现,新冠肺炎疫情确诊病例情况与城市规模呈现"侧U形"的分布关系,即在中小城市规模区间(100万人口以下),城市规模越小,百万人确诊病例数越高;中等城市规模区间(300万—500万人口)则正好位于"侧U形"的底部,即疫情扩散影响最小的规模区间;超过1 000万人的特大和超大城市则显示为人口规模越大,百万人确诊病例数越高[3]。

此外,从城市内部的市辖区空间规模与新冠肺炎确诊病例数之间的关联来看,以武汉市辖区人口密度与百万人确诊病例数的相关性来看,人口密度越高的市辖区,其百万人确诊病例数越高(图11-1)。可见市辖区设置上也应避免在政区撤并过程出现市辖区的人口高密度。

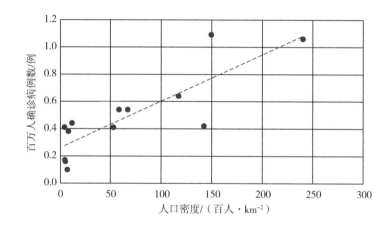

图11-1 武汉市市辖区人口密度与百万人确诊病例数之间的相关性

注:样本数为武汉市所有13个市辖区,包括江岸区、江汉区、硚口区、汉阳区、武昌区、青山区、洪山区、东西湖区、蔡甸区、江夏区、黄陂区、新洲区、经济技术开发区(汉南区)。从相关性计算,皮尔逊(Pearson)相关系数为0.84,呈现强相关的特点。

从上述分析中可知,在一定区间内,人口规模越小,百万人确诊病例数越高说明人口规模小的城市其防控资源和能力也越小,导致百万人确诊病例数高;而当超过一定区间,人口规模越大,百万人确诊病例数越高表明,人口规模大所带来的疫情扩散快成为影响疫情防控的主要因素,而防控能力随着人口规模增加而增长的边际效应越来越小。当然,500万人口的单体城市,可以说正好位于规模正效应边际最大与规模负效应边际最小的最优区间。由此,为更好地预防和抗击重大传染疾病,未来应避免盲目过快的县市改区,特别是城市人口规模接近1 000万人的城市应更加注意规模的机械扩张。对于超大城市市辖区而言,从增加城市安全感、打造健康城市的角度而言,则应控制市辖区的人口密度[3]。

11.1.4 城市郊区被撤制镇的发展和管理问题突出

21世纪以来,随着乡镇撤并在全国陆续推进,对于超大城市而言确实起到了做大乡镇工业园区、促进村民集中居住、农业向规模和大户集中等政策效果,但是不少基础较好的乡镇由于建制撤销和行政中心迁移,出现了严重的衰败,包括基础设施年久失修而严重影响安全管理、公共服务供给不足而严重影响老镇居民获得感、民俗文化遗产保护不力甚至破坏等。例如,有些被撤制镇的一些有影响力的农村传统文化活动逐渐被弱化甚至被取消;当地中学校舍常年失修导致其成为危房,最后使得教学活动无法进行,周边居民出现上学难;老镇街区的道路和公共设施更新滞后,导致消防车、急救车等应急特种车辆无法进入,路灯年久失修导致晚上安全问题凸显等。

11.1.5 村改居、乡改镇、镇改街道过快或滞后导致的问题

由于缺乏村改居、乡改镇、镇改街道等标准,一方面,建制转换滞后导致"城中村""城中镇"等城市精细化管理难题;另一方面,建制变更过快也导致乡镇建制的模糊以及超大型街道、农村型街道的存在。笔者曾在2019年做过一个以上海市居民为主要对象的441份的问卷调查,对于自己生活的小区,11%的调查者不知道自己居住在乡、镇还是街道;而对于自己工作的地点,19%的调查者不知道基层建制类型,分别还有1.36%和4.31%的调查者认为没有必要知道基层建制类型。另外,当被问到居住地从乡迁移到镇,或从镇迁移到街道时公共服务是否有变化时,有1/3以上的调查者认为没有变化或者无法判断。

此外,在基层政区建制调整中也出现了街道、镇、村、居之间空间交叉、犬牙交错等问题。在实际调研中,在一些省界毗邻地区,例如上海的金山区枫泾镇与浙江的嘉兴市新埭镇等就存在由于历史上农村土地划分问题而出现了空间的飞地,后来飞地成为倾倒垃圾的垃圾山,再后来两地通过毗邻党建等方式实现了垃圾山变生态公园。

11.1.6 重心下移中对基层区划的空间需求凸显

随着重心下移、资源下沉、权力下放的超大城市治理结构改革,基层也承担了很多改革创新任务,而这些任务的完成对基层空间架构提出了需求。一方面,没有合理的基层区划架构,易于导致资源下沉中空间配置的不合理;另一方面,没有相对稳定和科学的基层区划架构,极易导致基层空间在城市管理和服务的各类要求下出现碎片化、随意化、嬗变化等问题,进而影响城市治理效能。

11.2 优化超大城市内部基层区划的基本思路和政策路径

11.2.1 基本思路

改革的终极目标是通过基层政区的技术性调整,以最有效的方式为居民提供基础公共服务。最有效体现在两个方面:一是政府资源的最大化利用;二是社区居民接受服务的便利性、回应性和优质性。对于第一个方面,由于在现有体制下,政府社会服务资源的使用主要还是依托基层政区的层级和边界进行配置的,因此,必须设计相应的最为科学合理的基层政区层级、规模和边界,以实现资源的规模效应;对于第二个方面,则必须发挥居民的群众自治功能或积极引进非政府组织参与社会服务体系的建设。

根据这一目标,将超大城市基层政区改革的总体思路确立为"行政管理上移、社会管理下移、社会服务前移"。行政管理上移主要是指基层政区的相关行政性事务管理职能应逐步上收到区级层面(区委办局),解决街居"行政化"倾向的困境,腾出空间聚焦社会管理和服务;社会管理下移则是指区级部门应将相应的社会管理职能下移到街居,以解决街居"责大权小"的问题;社会服务前移是指在为居民提供社会服务时,应贴近基层、贴近社区,以便民利民为主要宗旨。

在改革原则上确立政区层级上下联动、政区规模科学划分、政区幅度在10个左右、政区建制适当创新(类似美国的特别区)、政区形态以圆形为主等原则。在改革步骤上采取分类、分步的改革路径,根据人口密度、区域类型、发展阶段等选择不同但较为典型的市辖区或街居先行进行改革试点,积累经验,再因地制宜地进行大范围推广。在改革过程中,基层政区调整只是一个载体,应更加注重相关的配套改革措施协调推进,包括法制、体制、机制、编制、人员分流、干部安置等。

11.2.2 内部基层区划优化路径一:探寻基层区划的理想单元分布

上海作为中国治理水平排在前列的超大城市,可以从其基层区划的演变和布局中找出一些规律性认识,以指导中国超大城市基层区划的调整与改革。根据上海基层政区人口、面积和幅度三个规模的分布规律来分析理想的超大城市基层区划规模和边界,可以得到以下规律:首先,目前上海在村居层面的人口规模较为稳定,大致为4 000—5 000人,这一规律说明村居这一层级目前的机构和人员配置在管理这一规模人口时是最为适宜的。因此,可以假定在基层政区的改革中村居为固定的一个层级和相应规模。其次,在这一前提下,根据中心地理论的行政原则,1个中心地管理7个次级中心地是行政效率最高的空间形态,因此,在村居层面之上的层级管理7个村居理论上效率较高,也由此可确定管理的人口规模大概是7×4 500

人=3.15万人。最后,根据15分钟社区服务圈的距离范围约束,要构建15分钟服务圈(便民利民的服务距离),大概面积在3 km²。在3 km²内分布3.15万人,也说明在人口密度为1万人/km²的条件下,由7个村居构成的社区服务圈是最为理想的模式。根据这一规律,可分析不同人口密度情况下的基层政区配置。

当人口密度超过1万人/km²时,显然如果仍要维持15分钟服务圈,即面积不变,则人口总量要增加,由于村居的规模不变,则村居数量也要增加,这可能造成服务资源的拥挤,但如果采取提高服务资源的数量和质量也可能在路途方面便民利民的同时,减少居民的等待时间。如果要维持人口数量不变,显然面积要缩小,也即周围居民不用15分钟就可到达服务点,这当然对老百姓是更为有利的,也体现了精细化管理,并且人口密度越大可能交通条件也越差,15分钟的步行距离也将缩小,由此使得面积规模的缩小也是合情合理的,上海中心城区的街道规模也是符合这一规律的。当然,这里还必须指出的一点是,当人口密度过大,如仍机械地以人口规模作为标准,则服务圈的半径将非常小(例如达到3万人/km²,面积将仅仅为1 km²左右),可能使得服务资源的利用效率有所下降,这也是为什么静安区和黄浦区在人均财政支出上远远高于其他区的一个原因。

当人口密度小于1万人/km²时,如果维持15分钟服务圈的面积规模不变,则服务人口将大为减少,显然不利于服务资源的有效利用;然而,维持人口规模和幅度规模要满足15分钟可达,则15分钟时间行进的距离要有所拉长,包括通过自行车或助力车等交通工具行进的距离。身处郊区,特别是远郊的居民,虽然有一定的承受能力,但也应设定路途最长时间的限定值(例如半小时),并且按照这一限定值来进行一个服务圈包含村居个数的计算。此外,在远郊,由于村民委员会有集体资产(甚至村办工厂),而且村民在接受基本服务时也习惯不出村,并且在远郊确实有很多村的规模正好是3 km²的15分钟服务圈范围,因此,也可考虑在这些地方就在村民委员会层面(包括被撤销乡镇的所在地)配置服务圈[4]。

11.2.3 内部基层区划优化路径二:以基层区划理想单元促进公共服务均等化

随着中国社会主要矛盾转变为人民日益增长的美好生活需要和不平衡、不充分发展之间的矛盾,提高公共服务的均等化和可及性成为超大城市治理的核心目标。近年来各大城市纷纷推出了建设15分钟生活圈的目标,以打通基本公共服务供给的"最后一公里",无疑基层区划是实现这一目标的关键。从前面基层区划的理想单元规模来看,构建3 km²和3万人为单元的空间区划可以既能实现公共服务的便民利民,也能保证公共服务资源供给的效率。当然,对于人口密度较高的市中心区而言,可以在这一基层单元下,根据人口分布的实际情况,打造更加精细化的微单元。例如,上海近年来不断优化邻里中心(也有睦邻中心、市民驿站、家门口服务等提法)的空间设置,其核心是对于居民区规模偏小而街道办事处规模偏大时,如何构建既贴近居民、利于"熟人社区"打造、又能有一定规模效应的新型"社区服务层级",而这一新型社区服务层级可以仍然以2万—3万人作为一个标准化的服务人口规模,但面积则根据人口密度划小为1 km^{2}左右。

11.2.4　内部基层区划优化路径三:以基层区划理想单元提升精细化管理水平

一是以理想单元规模作为"空间锚"来优化超大城市治理中不同管理目标下的空间设置[4]。近年来在治理重心下移改革的趋势下,基层承接了较多的管理职责,在职责下移过程中也对基层的空间设置产生了诸多需求,例如,城市运行"一网统管"中对网格划分的空间要求(网格大小以网格员一天步行范围能覆盖的网格为依据)、政务服务"一网通办"中的线下设施布局、城管综合执法下沉基层的空间划分、基层党建服务中心的空间设置等等。如果未有一个具有空间规模和边界最大公约数的区划,将导致基层治理的碎片化,进而延缓和阻碍城市治理体系和治理能力的现代化。二是以3 km^2、3万人作为基本管理单元来破解郊区镇域面积过大和被撤制镇问题。超大城市的郊区则可参照上海基本管理单元建设的做法,通过镇管社区或析出街道的做法,设定3 km^2、3万人(上海基本管理单元文件标准是2 km^2、2万人,但在实践中这一规模还是偏小,目前实践中三批基本管理单元的平均规模大大超过这一标准,且存在有些近郊镇由于2 km^2、2万人的小规模标准使得社保专线过密设置而取消的情况)的基本管理单元以破解快速城镇化进程和乡镇撤并所导致的镇域面积过大等问题。基本管理单元设置包括"3+3+2"的机构体系,即"社区事务受理中心、社区文化活动中心、社区医疗卫生中心""派出所、城管、市场监督管理""社区党委、社区管理中心"的标准设置,设置机制则通过各街镇申报,市辖区初审并上报市民政,市民政联合相关部门最终审核确定,并予以相应的人财物支持,最后进行实地验收。这一"中间层""过渡性"的设置非行政层级方式,可以以较低成本解决超大城市的郊区在城市化进程中的区划变动,并化解撤并乡镇等历史遗留问题。

11.3　优化超大城市毗邻基层政区的基本思路与政策路径

11.3.1　省界毗邻基层政区治理的概念与特点

省际边界区域是以省级行政边界为起点向行政区内部横向延展一定宽度所构成的沿边界纵向延伸的窄带型区域[5],中国目前有34个省级政区,拥有省级行政区陆路边界线66条(总长为52 000 km),省际边界区域分布了 849 个县级行政区[6]。根据本章的研究内容,省界毗邻基层政区是指围绕两个或两个以上的省界,以完整基层政区(由县市和乡、镇、街道组成)为空间单元组成的跨省区域空间。由于这一空间相关统计数据随着时间变化,特别是涉及省界的区划调整,因此,本章通过最新的中国行政区划数据更新了相关省界毗邻县级政区的统计数据。基于《中华人民共和国行政区划简册:2018》的图册和数据,用地理信息系统软件(ArcGIS 软件)对中国省级政区边界及毗邻的县级政区做了一个统计。目前全国 34 个省级行政区边界共有 70 条相邻边界,总长为 52 000 km,涉及县级单位(包括县、县级市、市辖区)906 个,总面积是 4 420 000 km²,占全国国土总面积的 46.1%(图 11-2)。

中国地图

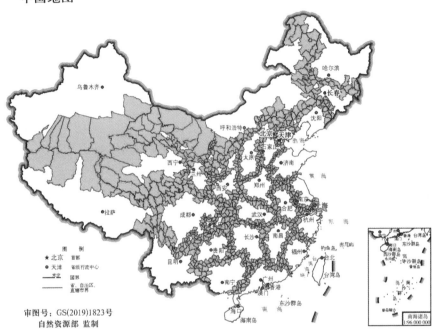

图 11-2　2017 年中国省界毗邻县级政区示意图

注:本统计将粤港澳、上海市崇明区、江苏省南通市等以水域作为边界的基层政区也统计进来,嵊泗县海域边界除外。

省界毗邻基层政区作为高等级政区边界上的小尺度政区单元,其特点之一就是边界性。"边界"作为一个应用十分广泛的概念,一般而言,是指事物间本质发生变化的标志线或标志带[7]。尽管"边界"一词也用在"责任、法律、道德、情感、企业"等非空间领域,但总体而言,其更多体现在空间和地理范畴,例如自然空间边界、经济空间边界、社会空间边界、行政空间边界等。从空间视角而言,边界是空间性质或本质发生变化的特殊区域,它具有的"边缘性""模糊性""多样性""联通性""嬗变性"等属性特点决定了这一区域往往地理相近、人文相亲却行政相隔、制度相异。所以边界既可能是"多省通衢"之枢纽,也可能是"隔离断裂"之边缘;可能更易于激发创新进而创造奇迹,但也可能易于忽视和能力衰减而陷入"黑洞"。

省界毗邻基层政区的特点之二显然就是政区性,这其中显然涉及省级政区和基层政区两个概念。从改革开放以来,中国在推动社会主义市场经济的发展上,采取了激活地方发展积极性和主动性,特别是对于各个省级政区,给予了它们充分的发展权限,省域经济也引来了快速发展,然而在激发省域经济活力的同时,也引发了"行政区经济"的负面影响,省级政区边界在"行政区边界衰减"规律和"以邻为壑""边界权责模糊"等影响下[8],成为一个特殊的空间。基层政区作为中国最基本的政区单元,包括了县级政区及其以下的乡镇级政区,其行政性、基础性、小尺度的空间特点决定了在这一空间探索制度改革创新具有易于复制推广、易于控制风险、易于明确主体等优势。"治理"作为一个热词,其核心意蕴是一个多类型的多主体协商互动,以达成共识的非正式制度性过程。"治理"虽然有着更加包容、丰富、多样、开放、平等的形式,更易于所涉各方的沟通、协调、化解冲突并建立自主性共识,但也可能在效率、责任心、行动力上有所降低。在省界毗邻基层政区治理中,一般具有两种治理路径:一个是政区调整型治理,即通过基层政区的建制撤并、空间重组、治所迁移等行政区划调整方式来破解省级政区之间发展资源错配、生态环境保护、边界权属冲突等区域性经济社会发展问题;一个是政区跨界型治理,即在保持政区边界稳定性的基础上,积极推动机制创新和政策创新,以实现跨政区边界的要素自发流动、充分流动和无障碍流动,以推动政区之间不同政策标准的互认甚至统一,最终促进区域之间经济社会一体化发展和整体性治理的目标。

11.3.2 选择省界毗邻基层政区治理作为突破区域一体化制度障碍的优势

在实现跨界治理的空间路径上一般有依托交通线路、围绕自然生态、连接园区飞地、毗邻基层政区等方式。这些方式各有优势,然而从时机性、综合性、实效性而言,省界毗邻基层政区治理可以说"更胜一筹",其独特的优势至少有四点[9]。

一是有利于提高一体化治理探索的强度和直接性。省级政区边界乡镇虽然空间范围不大,但通常是跨政区发展和治理问题较早发生、表现突出、最为集中的区域,以镇级政区的跨界治理甚至合并治理为抓手,可以为省级政区的一体化合作试验提供更为丰富、更加直接、更深层次的议题和内容。受制于"行政区经济"理论下的政区边界衰减规律,这些地带最容易暴露和集中发生"非一体化"状态下导致的问题,包括"断头路"、垃圾偷盗、违禁物品买卖、流动犯罪等跨界违章、违法现象。边界地带属地责任不清导致110、120、119等紧急救护不及时,公共服务体系不统一和供给的属地化导致居民生活不便利以及临近空间的公共服务不均等,优势产业资源的市场化流动受阻和产业链、产业集群打造受限,临近区域的景观不协调甚至存在断崖式差异等。这种由于行政区划制度、城乡规划制度、财税制度、绩效考核制度等造成的"隐形墙",使得地缘相近却以邻为壑、休戚与共却各自为政、利益关联却推诿扯皮。在这样的治理困境最为突显的区域,通过上级政府向毗邻的基层政区放权试点,鼓励探索跨政区的一体化治理体制机制,可最为直接、更为基础地试点跨界治理体制机制。

二是有利于快速形成一体化治理的示范效应。地理学第一定律表明,在其他条件不变的情况下,空间越是邻近,关联性越大。政区交界处虽然治理难题多,但往往习俗相近、文脉相融,易于在体制机制突破后取得一体化治理的效果,快速形成示范和鼓励效应。从历史上来看,政区交界处虽然处于不同行政区,但由于空间临近,所以习俗和文化也都接近,只要设定一定的机制破除治理上的"人为藩篱",其内在的发展活力必然更快迸发,进而充分显示一体化治理和融合式治理带来的管理效果和发展效应。例如,历史上的乌、青两镇在设立统一的特别管理机构("浙直分署"和"江浙分府")后,相应的走私盐贩、盗贼和赌博等难题就迎刃而解,进而发挥其地处"江浙沪金三角""三省通衢"的区位优势,迅速发展,造就江南繁华古镇面貌。

三是有利于聚精会神在"制度空间"突破上用力。实现区域一体化发展和治理有两个维度,即打通"物理空间飞地"和"制度空间飞地":前者是指在既有制度规定下实现跨区域的项目联动,包括共建基础设施、园区开发、人才市场化流动等;后者则是指跨越不同制度环境实现联动,例如以户籍相关的公共服务、以政区相关的标准认定等。如果推进一体化中要实现两个飞地的跨越显然难度要更高,而在毗邻基层政区率先推进一体化,至少"物理空间飞地"的跨越不成问题,可以集中精力去突破"制度空间飞地"。

四是有利于降低一体化治理创新中压力测试的负面影响。由于基层政区面积小、层级低,无论是涉及的主体(居民群众、企业法人、政府官员等)数量还是牵扯的空间面积都非常有限,并且在制度(组织架构、运行机制、财税体制、公共服务体系等)影响上也易于调整和纠偏。因此,将小尺度的基层政区作为跨界治理探索和创新的平台,可以在最大程度上降低"压力测试"中的制度风险。与此同时,基层政区作为最基础、全覆盖的政区类型,一旦探索取得经验,则反而又可成为最易于复制和推广的对象。

11.3.3 以省级毗邻基层政区治理推动长三角一体化的政策建议

由于毗邻基层政区在隶属关系、行政级别、管理标准、机构设置等方面存在较大差异,因此在试点中必须遵循顶层设计、循序渐进、因地制宜的原则。可选择先行探索跨政区边界治理路径,待时机成熟时探索政区空间整合治理路径。

第一步,可选择以上遴选区域的乡镇深入跨界治理试点。结合长三角生态绿色一体化示范区建设方案,制定《关于长三角省界毗邻乡镇一体化治理的试点方案》(以下简称《方案》)。在《方案》中确定试点乡镇的基本要求、推进原则、管理机构、试点内容、申报机制、内容框架、评估机制等。试点机制可以基层党建联建为先导和引领,探索设立毗邻镇跨界治理合作管理委员会,促进双方或三方地方政府签署合作备忘录,明确由地方政府向毗邻乡镇让渡部分经济、社会管理权限的清单,以及在所涉及镇域范围内暂停涉及跨省管理中的相关法律规定,在保障正确政治方向基础上加大改革力度。待时机成熟后,试点推动党政领导交叉任职、"多块牌子(不同省区镇)一套人马""多个政区,一个标准"等深层次治理体制机制改革。

在跨界治理内容上,探索制定三个清单,即负面清单、任务清单及免责清单。负面清单是指明确属地化非跨界事项,根据国家法律、地方法规、治理现实、发展趋势等明确若干必须是本政区内属地化管理和落实的职责,例如财政收支、干部任免、安全责任等,即对不能进行跨界管理的事项予以明确。在此基础上,列出重点破解难题和试验事项,制定毗邻乡镇跨界治理试点中不能进行试点试验的负面清单,对于负面清单之外的事项原则上都允许试点。梳理目前区域一体化发展中影响面大、长期未能解决的制度"堵点"和"硬骨头",例如基础设施互联互通、规划编制一体化、法院异地判决执行、数据统计口径一致、货物运输高速公路收费标准统一、诚信体系的一体化等,制定跨界治理的任务清单。在推进方式上,首先可通过政府间签订行政协议的方式,再次将一些成熟的做法及时上升为制度,最后可通过立法的方式来固化相应的经验做法。在探索过程中,对于可能存在的制度风险,也可制定相应的免责清单,对行政当事人在清单范围内出现的问题予以免责。

此外,在工作中还应提前谋划好试点镇干部配备工作。要选拔政治素质过硬、业务能力强、创新能力突出的公职人员到拟设立的试点镇进行工作,为避免治理风险和积累治理经验提供所需的人才基础。此外,由于毗邻乡镇的领导级别有差异,例如同为镇长,上海的镇长一般为正处级,而江苏、安徽的镇长一般是正科级,因此,在上海周边毗邻乡镇的跨界治理试点中也应注意领导干部级别不同而产生的协同合作问题。

第二步,推进试点乡镇的政区重组和一体化治理。在跨界治理成熟阶段,可在习近平总书记"行政区划本身也是一种重要资源,用得好就是推动区域协同发展的更大优势"的指导下,以基层政区的区划整合、探索设立特别合作镇的方式,来推动长三角一体化示范区建设,并带动长三角高质量一体化发展。当然,必须指出的是区划政策工具虽然是破解一体化治理难题的有力政策工具,但应坚持无需用、就不用,必须用、审慎用的原则。因为,区划调整是一项成本较高的制度调整(涉及更换相应标识、整合地域归属感、保护地名文化、重建社会资本、消化政府官员等),并且无论如何合并划界调整,政区仍是有边界、有跨界的问题,且未来随着空间发展仍将再次面临扩界需求的问题。因此,治本之策还是在于推动机制改革创新,推动政府职能转变,让市场成为资源配置的决定性作用,让社会流动更为有序、公平、顺畅。

对于上述分两步走的操作方式,也可以借鉴历史上乌镇的跨界治理和最终实现政区整合的成功案例。浙江乌镇，原是乌、青两镇，在清代分别隶属浙江省湖州府和嘉兴府，且北部紧靠江苏省吴江县，虽然一河之隔的小城镇已在发展中融为一体，但分属两府也造成"盐徒出没、盗贼猖獗、赌博盈街"等治理难题[10]。尽管乌镇在历史上曾经三次试图单独设县，但由于空间上牵扯多个上级政区，甚至是跨省级政区（紧邻的江苏吴江），切块独立设县难度很大。为保持上级政区的稳定同时又能更好地解决跨界治理难题，在镇区内设立高配的特别管理机构成为可行的操作路径，包括明朝设立的"浙直分署"（"浙"是指乌、青两镇属浙江杭嘉湖，"直"是指镇北吴江属江苏省直隶苏州府）和清朝的"江浙分府"[俗称"二府衙门"，大书门东"控制五邑"（苏、松、杭、嘉、湖）、门西"督稽七属"（乌程、归安、石门、桐乡、秀水、吴江、震泽七县）]。1950年5月，乌、青两镇合并，专名保留了隶属湖州的"乌镇"的名词，但同时将合并后的新的乌镇归入青镇之前所属的嘉兴桐乡。

（执笔人：熊竞）

[本部分内容是国家社会科学基金项目(22BZZ059)阶段性成果]

第11章参考文献

[1] 刘君德,何建红. 社区的行政分割及其整合研究：以上海市曹家渡为例[J]. 上海城市规划,1998(4):2-8.
[2] 熊竞,孙斌栋. 超大城市政区治理：演进逻辑、制度困境与优化路径[J]. 上海行政学院学报,2020,21(5):51-62.
[3] 熊竞. 应急管理中政区治理的关联逻辑及其内在困境[J]. 上海交通大学学报(哲学社会科学版),2020,28(5):68-77.
[4] 熊竞. 基层政区改革视角下的社区治理优化路径研究：以上海为例[M]. 北京：经济管理出版社,2020.
[5] 陈钊. 行政边界区域刍论[J]. 人文地理,1996,11(4):41-44.
[6] 魏后凯.《行政区边缘经济论》评介[J]. 中国工业经济,2004(11):112.
[7] 朱传耿,仇方道,孟召宜,等. 省际边界区域协调发展研究[M]. 北京：科学出版社,2012.
[8] 刘君德,靳润成,周克瑜. 中国政区地理[M]. 北京：科学出版社,1999.
[9] 熊竞. 长三角一体化：省界毗邻基层政区治理的发展路径[J]. 上海城市管理,2019,28(5):45-50.
[10] 刘君德,汪宇明. 制度与创新：中国城市制度的发展与改革新论[M]. 南京：东南大学出版社,2000.

第11章图片来源

图11-1 源自：笔者根据2020年3月7日武汉市新冠肺炎病毒感染人数以及武汉市政府相关数据整理绘制.
图11-2 源自：笔者绘制[底图源自标准地图服务网站，审图号为 GS(2019)1823号].

12 城中村改造背景下外来人口迁居与超大城市治理

12.1 城中村改造与外来人口居住问题

中国经济、社会制度变革和户籍管理松动,引起资源重新配置,流动人口规模急剧增长。人口流入地城市的"城中村"因提供廉租非正式住房,成为跨区域流动人口的"寄居体",保障了城市劳动力供应[1]。《国家新型城镇化规划(2014—2020年)》提出严格控制特大城市人口规模。以北京、上海为代表的超大城市采取以城中村拆迁改造来降低流动人口规模的举措[2]。虽然在《建设部关于加强城中村整治改造工作的指导意见》(建规〔2008〕15号)中指出城中村改造应解决外来务工人员居住需求,但这一需求在地方项目上并未得到足够重视[3]。随着人口管制与调控力度的加强,城中村拆迁工作的快速推进,超大城市的外来人口居住问题日益突出。

事实上,低收入外来人口已成为城市新"贫困"阶层的主要人群,在城市劳动力市场与住房市场中都处在劣势和被边缘化的状态。如何为低收入外来人口提供适当的居住条件,将考验城市化进程的公平性与长期可持续性[4]。当前的研究需要关注低收入外来人口在城市的生存状态与空间权利,联动分析超大城市和特大城市人口调控目标,解决低收入外来人口的城市住房及其内在的社会融合问题,为新时代超大城市治理过程中人与城市的关系协调出谋划策[5]。

本章以上海为例,探讨超大城市人口调控及城市更新背景下低收入外来人口住房的困境。研究这一课题,对于发展中国新型城镇化理论具有重要意义。从治理角度出发,探讨外来人口的居住和社会融合问题,不仅有助于丰富和拓展中国城市研究的内容,摒弃以往过分强调城市经济功能的观点,将城市空间建设成为更具包容性结构特征的场所;而且有助于提升中国城镇化质量,改变以往过分依赖土地扩张的城市化模式,从而消除城乡二元结构,促进社会融合和城市可持续发展。

党的十九大报告指出,中国社会主要矛盾已经转化为人民日益增长的美好生活需要和不平衡不充分的发展之间的矛盾。本章研究的问题正是这一矛盾的突出表现,低收入外来人口在城市住房市场准入制度、分配制度上面临着不平衡,在城市工作与生活的社会融入也不充分。本章通过问卷调查和访谈,掌握当前上海外来人口居住状况的一手资料,结合最新的政策实施态势,厘清问题并分析原因,以期为超大城市在包容性发展中实现城市善治提供决策参考。

12.2 上海城中村的居住状况和社区融合

12.2.1 上海城中村外来人口调查

本章以上海为例,重点考察宝山、嘉定、闵行、浦东四个近郊区的城中村居住人口。2000年以来,上海市普通商品房价格升高带动了住房租赁价格的持续攀升,使大量租房居住的低收入外来人口由于房租超出经济承受能力范围而迁出中心城区,不断向城乡接合部、近郊区以及远郊区扩散。2010年前后,拆迁搬家已成为外来人口迁移的重要原因之一。

研究数据来源于2017年5月至2018年4月对位于上海中环线、外环线附近城市功能拓展区的10个行政村外来住户的抽样调查。通过前期的实地调查发现,城中村一套村民私人住宅往往被分割为数个单间出租给外来人口。因此,本次调查从每套民房抽取1—2个外来住户作为调查对象,采用面对面访谈的形式,并由调查人填写问卷。最终,共收集到565份问卷,其中有效问卷为520份。

经统计(表12-1),在全样本城中村外来人口中,男性比重较大,占53.5%,女性占比为46.5%。在年龄构成上,31—50岁的外来人口占62%,15—64岁的劳动适龄人口占比为98.7%,说明城中村主要容纳了外来青壮年劳动力。在婚姻状态上,91%的被调查者为已婚,家庭式迁移占75.38%。

表12-1 城中村外来人口 家庭户主的基本信息

	特征	占比/%		特征	占比/%
性别	男性	53.5	婚姻状况	未婚	8.1
	女性	46.5		已婚	91.1
年龄	20岁及以下	1.0		离异或丧偶	0.8
	21—30岁	16.0		健康	91.3
	31—40岁	22.0	居住证状况		—
	41—50岁	40.0		持有居住证	31.0
	51岁及以上	21.0		无居住证(或已过期)	69.0

12.2.2 就业与家庭收支状况

抽样调查结果显示,城中村外来租户受教育程度普遍较低。其中,文化水平为初中及以下的占比为65.2%,高中及中专水平的占比为20.4%,

本科(大专)及以上学历的占比为 7.5%,还有 6.9% 的受访者未受过教育。由于受教育程度、劳动技能等方面因素的制约,绝大多数外来人口在上海只能从事低端产业,以居民服务业、商业和制造业(工业)为主(表 12-2)。其中 42.9% 为城镇个体或私营企业被雇者,17.3% 为城镇个体或私营企业主,仅有 6.3% 为国有经济单位员工。随着上海经济结构转型,第三产业对外来人口的就业吸纳能力扩增,为文化水平不高的外来劳动力提供了工作机会。从职业构成来看,从事居民服务业、商业和制造业(工业)的分别占 22.7%、17.7%、13.3%,其中居民服务业主要是低技能劳动力服务行业,如家政、保洁和家电安装修缮工作。还有少部分外来人口从事公共饮食业和交通运输及邮电通信业,分别为 5.8% 和 5.6%。在所有非个体户、非企业主的就业人员中,有 56% 表示与工作单位签订了书面合同,无任何形式雇佣合同的就业人员占 44%。总体来讲,正规就业状况较 2010 年上海城中村住户抽样调查结果有较明显的改善[6]。

表 12-2 城中村外来人口家庭户主的就业状况

特征	占比/%	特征	占比/%
就业情况		行业情况	
国有经济单位职工	6.3	制造业(工业)	13.3
城镇集体经济单位职工	1.9	建筑业	10.8
城镇个体或私营企业主	17.3	水利管理、地质勘探业	1.0
城镇个体或私营企业被雇者	42.9	交通运输及邮电通信业	5.6
其他经济类型单位职工	2.5	商业(零售、批发)	17.7
其他就业者	13.3	仓储业	1.7
家务劳动者	10.6	公共饮食业	5.8
未就业者(含失业人员)	5.2	金融、保险及地产业	2.3
劳动合同签订情况		居民服务业	22.7
有工作合同	44.0	其他	4.3
无工作合同	56.0	不适用(无就业)	14.8

再者,城中村外来人口的社会保障状况不容乐观。63.46% 的外来人口没有任何社会保险,少数人有"五险一金"。在收入与支出方面,按城中村外来人口住户户主测算,人均收入为 5 943.17 元/月,集中分布在 4 000—8 000 元/月收入区间,且高位段与低位段悬殊明显(图 12-1);按各户居住人数测算,人均收入为 3 706.19 元/月;平均家庭开销为 3 529.04 元/月,人均消费为 1 635.88 元/月,平均房租为 955 元/月,房租占家庭月开销的 27.06%(图 12-2)。与上海市平均水平相比[①],城中村外来人口的人均收入和人均消费水平均偏低。访谈发现,对于预期回流的外来人口,来沪务工是增加经济收入、改善流出地家庭经济状况的主要途径,对城市

生活中缺乏持久性预期,因此尽可能压缩从工作就业到居住生活的种种成本。

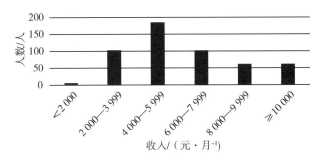

图 12-1　城中村外来人口家庭户主的月收入水平

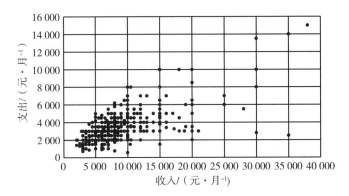

图 12-2　城中村外来人口家庭的收入—支出散点图

12.2.3　居住条件与社区融合状况

从城中村住房使用情况来看(图 12-3),居住在同一住所的外来人口家庭户平均人数为 2.44 人,低于 2018 年上海市居民家庭户均人口(2.53 人),高于农村常住居民家庭户均人口(2.39 人)。独居的城中村外来人口住户中有 86% 是夫妇分离型居住。

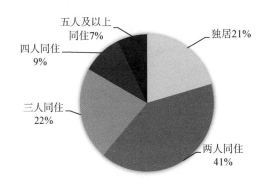

图 12-3　城中村住房使用情况

住房配套设施是衡量居住水平的重要指标。从调查结果来看,供暖设备和管道煤气是上海城中村住房配置率最低的耐用消费品,但是作为同类替代产品的空调和液化煤气在城中村具有较高的普及程度,配置率分别达到50%、65%。独立厨卫设施在城中村依然比较匮乏。实地调查发现,城中村内的公共卫生间向外来人口开放使用,但淋浴设施一般由私人澡堂提供。54%的城中村住户仅拥有1—2项住房设施,无任何住房设施的城中村住户占总样本的12%。整体看来,城中村外来人口的住房条件较差,普遍存在基础生活配套设施不全的问题,居住质量较低。

城市化的过程是流动人口市民化的过程,也是流动人口聚居区社区融合的过程。城中村外来人口在城市居住具有明显的临时性特征,容易产生居住隔离。融入社区是流动人口最终融入整个城市的前提,充分发挥社区融合作用显得格外重要。本次调查通过受访者对相关特征维度的同意程度打分来测量外来人口的社区融合状况(赋值方法为"5分"表示"非常同意","4分"表示"同意","3分"表示"一般","2分"表示"不同意","1分"表示"非常不同意")。问卷题项包括邻里交往(对我家友好、我认识社区很多人、多数邻居认识我)、社会支持网络(相近的生活方式和观念、得到邻里帮助、社区成员相互关心)、社区参与(参与社区公共活动、共同解决问题)、归属感(属于这个地方)、身份认同(在乎邻居评价、重视成为社区一份子)和居住意愿(愿意长期居住)六个与社区社会—心理状况直接相关的特征维度。调查结果显示(图12-4),在各项社区融合评价指标中,"对我家友好"的平均得分最高,"相近的生活方式和观念""得到邻里帮助"的得分并列第二,而"参与社区公共活动"的平均得分最低,是唯一一项低于2分的指标。在访谈中了解到,相当一部分的社区公共活动与村集体事务有关,主要面向本村户籍村民,另外,工作休息时间不适合参加社区活动也具有一定影响。

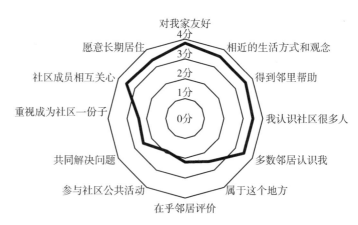

图12-4 城中村外来人口社区融合的分项得分

社区融合是外来人口业缘、地缘人际关系的空间化发展。尽管城中村的住房设施配套匮乏,社区服务相对有限,但是城中村为外来人口提供了基本的生活保障,他们在工作和生活遇到困难时能够互相帮助,寻求各种支持,同时也产生了情感认同和归属,从而减轻了迁移的心理成本。社区文化氛围、社区事务参与度和社会交往空间的邻里效应也会促进他们对城市的归属感和认同感,强化他们融入城市的意愿。因此,尽管城中村的居住条件较差,但其仍是外来务工人员融入城市社会生活重要的支持系统。

12.3 上海城中村改造与外来人口居住迁移

12.3.1 搬迁历程及搬迁意愿

通过统计外来人口的搬迁次数发现,68.8%的外来人口曾在上海搬过住房,表现出较高的流动性。一直住在受访时所在地、从未搬迁过的外来人口占比为31.2%。对抽样城中村外来人口在上海最近一次搬迁轨迹进行统计,可以发现明显的就近迁移特征(表12-3)。有搬迁史的外来人口主要在区级地理范围内搬迁,占比为67.3%。其中,50.3%的外来人口是在同一街道、镇范围的村落或居民小区更换住所;还有17.0%的外来人口是在同一行政区内跨镇范围搬迁。以本次调查的重点区域浦东新区东明村和闵行区联明村为例,不少租户分别搬迁至附近的浦东新区三林镇、北蔡镇和松江区九亭镇的村落。

表12-3 外来人口在上海的最近一次搬迁轨迹

类别	搬迁轨迹	人数/人	占比/%
曾搬迁	市内跨区搬迁	75	21.0
	区内跨镇搬迁	61	17.0
	街道、镇内搬迁	180	50.3
	不详	42	11.7
未搬迁	常居现住所	162	31.2

尽管上海城中村拆迁改造进程在不断推进,外来人口依然选择在城中村之间转移。大部分外来人口搬迁的原因与专项整治行动中拆除违建房屋和城中村动迁改造有关,而且随着城中村拆迁力度的加大,外来人口将更为频繁地从一个城中村搬迁到另一个城中村。建筑施工、餐饮、家政服务、修理、保洁和废旧物资回收等劳务市场集中地区的空间变迁,如集市拆除和环境整治,也引发部分外来人口的空间转移。城中村拆迁造成居住区域、经济生活、社会交往等要素变化,影响了外来人口在城市的居住、就业生存状态。

从城中村拆迁情景下的居留意愿来看,71.9%的受访者表示仍继续留在上海,只有28.1%的受访者选择离开上海,说明城中村外来人口的普遍意愿是留在上海。但是随着城中村拆迁,一些外在因素发生改变,比如外来人口失去临时住所,居住成本增加,超出住房支付能力,他们的居留意愿就会改变。有意愿继续留在上海的外来人口表示能承受的平均月租金涨幅为 620 元,一旦超过这个上限,居住成本将极大增加外来人口留在上海的压力。

12.3.2 居住迁移的影响因素及解释

城中村拆迁意味着外来人口将再次进行居住选择,同时私房租赁市场会产生波动,进一步影响外来人口的居住选择。已有研究表明,外来人口在进行居住选择时多倾向于工业开发区、商业集中区等工作机会较多的地方,以提高找到合适工作的机会和效率[7]。而且,外来人口流动性大,居住地往往随工作变动而迁移,从而保证较短的职住距离。因此,周边工作机会较多和职住邻近是就业层面影响居住选择的重要衡量指标。由于大部分城中村外来人口的收入水平不高,其可支付的住房成本应与收入水平相匹配,房租价格也成为影响外来人口居住选择的重要因素,本章将其与居住设施、居住面积作为住房条件的衡量指标,一起纳入城中村外来人口居住选择指标体系。鉴于以往研究中外来人口在城市的空间分布具有明显的同乡聚居特征[8],因此本章选取与亲戚朋友老乡住得近、邻里关系和谐两个社会网络层面的指标,来分析诸如血缘、地缘、邻里交往等因素对城中村外来人口居住选择的影响。此外,随着外来人口举家迁移的现象凸显,子女教育良好对外来人口居住选择也有着重要意义,本章将其与治安良好、社区管理较好、市场商业设施完善、医疗服务设施完善、休闲娱乐场所较多等归并为公共服务设施方面的指标。

总体上,本章将城中村外来人口居住选择影响因素划分为就业条件、住房条件、社会交往以及公共服务设施 4 个层面共 13 项指标,探究外来人口选择当前住所[样本数(N)＝520 人]和拆迁后选择新住所(N＝374 人,由于部分外来人口在城中村拆迁后选择离开上海,因此不纳入"拆迁后选择新住所"统计)对各项指标的评价及其在两种择居情形下的变化。

根据调查,选择当前住所的 13 项影响因素的得分分布如图 12-5 所示。其中,公共服务设施各项指标、居住面积和居住设施的得分分布明显集中在低值区,对城中村外来人口选择当前住所的影响最弱,而房租价格和职住邻近 2 项指标表现为向高值区集中分布,对城中村外来人口选择当前住所的影响力最强。

图 12-6 比较了拆迁前后的居住选择影响因素得分差异。在就业条件、住房条件、社会交往、公共服务设施四个方面中,就业条件对城中村外来人口选择当前住所的影响最大,其次是住房条件和社会交往方面,而公共服务设施的影响力最弱。外来人口选择将来住所时,各方面的影响程度排名发生了一定变化,不仅指标得分几乎都有了相应的增长,其中住房条件方面的增长最显著,而且公共服务设施对外来人口将来住房选择的影响

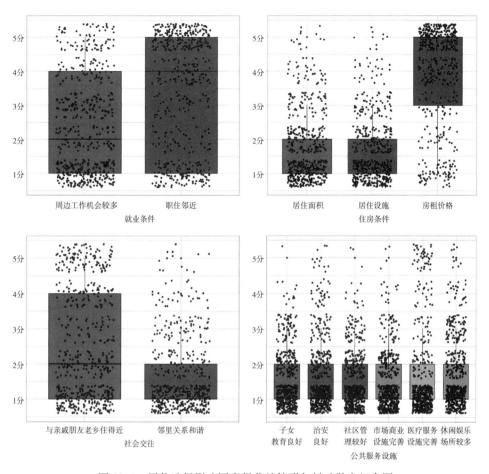

图 12-5 居住选择影响因素得分的箱形与抖动散点组合图

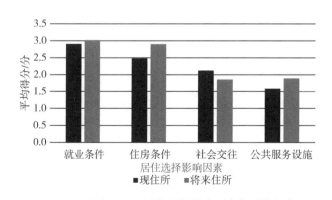

图 12-6 居住选择影响因素的平均得分

超过了社会交往。进一步分析各个因素在两个阶段的变化情况发现,每个因素都发生了不同程度的变化。其中,"居住面积""房租价格""居住设施""治安良好""社区管理较好""市场商业设施完善""医疗服务设施完善"的变化极为显著;"邻里关系和谐"和"休闲娱乐场所较多"的变化较为显著;

而"周边工作机会较多""职住邻近""与亲戚朋友老乡住得近""子女教育良好"的变化并不显著。

在两组指标中,就业条件的"职住邻近"在外来人口选择当前住所和选择将来住所两种情况下的平均得分均高于"周边工作机会较多",在各项指标平均得分的排名中仅次于"房租价格"。在选择将来住所的情况下,"职住邻近"的平均得分涨幅为3%。根据新古典经济理论,人口乡—城迁移的核心动力是城市丰富的就业岗位和较高的工资水平[9]。寻求就业机会和获得较高的工资收入是外来人口来到上海的主要目的,因此外来人口的就业状况是影响其居住选择的重要因素。而"周边工作机会较多"的平均得分并不高,分别为2.456分和2.833分。通过访谈了解到,由于部分外来人口在上海居住时间较长,有长期从事的较为稳定的工作,当原住所被拆迁改造后即就近搬迁,没有更换原有工作。

在住房条件方面,"房租价格"的平均得分稳居各项指标得分的第一位。在私房租赁市场,外来人口一直处于弱势地位。并且随着城中村的拆迁,低租金的私房数量逐渐减少,往往带来其他城中村住房租金的暴涨,租金已成为阻挡外来人口流入的门槛。部分外来人口表示,一旦当前居住的城中村拆迁,周围房租价格上涨,他们就会离开上海。"居住设施""居住面积"两个指标的得分分别增长了0.633分和0.363分。根据调查所得数据可知,外来人口的平均居住面积为$6\ m^2$,而上海市的人均住房建筑面积为$36.7\ m^2$②。城中村外来人口的人均居住面积略高于上海市最低人均居住面积要求($5\ m^2$)③。根据实地考察,城中村出租房多为村民自建房,一套房子被分割成十几间房间,相互独立,面积均在$10\ m^2$左右。正是这种改造方式和较小的住房面积使得合住的情况较少。

在社会交往方面,"邻里关系和谐"指标的得分有所上涨。城中村外来住户较多,邻里之间几乎都是外来务工人员,且多数为低收入群体,彼此之间具有一定的相似性,这使得外来人口互相交往频繁、友好度较高[10]。并且在调查访谈中发现,绝大部分外来人口表示能从邻居处得到关心和帮助。因此,外来人口在选择新住所时,也会倾向邻里更和谐的社区。但是,"亲戚朋友老乡住得近"是唯一出现负增长的指标,下降了0.566分。一方面,由于城中村外来人口在上海居住的时间较长,尽管有继续住在一起的意愿,但在搬家过程中由于工作、房源供给等不可抗因素逐渐与亲戚、朋友、老乡分散开;另一方面,外来人口的社会网络呈现出成分多样化、关系现代化、空间分散化的特征,外来人口正积极利用聚居区以外的社会关系来谋求发展机会,不再囿于传统的血缘、地缘关系[11]。

在公共服务设施方面,外来人口对该方面的要求普遍较低,但指标得分均有所增长。临近城市中心,交通便利,接近各种教育、医疗、购物和娱乐等生活服务设施意味着较高的租金。对于外来人口而言,区位条件好、高房租的地方不一定是符合实际消费水平的居住地。因此,基于个人因素与客观条件,外来人口对消费类公共服务设施的考虑较少。事实上,城中村缺乏完善的社区管理,存在安全隐患并且治安环境较差,干扰外来人口的日常生活秩序,促使他们选择公共服务设施更加完善的住所,导致该方面指标得分的增加。总体上,公共服务设施方面指标得分的增加,表明外来人口有选择较好居住区位的意愿,希望更接近居住区的教育、医疗、娱乐、购物等生活服务设施。

12.3.3 城中村拆迁对外来人口的影响

城中村拆迁是导致外来人口再一次进行居住选择的直接原因,了解城中村拆迁对外来人口的影响有助于进一步理解外来人口的居住需求,并与外来人口选择新住所的影响因素相互验证。

城中村拆迁在住房、工作、生活等方面给外来人口带来消极影响。调查发现,在住房方面,65.4%的外来人口认为城中村拆迁后,周边的房租会更贵(图 12-7)。这是因为城中村拆迁导致外来人口需要寻找新的住所,在租房需求上涨和房源减少的双重刺激下房租暴涨。同时,这也导致63.7%的人认为房子更难找。此外,只有 6.0%的人认为搬迁后的居住条件更差;多数受访者认为,没有比城中村环境更差的住处了。

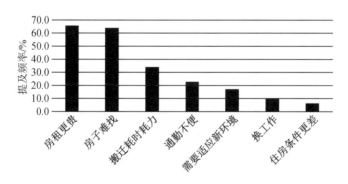

图 12-7 城中村拆迁对外来人口的影响

在工作方面,23.0%的调查对象认为城中村拆迁后会造成通勤不便。统计显示,外来人口的平均通勤时间为 42 分钟,其中通勤时间为 1 小时及以上的占比为 13.8%。如果城中村拆迁,为保持现有房租水平,部分外来人员会选择在较远的地方租房,进而会改变他们的通勤方式和时间。同时仅有 9.4%的外来人口表示会因此换工作,说明外来人口的工作整体上较为稳定。

在生活方面,33.8%的受访者认为搬迁耗时耗力,因为他们不仅要挤出空闲时间寻找合适住房,而且要整理和搬迁自己的物品。此外,17.0%的外来人口认为搬迁之后还需要花时间和精力适应新的环境。

12.4 提升超大城市治理能力,促进社会融合及包容性增长

12.4.1 城中村外来人口的生存状况

本章基于上海城中村的长期跟踪调查,较全面地呈现了低收入外来人口的生存状况,得到以下主要结论:

第一,城中村外来人口尽管收入较低,但工作相对比较稳定。调查表明,上海城中村外来人口人均收入的平均水平高于全国城镇居民可支配收入,但低于上海市的平均水平。职业稳定程度的平均水平也达到了签订中短期合同的水平,没有工作的占比很小,而且这些人员主要是承担家务劳动。事实上,超大城市一般都是移民城市,外来人口较多。外来人口是超大城市劳动力队伍的重要组成部分。其中绝大多数不能享受与本市居民同等权益。这些人是超大城市庞大的非正规经济的主体,承担了建楼修路、配送搬运、环境保洁、生活服务等城市中几乎所有"最苦、最脏、最累"的工作,为城市建设做出了不可替代的贡献。

第二,城中村为低收入外来人口提供了适宜的住所和社会支撑。城中村便利的交通、接近工作地点的地理位置、便宜的房租使得外来人口能够最大限度地降低他们的通勤成本和居住成本。调查发现,城中村的生活空间满足了低收入外来人口的居住需求,也为其融入城市社区提供了一定的社会支撑。因此,城中村社区中的社会交往活动较多,大部分外来人口与社区其他成员相处得相对融洽。城中村的住户多数是低收入群体,社区成员具有一定的相似性,这使得外来人口互相帮助,彼此间的友好度也较高,也容易形成共同的观念和习惯,从而有利于外来人口在心理上建立社区认同感。

第三,低收入外来人口普遍具有长期留沪意愿。近几年上海城中村面临大规模拆迁,调查问及拆迁后选择离开上海的被访者在全样本中的占比较低,打算继续租住城中村社区的被访者高于计划搬出城中村并改善居住环境的被访者。这说明即使城中村拆迁压缩了外来人口在上海的居住空间,但是他们仍然表现出较强的留沪意愿,然而将村宅拆除带来的被动搬迁作为转向正规住房市场契机的被访者的比例并不突出,搬往另一个可能更偏远的城中村依然是重要的选择。也就是说住房条件再差,低收入外来人口还是想继续留在上海。另外还有一个数据可以说明留沪意愿:城中村中的外来人口出现家庭式迁居的比例相对较高,调查显示外来人口的这一比例达到75%左右。

12.4.2 当前超大城市治理的困境

上述调查结果事实上反映了当前超大城市治理上存在的一些困境。

首先是认识上的,误把人口规模增长当作"大城市病"的病因,认为大城市的人口太多了[12]。因此,直接的对策就是控制人口,出现了"以证管人、以房管人、以业控人"等等一系列措施,但实际效果并不理想。

事实上,解决大城市病的思路还有另外一条,即反过来提高超大城市的人口承载力,这就对城市治理能力提出了更高的要求。近年来,中国超大城市治理出现的问题,还有一个原因是政府治理能力跟不上,治理思维延续过往社会统治型的路径,治理队伍也存在资源紧张、空间错配等问题,导致治理成本高、效率低[13]。如近年来某些超大城市对违章建筑所采取的大规模拆违行动。一方面,加快城中村改造的主要手段就是拆迁;另一方面,推进专项整治行动,关闭街边的小摊小店[14]。两个方面的确大大压缩了外来人口在这些城市里的生存空间。但事实上,城中村一些所谓的违章建筑不仅创造了大量的就业机会,增加了部分城市居民及外来人口的收入,而且满足了大量低收入外来人口的居住需求,方便了他们的日常生活,也在一定程度上增强了城市活力。就这点而言,城中村的存在在城市化发展的特定阶段是有其积极意义的。当然,城中村的存在不仅仅在市容市貌上,也对超大城市治理提出了挑战和更高的要求。城中村被拆除或者城乡接合部被治理后,很容易在更外围的地方出现新的城中村和类似的区域,这些都是大城市发展空间扩展所面临的治理难题[15]。

12.4.3 促进社会融合及包容性增长

既然城中村仍将在一段时间内存在,同时外来人口的市民化进程也需推进,因此如何改善城中村治理,提高外来人口的生活质量,促进外来人口的社会融合成为当务之急。

第一,合适的居住空间是外来人口融入城市的必要支撑。调查发现,城中村的生活空间满足了低收入外来人口的居住需求,也为其融入城市社区提供了一定的社会支撑。城市在接纳外来人口之时,也要人性化对待,创造多样化的居住空间以满足不同群体的需求。特别对于低收入人群而言,当前许多城市大规模拆迁城中村的运动,并不一定有助于外来人口的社会融合和快速城市化进程。城中村改造应兼顾外来人口群体的住房需求,提高外来人口住房可得性,并进一步赋予外来人口参与权,保障其居住权益。

第二,流入地在社会保障和公共服务方面要向外来人口更加开放。加强城中村的社区建设,培育社区服务性、公益性、互助性的社会组织,提供属地化的社会公共服务和保障,是促进外来人口社会融合的重要路径。从经济融合方面来看,大部分外来人口的职业已相对稳定,经济状况跟农村相比已有明显改善。流入地所提供的社会保障将促进该群体的经济融合,特别是已长期在上海居住的举家迁移的外来人口。因此,针对超大城市人口管理与服务的特点,完善精细化的社会治理方式,才能最大限度地满足当前多层次、多样化的人口服务需求。

第三，提升教育文化素质仍然是促进外来人口融入城市的重要基础。在文化融合维度上，调查发现城中村外来人口的现代化意识和现代化技能与城镇居民仍有相当大的差距。特别是在当前快速的技术进步和社会变革背景下，生活方式的转变是适应城市生活的主要方面之一。调查也发现年龄是外来人口现代化技能普及的一个限制因素，因此关注二代移民的现代化技能普及和使用具有重要意义。二代移民的受教育程度和文化素质的提高，将为其家庭更快地融入城市社区的现代化生活提供可能。这样，社区教育体系的定位和内容要相应地调整。

第四，充分利用和挖掘信息技术潜能，对高流动性社区的治理尤其重要。外来人口参与不足仍是许多地区社区治理的短板。因此，充分依托信息技术和智慧城市管理平台，有助于建立外来人口融入地方治理的组织化机制。网络参与具有直接性、平等性、便捷性等优点，可以充分利用微信、微博、网络论坛等各种社交媒体，促进社区信息交流，畅通外来人口的利益表达渠道。此外，挖掘信息技术潜能，还可以进一步减少外来人口办理就医就学、社会保障等相关公共服务的成本。

总之，一些相对弱势的外来人口是超大城市常住人口的重要组成部分，他们也一直在为超大城市的发展贡献力量。超大城市治理一定要尊重每个人的基本权益，创造良好的包容、平等的社会环境，加快外来人口的社会融合与市民化进程。构筑超大城市的居民"命运共同体"，允许每一个居民共享城市化红利和经济社会发展成果，是超大城市有效治理之本。

（执笔人：汪明峰、肖鸿元）

第 12 章注释

① 上海市居民的人均收入为 5 348 元/月，人均消费支出为 3 612 元/月。数据来源于《2018 年上海市国民经济和社会发展统计公报》。
② 数据来源于《2018 年上海市国民经济和社会发展统计公报》。
③ 数据来源于《上海市居住房屋租赁管理办法》(2014 年)。

第 12 章参考文献

[1] 田莉. 从城市更新到城市复兴：外来人口居住权益视角下的城市转型发展[J]. 城市规划学刊,2019(4):56-62.
[2] 上海市人民政府发展研究中心课题组. 合理控制上海人口规模优化人口结构研究[J]. 科学发展,2013(7):3-17.
[3] 赵晔琴. 法外住房市场的生成逻辑与治理逻辑：以上海城中村拆违为例[J]. 华东师范大学学报(哲学社会科学版),2018,50(4):124-130.
[4] 王春蕊,杨江澜,刘家强. 禀赋异质、偏好集成与农民工居住的稳定性分析[J]. 人口研究,2015,39(4):66-77.

[5] 沈洁. 当代中国城市移民的居住区位与社会排斥:对上海的实证研究[J]. 城市发展研究,2016,23(9):10-18.

[6] 汪明峰,林小玲,宁越敏. 外来人口、临时居所与城中村改造:来自上海的调查报告[J]. 城市规划,2012,36(7):73-80.

[7] 刘涛,曹广忠. 大都市区外来人口居住地选择的区域差异与尺度效应:基于北京市村级数据的实证分析[J]. 管理世界,2015(1):30-40.

[8] 卢国显. 空间隔离与集中化生存方式:城市农民工与市民的社会距离研究[J]. 甘肃行政学院学报,2011(3):71-76.

[9] HARRIS J R, TODARO M P. Migration, unemployment & development: a two-sector analysis[J]. American economic review,1970,60(1):126-142.

[10] 汪明峰,程红,宁越敏. 上海城中村外来人口的社会融合及其影响因素[J]. 地理学报,2015,70(8):1243-1255.

[11] 刘于琪,刘晔,李志刚. 中国城市新移民的定居意愿及其影响机制[J]. 地理科学,2014,34(7):780-787.

[12] 王桂新. 超大城市治理的几个问题[J]. 中国领导科学,2020(3):94-99.

[13] 陶希东. "十四五"时期上海超大城市社会治理:经验、问题与思路[J]. 科学发展,2020(5):30-39.

[14] 黄怡. 超大城市空间治理的价值、挑战与策略[J]. 学术交流,2019(10):131-142,192.

[15] 刘玉,张雪,石敏俊. 基于流动人口特征的首都人口疏解与管控[J]. 区域经济评论,2020(2):103-111.

第 12 章图表来源

图 12-1 至图 12-7 源自:笔者根据开展的上海市城中村外来住户抽样调查数据绘制.
表 12-1 至表 12-3 源自:笔者根据开展的上海市城中村外来住户抽样调查数据绘制.

13 居民需求导向下的社区治理探讨

城乡社区是社会治理的基本单元、公共服务与社会治理重心下沉的空间载体。建立共建、共治、共享的社区治理是确保人民群众在日常生活中享有经济社会发展的成果,建立获得感、幸福感、安全感的重要保障。党的十九大报告指出,要加强社区治理体系建设,推动社会治理重心向基层下移,发挥社会组织作用,实现政府治理和社会调节、居民自治良性互动。

13.1 社区治理和发展的新趋势与新理念

13.1.1 以居民需求为导向

2017年《中共中央 国务院关于加强和完善城乡社区治理的意见》(中发〔2017〕13号)出台,明确提出"促进城乡社区治理体系和治理能力现代化",并将"以人民为中心"作为社区的发展思想,强调"把服务居民、造福居民作为城乡社区治理的出发点和落脚点"。

城市社区公共服务是城市发展的主要环节,也是中国目前服务型政府建设的主要内容。在过去很长一段时间里,中国的公共服务发展主要受城市社区公共服务的"供给导向"模式作用,但是自上而下的"供给导向"的供给主体及其提供的供给服务较为单一,居民的主观偏好受到限制,因而出现供给效率低下、供需信息渠道不畅通、市场化程度低下的现象。居民的需求与行为都在随社会的发展而变化。改革开放以来,人民的物质生活得到了极大改善,居民早期"有饭吃、有房住"的低要求生活期待正在随着经济的发展发生变化。随着居民生活方式的改变,居民对物质生活、文化生活的要求都有所提高。在这个过程中,社区作为居民生活的重要载体,被赋予的期待也在不断增加,所以更加精准化、精细化、专业化、标准化的城乡社区服务体系有待进一步建设。社区公共服务的"供给导向"已无法适应当今社会的发展。

居民对公共服务的需求是多样的。随着时间的推移,居民的需求也在一直发生变化。而国家能提供的公共服务在数量和质量上都是有限的,这就同居民日益增长的多元服务需求产生矛盾。"居民需求导向"是相对于政府供给导向而言的。真正的"以居民需求为导向"的社区公共服务模式要想人民之所想,急人民之所需,切实满足居民的实际需求。过去的发展经验表明,城乡社区治理脱离"以居民需求为导向"就会容易出现官僚主义、形式主义作风。这样的治理方式不仅没有从根本上解决居民的实际问题,反而浪费了宝贵的公共资源。居民真正迫切的实际需求却被长久搁置。这样的治理方式长此以往是行不通的。

目前以人为本的社区建设理念逐渐成为社区规划和建设的出发点,"以居民需求为导向"已成为社区发展的主要方向。各级政府逐渐明确社区服务的公共性、福利性,以社区居民为主体,按需提供个性化服务。各级政府相互配合,从居民需求出发,努力完善社区基础设施建设,建立健全社区管理体制,提供丰富多彩的文化生活,促进居民参与社区的建设与治理。为居民提供完善的公共服务、健康安全的生活环境、丰富充实的文化生活是社区存在的意义。这样才能真正使城乡社区治理成为服务居民、造福居民的民心工程,打造真正的民生型社区。

13.1.2 社区重要性的提升

社区是城市的基本空间单元,也是国家基层建设的重要组成部分和基础。理解和把握好"推动社会治理重心向基层下移"的要求,打造共建共治共享的社会治理格局,对于推进中国基层治理体系和治理能力的现代化,进一步提升人民群众的获得感、幸福感、安全感,具有十分重要的意义。推进改革发展稳定的大量任务在基层,推动党和国家各项政策落地的责任主体在基层,推进国家治理体系和治理能力现代化的基础性工作也在基层。而目前城市的社区治理和农村的村庄治理等基层基础工作还存在许多薄弱环节,所以推动社会治理重心下移是必要的。

在社会治理重心向基层下移的导向下,社区的重要性也有所提升。在社会结构变迁和快速城市化的大背景下,社会治理重心下移不是拘于简单向基层"放权、放人、放资源",也不是简单扩充基层政权人员编制和队伍,而是要涉及国家和城市基层治理的系统重构[1]。但系统的重构不是一蹴而就的,要根据实际情况细致构思。所以这就要求切实了解基层情况,从基层现状出发,完善基层治理制度。而社区作为国家和社区治理的基本单元,在这个过程中的重要性得以彰显。

在新冠肺炎疫情的防控中,以社区居民委员会为基本单元所构成的基层社会治理体系展现了强大的动员能力与执行能力。强化社区防控网格化管理,实施地毯式排查,以基层社区为核心构建的全社会联防联控在迅速阻断疫情传播、落实患者救治与对接医疗资源、宣传教育与社会动员、落实社会救助等方面都发挥着至关重要的节点作用,充分体现了社区在基层治理中的重要作用。抗击疫情的过程也增强了居民对社区的参与感、认同感、归属感,有利于居民形成社区共同体意识。以此为经验,足以证明强化社区治理,发挥社区治理优势,是可以转化为疫情防控等突发事件的实际效能的,发挥社区重要性有利于助推基层治理现代化。

13.1.3 社区治理向"多元协同"转变

在计划经济时期,政府处于社区治理的绝对领导地位。在改革开放以来的一段时间,社区治理仍呈现"政府主导多,社会参与少"的局面[2]。政府在社区治理中发挥着全面领导作用,导致其他主体社区治理积极性不高,参与意识较为淡薄。传统的城市社区管理模式已不能适应城市社区治理的需求。在党组织的领导下,以政府、企业和社会协同治理为特征的新模式成为城市社区治理现代化的主要探索方向。总体来看,城市社区协同治理受到社区利益主体的多元化、公共产品需求的多元化和社区功能的社会化等内生力量的共同推动。首先,社区规模越来越大,社区结构日趋复杂。仅仅依靠政府运用行政手段向社区提供公共产品,显然难以整合和协调各利益主体。其次,不同社会群体在不同阶段具有不同的需求。如果完全以政府为主导自上而下提供公共产品,社区内个体的参与策略就会受到政府偏好的约束,导致公共资源的配置效率下降,难以实现社区成员的效用最大化。最后,改革开放以来,随着经济的发展和城市规模的扩大,城市社区开始承载越来越多的社会功能,政府开始从一部分社会管理与服务职能中脱离出来,这些社会管理、社会服务、社会保障功能由非营利组织承担起来。这些力量共同推动了社区治理向多元协同转变[3]。

城市社区协同治理模式主要是指在社区范围内,政府、社会组织、非政府组织、社区成员等不同治理主体共同管理社区公共事务,通过资源配置的不断优化,最终实现社区成员的利益最大化。汪碧刚在《一核多元 融合共治:2016中国智慧社区发展报告》[4]一书中创新地提出了构建"一核多元、融合共治"的社区治理创新体系。"1+3"即"一核多元、融合共治"。"1"是指党的领导;"3"为概数,即"多"的意思,是指社会多元力量。"1+3"突出强调以党的领导为核心,充分调动街道办事处、社区党组织、居民委员会、小区业主委员会、物业公司管理委员会、辖区社会单位、社区中介服务组织以及社区居民等多方力量,持续参与社区工作,最终形成"党委领导、政府负责、公众参与、凝聚合力、多元共治、跨界联盟"的"一核多元、融合共治"的社区治理创新体系。

目前,社区治理过程中正在逐步给予社区治理的主体充分的参与权,鼓励多方主体共建共治,社区治理正在向多元协同治理转变。

13.1.4 社区治理模式的创新

传统社区治理模式的弊端在治理手段、治理方式和治理成本等方面逐渐显露出来,居民日益增长的公共服务需求难以得到满足。各地区政府在社区治理中结合实际情况,将理论与实践相结合,在社区治理方法和治理理念方面不断创新;积极对传统的社区治理模式进行反思,因地制宜,积累了各具特色的新经验。城市社区治理的创新特征包括网格化管理和党建推动重心下移[5]。

在党中央号召加强和创新社会管理能力的背景之下,城市社区网格化管理应运而生。网格化管理模式试图依靠自上而下的行政方式进行推动和动员,凭借精细化的技术治理手段,力图完成构筑细密覆盖的基层管理系统的任务,在复杂性、不确定性和碎片化的环境下,提高国家对社会的整合与控制能力[6]。社会管理所面临的压力和挑战是社区网格化管理产生的现实推动力,在实践中社区网格化管理制度的优越性逐渐有所体现,在基层政府治理工作中发挥了重要作用。基层领导密切联系群众,发挥先锋模范作用,加强与居民的互动,鼓励居民做基层治理的响应者、参与者、献策者,为居民参与共建共治提供合适的平台。

此外,目前各地区充分发挥党组织的作用,以党建引领社区治理创新,即以党建引领为中心,在社区管理、社区服务、社区资源整合、基层群众自治等层面,充分发挥中国共产党党组织的核心作用,形成党、政府、社会等多元主体共同参与、平等协商、合作共治的治理体系。在社区治理创新中充分发挥党的作用,是由中国共产党的特殊地位决定的:共产党既是多元治理的唯一核心,又是多中心治理中的领导主体。在社区治理中,只有党才能起到既居于社区多元治理主体之上,又能凝聚多方之力的作用。只有"借助党的作用聚集分散的社区治理主体",才能使"公民积极、有序、自主参与成为可能"。

13.1.5 社区发展与规划的"新理念"

1) 智慧社区

近年来,智慧城市作为一种先进的理念与城市发展战略,吸引了社会各界的广泛关注,被列入《国家新型城镇化规划(2014—2020年)》中,成为中国城市发展的重要战略方向,也引发了信息科学、城乡规划、城市管理等领域学者的关注与讨论。学者们在智慧城市的概念、内涵、发展状况、对策建议、实施技术等方面展开了大量的研究与探讨[7]。与此同时,住房和城乡建设部以及国家发展和改革委员会的智慧城市试点工作也进一步促进了智慧城市规划与实践在全国各地的推进。

在智慧城市的实践中,由于社区所具有的相对适中的空间尺度及其在城市生活和社会管理中的重要作用,智慧社区成为推进智慧城市试点及应用的热点领域。2014年,住房和城乡建设部发布了《智慧社区建设指南(试行)》,要求每个智慧城市建设试点城市必须创建和实施智慧社区项目;随后,民政部从社区治理和服务的角度强调要加强智慧社区建设[7]。然而,相较于对智慧城市的广泛关注,学术界对于智慧社区的概念和内涵的探讨相对不足。并且由于市场主体在设备和技术上的优势,智慧社区的发展逐渐被企业和市场所引导,演变成了以智能设备和技术促进社区管理工作的便利化[8],因此,有必要对智慧社区的概念、内涵和实践进行梳理,为未来的社区发展、规划与治理提供依据和建议。

智慧社区可被视为中国社区信息化演进的高级阶段[9]。随着智慧城市建设在中国的兴起,智慧社区建设很快被提上了日程。社区作为城市治理的基本单元,智慧城市建设最终要落实到每个社区的治理和服务上面,因此智慧社区建设是智慧城市建设不可或缺的重要支撑和组成部分。基于这种认识,中国各级政府、相关企业和学术界纷纷倡导并大力推进智慧社区建设。在中央层面,住房和城乡建设部、民政部分别从智慧城市建设与社区治理和服务方面提出了加强智慧社区建设的要求。在地方层面,许多地方政府对智慧社区建设非常重视,创造各种条件予以推进。与此同时,许多企业出于开拓市场和营利的目的,也纷纷从规划和技术的角度推出了自己的智慧社区建设方案。

2014年,住房和城乡建设部发布了《智慧社区建设指南(试行)》,对智慧社区的评价方法、总体架构和支撑平台、包含的内容和建设运营等方面给出了指导性要求。北京、上海、深圳、佛山等不同城市也推出了相关的地方标准与导则。然而,由于市场主体在智能化设备和技术手段应用上的优势,部分智慧社区的实践脱离了学术界和政府部门讨论的范畴,其发展逐渐被企业和市场引导,演变成了以智能设备和技术促进社区管理工作的便利化。

2016年,民政部等多部门联合出台了《城乡社区服务体系建设规划(2016—2020年)》,明确指出城乡社区工作的重点是要增强城乡社区服务功能,要求各地大力推动"互联网+"与城乡社区服务的深度融合,积极探索多元主体共同参与的合作治理模式。2017年,《中共中央 国务院关于加强和完善城乡社区治理的意见》(中发〔2017〕13号)进一步明确实施"互联网+社区"行动计划,加快互联网与社区治理和服务体系的深度融合,探索网络化社区治理和服务新模式,推进全国范围内的社区智慧化建设。可见,互联网和城乡社区治理与服务的深度融合已成为智慧社区发展和建设的重要方向。

在中国已有的智慧社区实践中,以政府为主导的智慧社区建设强调社区管理的信息化,而以企业为主导的智慧社区注重产品的推广与营利,在这些智慧社区的设计中,居民被作为管理和服务的对象,而非智慧社区的核心主体。同时,智慧社区的实践存在以下问题:①多元主体的参与度不强,居民的主体性未能得到充分发挥;②各试点项目的特色不鲜明,重点不突出,对社区差异和多样化的居民需求关注不足;③社区服务过度强调技术导向和便捷化导向,为居民提供足不出户的便捷,却可能进一步导致人们日益远离社区公共生活;④对社区的社会、文化环境建设关注不足,社会网络、共同信念、社区认同等要素的构建相对缺乏[9-11]。

2) 社区生活圈

生活圈在不同的地域尺度上都有研究及应用,且在区域、城市、社区等各个层面上都有着不同的适用内涵。最开始,生活圈是一种在全国范围内不受行政区划限制的空间分区概念,被定义为"地域内生活的居民共享生活功能、被称为生活基础的圈域,其中的生活功能包括日常生活中所必需的教育、医疗、社会保障、商业、就业、交通等功能"。社区生活圈是城市生活的基本单元,以适宜的步行范围为空间尺度,配置居民基本生活所需的各项功能和设施,构建宜居、宜业、宜游、宜养、宜学的社区生命共同体。

"社区生活圈"的概念在中国逐步得到重视,是居民以家为中心开展的日常生活范围的集合,规模近似于韩国提出的"小生活圈"、日本提出的"定住圈"[12]。将社区生活圈作为基本的单元来组织城镇和乡村的社区生活,重点不仅仅在于"圈子",更突显的是以人为本的社区服务理念。社区生活圈以人为核心,把人的实际生产、生活所涉及的范围作为空间规划和资源整合的基础,进而对社会基础设施及公共服务进行合理的配置,以人的尺度重新认识和改造社区,深入微观层面上去满足城乡居民的物质需求、健康需求,以及在社区归属、邻里交往、学习创作等多个方面的人本需求。

2003 年,在广州市城市总体发展战略规划实施总结研讨会上提出珠三角城市群有望在 2020 年实现轨道一小时生活圈。2009 年,广东省与香港地区、澳门地区共同启动编制了中国首个以"生活质量""优质生活圈"为主题的区域合作规划——《共建优质生活圈专项规划》。2010 年,海南省住房和城乡建设厅与中国城市规划设计研究院共同编制了《海南省城乡经济社会发展一体化总体规划(2010—2030 年)》,提出构建 4 个都市生活圈和 21 个基本生活圈。《上海市城市总体规划(2017—2035 年)》在国内率先提出了 15 分钟社区生活圈的概念,"以 15 分钟社区生活圈组织紧凑复合的社区网络,促进生活、就业、休闲相互融合,提升市民的幸福感"[13];同时,通过制定规划导则,将概念转化为实施与管理工具,在居住社区规划和更新工作中推广。北京、济南、长沙、郑州等诸多城市也先后开展了社区生活圈规划。

3)未来社区

"未来社区"概念的提出,聚焦"人本化",以人为核心,满足社区全人群对美好生活的向往,实现宜居、宜游、宜业,将人文价值塑造放在首位。营造特色邻里文化,打造和谐邻里交往空间,构建邻里贡献积分机制等,把邻里打造成一个人人遵守邻里公约、居家办公者或自由职业者或退休者都能发挥各自优势的、和谐互助的、实现远亲不如近邻的社区共同体。同时打造全民学习、终身学习的、邻里共享的学习场景;打造全民康养、创新健身、多元养老、优质医疗资源共享的健康场景;打造满足居民创新创业需求、拥有社区创业空间、建设人才公寓、吸引各类型人才的创业场景;打造政府导治、居民自治、平台数治的治理场景。

未来社区以和睦共治、绿色集约、智慧共享为内涵特征,通过政府引导、市场运作探索形成可持续的未来社区建设模式,构建以未来邻里、教育、健康、创业、建筑、交通、低碳、服务和治理九大场景创新为重点的集成系统,打造有归属感、舒适感和未来感的新型城市功能单元,促进人的全面发展和社会进步。

2019年,在浙江省两会上,"未来社区"被正式写入政府工作报告,提出要扎实推进大湾区建设,启动未来社区等项目,提高杭州湾经济区能级。2019年,浙江省政府印发《浙江省未来社区建设试点工作方案》对未来社区的内涵、目标做出阐释,并启动了未来社区建设试点工作。2020年,浙江公布第二批36个试点项目建议名单,名单含首批24个项目,项目总数量已达到60个,未来社区建设迎来新进程。

4) 完整居住社区

2020年,《住房和城乡建设部等部门关于开展城市居住社区建设补短板行动的意见》(建科规〔2020〕7号)发布,提出了"完整居住社区"概念,从社区的设施配建和共建共治共享机制方面制定了完整居住社区建设标准。

当前,居住社区存在规模不合理、设施不完善、公共活动空间不足、物业管理覆盖面不高、管理机制不健全等突出问题和短板。完整居住社区是指为群众日常生活提供基本服务和设施的生活单元,也是社区治理的基本单元。为完整居住社区统筹配建中小学、养老院、社区医院、运动场馆、公园等设施,与15分钟生活圈相衔接,为居民提供更加完善的公共服务。

《完整居住社区建设标准(试行)》共包含6大建设标准、20项建设内容。首先应有完善的基本公共服务设施,包括社区综合服务站、幼儿园、托儿所、老年服务站和社区卫生服务站。其次应有健全的便民商业服务设施,含有综合超市、多个邮件和快件寄递服务设施以及理发店或药店等其他便民商业网点。再次应有市政配套基础设施,包括水、电、路、气、热、信等设施,停车及充电设施,慢行系统,无障碍设施,环境卫生设施。此外,要有充足的公共活动空间和全覆盖的物业管理。要有宽裕的公共活动场地,以及符合标准的公共绿地。最后应有健全的社区管理机制,建立"党委领导、政府组织、业主参与、企业服务"的居住社区管理机制,提供综合管理服务,营造富有特色的社区文化。

5) 社区发展理念对比

综上可知,智慧社区将"智慧城市"的概念引入了社区,以社区群众的幸福感为出发点,通过打造智慧社区为社区百姓提供便利。智慧社区和未来社区都试图通过互联网信息技术为居民带来便利。而"15分钟社区生活圈""未来社区""完整居住社区"三个理念虽然提出的时间有所不同,但根本上都是建设满足居民生活、医疗、教育、购物、出行等多方面生产与生活需要的居住空间。15分钟社区生活圈是发展未来社区和完整居住社区的基础。但它没有具体明确的实施边界,而是提出建设满足人们"衣食住行、文教体卫"基本需求的生活空间。未来社区和完整居住社区在此基础上有所完善,旨在提供更精细、更便利的公共服务。未来社区是以满足人民美好生活向往为根本目的的人民社区,是围绕社区全生活链服务需求,在完善基础设施的基础上,融入人文情怀,着力打造和睦共治型社区,融入科技和绿色发展理念。未来社区注重的是品质生活。完整居住社区则针对当前居住社区存在的规模不合理、设施不完善、公共活动空间不足、物业管理覆盖面不高、管理机制不健全等突出问题和短板,更侧重于服务设施、便民服务设施、社区管理体制的建设和完善(表13-1)。

表13-1 社区发展理念对比

概念	背景	内涵	实践情况	实践中面临的问题
智慧社区	在智慧城市战略背景下,智慧社区成为推进智慧城市试点及应用的热点领域;社区信息化向智能化方向延伸	智慧社区是指利用信息技术的集成应用,为社区居民提供一个安全、舒适、便利的现代化、智慧化的生活环境,形成社区管理新形态	截至2020年6月,全国290个智慧城市试点均开展了智慧社区实践;近期实践主要集中在社区养老、社区安全、疫情防控等方面	多元主体的参与度不强;各试点项目的特色不鲜明;社区服务过度强调技术导向和便捷化导向;对社区的社会、文化环境建设关注不足
社区生活圈	党的十八大以来,中央对城市发展明确了若干新要求;上海等城市在规划中引入"15分钟社区生活圈"概念;国内规划领域对其进行了大量的探讨和研究	社区生活圈是城市生活的基本单元。以适宜的步行范围为空间尺度,配置居民基本生活所需的各项功能和设施,构建"宜居、宜业、宜游、宜养、宜学"的社区生命共同体	上海首次提出15分钟社区生活圈,并制定规划导则和《社区生活圈规划技术指南》(TD/T 1062—2020)行业标准;北京、济南等城市也先后开展了社区生活圈规划	划分方式不统一,空间范围模糊;实施主体不确定;社区与行政区体系不对接
未来社区	浙江省致力于打造数字经济企业和人才集聚地;社区发展中存在土地集约利用率低、重地产轻人文、优质教育资源稀缺等问题	立足人本化、生态化、数字化三大价值坐标;聚焦未来邻里、教育、健康等九大场景;以和睦共治、绿色集约、智慧共享为内涵特征	实践主要集中在浙江省;2020年,试点项目数量达到60个	市场化力量等多元主体的协同问题
完整居住社区	居住社区存在规模不合理、设施不完善、公共活动空间不足、物业管理覆盖面不高、管理机制不健全等突出问题和短板有待解决	完整居住社区是指为群众日常生活提供基本服务和设施的生活单元,也是社区治理的基本单元	2020年,《住房和城乡建设部等部门关于开展城市居住社区建设补短板行动的意见》	过于强调规划和设施配置完善;与社会、文化环境建设的融合有待加强

13.2 社区发展"新理念"在实践中存在的问题

13.2.1 空间范围存在模糊性,与行政区体系难以对接

空间范围存在模糊性。社区生活圈等理念的提出,就缺乏明确的空间范围与之相对应,或者以步行5分钟、15分钟的可达范围来界定,或是以一定的人口规模或用地面积来界定,缺乏与已有行政区划单元相结合的综合考虑。尽管这是以居民为中心理念的体现,试图打破已有的行政边界和居住区封闭系统、促进资源环境的共建共享,但空间范围的模糊将导致责任和权力边界的模糊。

社区与行政区体系不对接。社区实质上是地理空间、社会空间和空间组织的一种复合体。行政区和社区在内涵上的本质差异表现在形成机制、功能目的、管理组织等方面。目前中国社区既包括行政社区,又包括非行政社区(又称"自然社区"),诸如商业社区、工业社区、大学社区、交通社区、旧式里弄社区、国际化社区等等,两者的根本区别在于是否存在正式制度的认定,即政府在国家法律法规框架下对社区进行行政界定。在中国国情下,行政社区与非行政社区一般不能随意相互代替。如以非行政社区完全代替行政社区,有可能会影响基层政权建设,而以行政社区完全代替非行政社区,又可能会损害居民的某些权益,不利于各类社区服务的有效提供,甚至行政区对社区服务的不恰当分割会造成公共设施和社会资源的浪费。但非行政社区又可能存在与行政区体系不对接的情况[14]。

实施主体的不确定性。"社区"的内涵较为丰富,在学理上和实践中都存在一定的不确定性。社区的定义从精神和空间的不同角度出发,定义也就有所不同。2000年《民政部关于在全国推进城市社区建设的意见》对社区概念进行了官方界定,"社区是指聚居在一定地域范围内的人们所组成的社会生活共同体",与纯学术范畴的概念演绎有所区别。显然该意见在城市社区管治中融入了更加丰富的空间要素,这样的空间设计能够使社区起到全方位覆盖、空间具形化、模糊政治属性、加强集体身份认同等作用[15]。社区的定义和社区类型不同,社区生活圈、未来社区、完整居住社区等概念在落实时就会出现实施主体不确定的问题。

13.2.2 多元主体的参与度不强,居民的主体性未能得到充分发挥

社区发展与治理需要多方主体的共同参与。事实上,在实施的过程中政府以外的主体参与性还有待提高。部分地区的社区治理还存在"政府在行动,社会无行动,居民不行动"的局面。

多方参与、共同治理的社区治理格局需要社区居民的参与,但实践中的居民参与却持续低迷[16]。城市居民在社区治理参与中存在着参与率

低、参与不均衡、参与效能不高、处于被动员状态等问题。当前时期,社区居民参与社区治理停留在表面化,居民参与治理的动力和持续性不足。居民参与社区治理的积极性低可能有以下几点原因:①居民缺乏对社区的认同感,因而参与社区治理的热情不高;缺乏社区主人翁意识,认为社区治理是各级政府以及街道居民委员会部门的工作,自己只是社区的普通居民,没有参与的权利和必要。②参与社区治理没有得到正向反馈,例如可能先前对社区提出的建议没有得到积极回应或重视,就觉得自身参与社区治理不会得到重视。③居民同社区治理间缺乏利益关联性。居民利益和社区事务之间的关联度低,部分居民抱着"事不关己高高挂起"的心态。

此外还需调动参与社区治理的其他组织力量,包括物业服务企业、业主委员会、社会中介组织等。这些组织在社区中有不同的利益诉求,在不涉及自己利益时,往往参与的积极性就会有所降低,缺乏社区共同体意识。

13.2.3 主要聚焦在城市地区,对于城乡社区的差异考虑不足

党的十九大审时度势,创新地提出中国特色社会主义进入新时代,中国社会主要矛盾转化为人民日益增长的美好生活需要和不平衡不充分的发展之间的矛盾,强调实施乡村振兴战略,其核心是着力破解城乡发展不平衡、农村发展不充分等突出问题,弥补全面建成小康社会的乡村短板[16]。但该类政策不单单针对农村社区建设,相对宏观。例如乡村振兴还强调人地关系、农村基本经营制度等问题,并非单纯地将农村社区建设作为工作重点。

目前,中国的城市和农村地区的社区仍存在较大的差异,当前的社区发展新理念对城市社区给予了比较多的关注,但对于农村地区的社区应如何发展和治理的讨论相对较少。农村在经济、基础设施、人口素质等方面都要落后于城市。城乡之间存在差距,城市与乡村发展的基础不同,在政策落实的接受程度和落实效果方面均存在差异。因此,城市社区治理的概念在农村的适用性有待考量,不可照搬照抄。

13.2.4 工作人员能力及人才队伍建设与社区治理的需求不匹配

事实上,达到良好的社区治理效果需要专业的社区治理人才和具有良好工作能力的基层工作人员。然而目前基层工作人员存在年龄偏大、学历偏低的状况。不少社区干部在管理理念和管理方式上都较为传统。管理技术难以满足管理需求。例如目前互联网在社区治理过程中发挥着不可替代的作用,但由于部分基层工作人员年龄偏大,学习能力较弱,在互联网时代难以达到工作的新的技能要求。尤其在农村地区,社区干部信息化素质较低,对信息技术及新媒体的应用能力有待提高。因此,提高工作人员的工作能力是社区治理过程中的一个重要环节[17]。

此外,缺乏完善的人员管理体系,奖惩机制不完善,使得部分工作人员

缺乏工作积极性,消极怠工。基层工作人员的工作能力有待加强,社区管理队伍力量不足也就导致了社区自治能力不足。

13.3 城乡社区发展与治理的对策建议

13.3.1 加强对城乡社区合理空间尺度及其与行政区划单元关系的研究

"以居民需求为导向"已成为社区发展的主要方向和必然趋势,在此背景下,城乡社区行政区划单元的设置也应该与先进的社区发展理念和居民的需求相适应。因此,要在综合考虑人口规模和空间范围的条件下,从居民的需求出发,以高品质生活为导向,兼顾城乡社区的差异,充分开展社区合理空间尺度的研究,从而确定更加合理的社区尺度。

首先要厘清社区与行政边界的关系,逐步明确空间范围划分,探讨其与当前行政区划单元间的关系,对于不合理的基层社区行政区划单元进行调整。其次要明确职责归属,积极探索社区发展新理念与现有行政体系的关系,厘清部门管理职责,社区与街道和各区条线部门紧密对接,建议从基层与社区关系的整体性角度进行社区规划研究[14]。

13.3.2 加强"多元共治"的社区治理模式

调动"多元主体"参与度,共建共治。从基层需求出发,落实新理念。增强与基层群众联系,想人民之所想,急人民之所需。鼓励居民以及社区治理的其他组织力量加入社区治理。

首先,居民是社区建设的主体,要使居民真正参与到社区的治理之中,就要完善相应的参与机制,为居民参与社区治理提供制度上的支持和保证。一是信息公开机制,街道办事处和居民委员会的工作内容要公开透明。社区成员只有全方位真实了解社区建设的动态,才能更好地融入社区,参与社区治理。二是对话机制。除了单方面发布信息、组织社区活动,政府还要建立起有制度保障的、通畅的与社区居民的沟通渠道,了解社区居民的真实需求,如定期的民意调查制度。三是拓宽居民参与社区建设的渠道和途径,完善居民代表会议制度,在制度上保证居民参与到社区的治理之中。此外,积极推进社区"素质工程",大力提高居民的素质和"自我管理、自我服务、自我教育、自我监督"的意识。

其次,同时协调参与社区治理的其他组织力量的不同利益,增加各方主体对社区共同体的认同感,引导各方主体参与到社区治理当中,激发社区社会组织在城市基层的公益性和服务性,从而达到服务社区居民、满足居民需求、促进社区发展的作用。从人民需求出发,与社区实际相结合,将新理念落实到工作细节中。

最后,深化社区共治,必须进一步健全参与制度,创造和完善参与平台,调动多元主体的参与积极性,通过合作治理切实做到共建共享,从而实现善治[18]。

13.3.3 加强对农村社区发展和治理的关注

农村社区发展和治理不仅旨在实现乡村社区和社会的整合,而且旨在实现城乡一体和整个社会的融合[19]。在城乡社区治理与发展过程中,应提升对农村社区治理的关注程度,从城市治理转向城乡治理,改善城市治理、城乡治理"两张皮"的状况。

首先,应关注农村社区同城市社区的发展差异。中国城乡社区发展差异是中国经济、社会持续发展的必然结果。城市社区和农村社区在经济结构、基础设施、人口结构文化、管理和服务以及教育和休闲等方面均存在差异[20]。农村社区相比于城市社区而言,经济实力弱、发展底子薄。当前许多社区治理的新理念多基于城市社区提出,农村社区应因地制宜,结合实际情况落实社区发展新理念,寻找新出路,断不可照搬照抄。

其次,应该重视关注农村社区治理。不仅要健全农村基层党组织的工作机制,而且要鼓励农村居民参与到社区治理当中。①农村基层党组织领导农村社区治理,是农村社区治理现代化的必然选择。在当前农村社区治理过程中要建立相应的决策机制和领导体制,并确保社区决策的民主化和科学化。健全社区党组织领导基层群众自治组织开展工作的相关制度,依法组织居民开展自治,及时解决基层居民自治过程中所存在的问题。加强社区党风廉政建设,推动全面从严治党向社区延伸,解决居民身边的腐败问题[21]。②鼓励农村居民参与到社区治理当中,统筹发挥社区社会组织协同作用。农民在农村社区建设中的参与机制主要有两种:一是组织化参与机制;二是个体化参与机制。组织化参与机制实际上就是在社区内部成立各种自组织,即社区社会组织。鉴于当前农村自组织发育还不完善,还难以有效承接各种类型的社区服务,政府应采取"培育+补贴+奖励+购买"的方式,大力扶持参与农村社区服务的社会组织,增强其社区服务能力[22]。农村社区社会组织是社区居民建立的自治组织。这些社会组织的建立可以有效弥补乡镇政府和村民委员会在社区治理中的不足,促进社区居民参与农村社区治理。鼓励社会志愿者或农村社区的志愿者以及社区的各种社会组织积极去参与社区组织的各方面服务活动,合理有效地配置和利用好农村社区服务的人力和其他方面的资源,大力提高社区服务的管理水平以及专业水平,从而更好地促进农村社区的综合治理。

13.3.4 建立与新时期社区治理相匹配的管理体制

首先,要完善社区管理体系,加强社区工作队伍建设,提升社区服务水平,建立共建共治共享的社区治理格局。发挥党员干部的先锋模范作用,鼓励和带领社区居民推进社区"共同体"建设。完善社区工作人员管理制度。健全考核评价体系,对社区工作人员进行规范化管理。建立"能者上、平者让、庸者下"的竞争激励机制,不断加强社区干部队伍建设,通过定期组织社区干部向居民群众做述职报告,通过群众测评、民主评议的办法来综合考评社区干部,提高社区干部工作的积极性、主动性,增强竞争意识、危机意识,进而不断优化社区干部队伍结构,推动社区工作的健康发展。

其次,通过定期培训和轮岗等措施来提升工作人员的工作能力。加强社区工作人员的专业化培训。考虑到目前社区工作人员的专业背景多样,很多人并不熟悉社区工作,也没有掌握社区工作的专业知识,因此要建立社区工作者的能力模型,进行以社区工作为核心的专业培训,这样就可以逐步提升社区工作者的能力[23]。通过轮岗换位,不断提升社区工作者的工作能力。轮岗可以让年轻干部体验社区各部门的工作,增强换位思考、团结协作的思想。通过轮岗换位,年轻干部可以在实践中加强锤炼,提升自身综合素质。通过让干部在民政、党建、劳动保障、计划生育等岗位交流换岗,帮助他们在胜任一个岗位的同时,经过不同时间、不同岗位的培训和锻炼,提高大局意识和综合业务素质。

最后,不仅要提高社区工作人员的福利待遇,吸引"精英",而且要建立社区社会工作者的激励机制,留住"精英"。要鼓励社会工作者长期扎根社区,建议以3年、5年和10年作为奖励社区社会工作者的时间节点,即如果一个社区社会工作者工作满3年就可以获得一定的奖励,工作5年或10年则可以获得更高的奖励[23]。

(执笔人:申悦、李亮)

第 13 章参考文献

[1] 容志. 推动城市治理重心下移:历史逻辑、辩证关系与实施路径[J]. 上海行政学院学报,2018,19(4):49-58.

[2] 梁丽. 北京市智慧社区发展现状与对策研究[J]. 电子政务,2016(8):119-125.

[3] 卫志民. 中国城市社区协同治理模式的构建与创新:以北京市东城区交道口街道社区为例[J]. 中国行政管理,2014(3):58-61.

[4] 汪碧刚. 一核多元 融合共治:2016 中国智慧社区发展报告[M]. 北京:中国社会出版社,2017.

[5] 杨海涛. 城市社区网格化管理研究与展望[D]. 长春:吉林大学,2014.

[6] 孙柏瑛,于扬铭. 网格化管理模式再审视[J]. 南京社会科学,2015(4):65-71.

[7] 李国青,李毅. 我国智慧社区建设的困境与出路[J]. 广州大学学报(社会科学版),2015,14(12):67-71.

[8] 王萍,刘诗梦. 从智能管理迈向智慧治理:以杭州市西湖区三墩镇"智慧社区"为观察样本[J]. 中共杭州市委党校学报,2017(1):75-81.

[9] 常恩予,甄峰. 智慧社区的实践反思及社会建构策略:以江苏省国家智慧城市试

点为例[J]. 现代城市研究,2017,32(5):1-8.
[10] 申悦,柴彦威,马修军. 人本导向的智慧社区的概念、模式与架构[J]. 现代城市研究,2014,29(10):13-17.
[11] 柴彦威,郭文伯. 中国城市社区管理与服务的智慧化路径[J]. 地理科学进展,2015,34(4):466-472.
[12] 肖作鹏,柴彦威,张艳. 国内外生活圈规划研究与规划实践进展述评[J]. 规划师,2014,30(10):89-95.
[13] 李萌. 基于居民行为需求特征的"15分钟社区生活圈"规划对策研究[J]. 城市规划学刊,2017(1):111-118.
[14] 刘君德. 我的地理人生:涉足山区·致力政区·钟情社区[M]. 南京:东南大学出版社,2017.
[15] 刘云刚,叶清露. "社区建设"再考:基于政治地理学视角的城市基层领域化政策解读[J]. 地理研究,2017,36(10):1971-1980.
[16] 杨莉. 以需求把居民带回来:促进居民参与社区治理的路径探析[J]. 社会科学战线,2018(9):195-201.
[17] 李润国,姜庆志,李国锋. 治理现代化视野下的农村社区治理创新研究[J]. 宏观经济研究,2015(6):23-29.
[18] 陈沈慧. 城市社区治理多元共治研究:以三明市梅列区为例[J]. 福建行政学院学报,2012(6):49-55.
[19] 项继权. 农村社区建设:社会融合与治理转型[J]. 社会主义研究,2008(2):61-65.
[20] 陈锐,周永根,沈华,等. 中国城乡社区发展差异性研究[J]. 城市发展研究,2013,20(12):50-55.
[21] 文丰安. 我国农村社区治理的发展与启示:基于乡村振兴战略的视角[J]. 湖北大学学报(哲学社会科学版),2020,47(2):148-156.
[22] 陈建胜. 城乡一体化视野下的农村社区建设[J]. 浙江学刊,2011(5):41-46.
[23] 何雪松. 基层社区治理与社会工作的专业回应[J]. 浙江工商大学学报,2016(4):109-112.

第13章表格来源

表13-1 源自:笔者整理绘制.

14　社区治理与社会融合

14.1　社区层级促进社会融合的挑战

伴随着市场经济体制改革,城市内部居民不仅在语言、文化等方面,而且在收入、教育、就业等社会经济资源获取方面的差异不断扩大。特别是在城镇化发展过程中,大规模的流动人口离开户籍地进入城市,由于经济、文化、制度等障碍,他们难以真正融入城市生活,其社会融入问题在大城市尤为突显[1]。在社区层级,城市内部居民构成的多样化表现为社区居民内部日益增加的异质性,并由此产生不同社会经济背景的居民间的分化。由于社区是城市社会的基本单元,不同社会经济背景的居民在社区层级的社会融合将会影响整体的社会融合发展[2-3]。

社区是城市社会治理的主要场域[4]。2017年6月,针对社区治理的《中共中央、国务院关于加强和完善城乡社区治理的意见》(中发〔2017〕13号)发布,该意见提出要把社区建设成为共建共享的幸福家园。党的十九大报告指出,要"加强社区治理体系建设,推动社会治理重心向基层下移,发挥社会组织作用,实现政府治理和社会调节、居民自治良性互动"。通过提升社区治理把不同社会经济背景的居民融入社区生活,保障其居民权益,形成对社区的责任感,塑造社区居民的共同情感、认同和凝聚力,将会影响整体的社会融合水平。因此,如何通过优化社区治理框架和能力来促进社区层级的社会融合值得研究。

通过社区治理来促进社区层级的社会融合面临城市社区自身特征的挑战。首先,城市内部社区类型的多样化导致社区治理能力的分化。由于不同社区的建设年份和发展的社会背景不同,不同类型的社区在城市中的分布格局、其内部的人口构成和产权结构等都存在明显差异,因此在社区治理过程中所面临的问题、居民的需求,以及所提供的社会资源和公共服务水平参差不齐。其次,社区人口构成多样性增加了社区治理的难度。随着城市大规模的建设和住房市场的发展,社会经济背景不同的个体通过购买或租赁的形式居住于同一社区,减弱了传统"熟人社会"的特征,居民之间很难形成共同的价值和情感联系[5]。社区内部的大多数流动人口由于没有本地户口并且在社区中多处于租客的身份,与本地市民之间形成了无形的藩篱,难以进行交流和互动,对于社区事务的参与度低。这成为社区治理的一个难点,影响社区的社会融合水平。

14.2 社区类型及人口构成

14.2.1 社区类型的演变与划分

随着中国城市化和住房改革的深入推进,城市社区经历了从传统社区向现代社区的转变,类型更加多样化。从住房类型的角度来看,目前城市中普遍存在四种社区类型:商品房社区、动迁安置房社区、老公房社区以及保障性住房社区。中华人民共和国成立后的计划经济时期实行福利分房的房屋分配形式,城镇居民的住房由政府、国有企业和事业单位投资兴建,房租低廉,但大部分条件简陋。20世纪80年代开始推进的住房改革废除了住房实物分配制度,同时在住房私有化的过程中,原福利住房的住房产权以低于市场的价格出售给原住户,从而形成了现在的老公房社区。相较之下,伴随着住房市场化的发展,商品房逐渐成为现代城市住房市场中最主要的住房形态。在中国城市建设和扩张的过程中,政府为安置被拆迁者所建设的房屋被称为动迁安置房。动迁安置房社区的居民以拆迁户为主。为解决大量城市中低收入家庭住房困难问题,政府大规模兴建保障性住房[6]。保障性住房社区普遍存在区位偏远,交通、商业和教育配套设施不完善等问题。

以上海市为例,基于58同城等网站的数据发现,整体上社区数量由城市中心向外围递减,不同类型社区在空间上呈现出非均衡的分布形态(图14-1)。在规模上,上海市的社区类型以商品房社区为主,其次为动迁安置房社区,老公房社区和保障性住房社区所占的比例较小。在空间分布上,商品房社区分布较广,是当前最主要的社区类型。动迁安置房以及保障性住房多分布在中环以外地区,可能的原因是这两类住房的盈利较低,考虑到城市中心的高地价,政府和开发商在进行选址时会偏向于地价低、较为偏远的区域以降低建设成本。老公房社区基本分布在浦西,这些社区大多建于20世纪,而上海当时侧重于在浦西发展。

14.2.2 社区人口构成

利用第六次全国人口普查数据来刻画上海市人口在各街道的空间分布,分别以大学本科及以上学历的常住人口占比、20—60岁的常住人口占比和外来常住人口占比反映不同街道常住人口在受教育程度、劳动力构成和外来人口构成方面的特征。由图14-2可见,上海市中心地区的街道中本地人口占比最高,并且常住人口的整体学历水平高于城市外围地区,可能的原因是市中心集聚所带来的高竞争性和高消费水平造成常住在城市中心的人群具有较高的综合实力和经济水平,而外来人口在本地的经济积

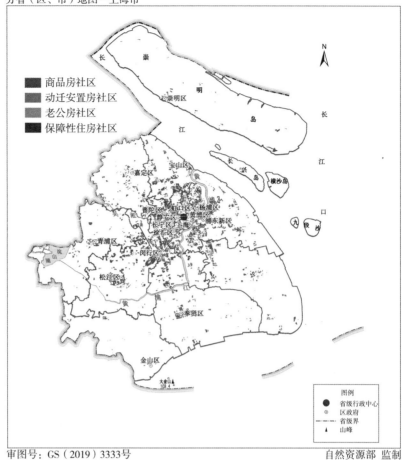

图 14-1　上海社区类型分布图

累不足,很难承担市中心的高房价。此外,中心地区的劳动力人口比例较低,老龄人口更多地居住在城市中心。在中环至外环地区,外地人口占比高,学历水平处于中等,劳动力人口占比较高。相比于市中心的高房价,该地区的房价处于中等水平,又与市中心的距离近,拥有便捷的交通到达市中心,方便获得市中心的各方面资源,因此成为外来人口较为集聚的地区。外围地区,特别是位置偏远的崇明区,本地人口占比较高。这主要是由于崇明区的总体发展实力不足,发展潜力受限,吸引外来人口的能力低,劳动力人口少,多为老少留守人口。

14.2.3　不同类型社区的人口特征

社区内部人口构成的复杂性和多样性将会增大社区治理的难度。在了解各个街道常住人口结构存在差异的基础上,本章基于 2018 年上海市居民住房抽样调查数据(有效问卷为 1 038 份,涉及 33 个社区),发现商品房社区、老公房社区、动迁安置房社区以及保障性住房社区四种社区类型的人口特征存在明显差异。

从性别来看,尽管不同类型社区的女性数量均大于男性,但保障性住房社区中的男女比例差异更大,女性数量是男性数量的两倍以上。从年龄

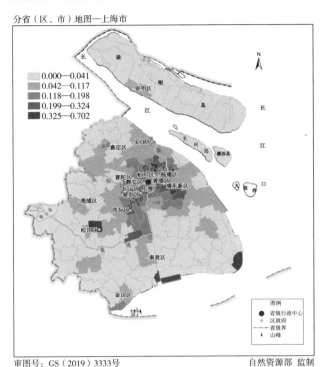

(a) 高学历常住人口空间分布

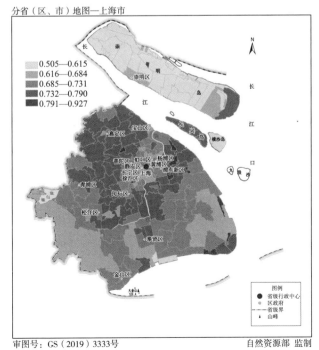

(b) 劳动力常住人口空间分布

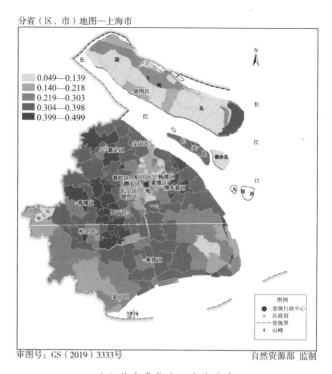

(c) 外来常住人口占比分布

图 14-2　上海各街道人口分布特征

来看,商品房社区居民的平均年龄较小,保障性住房社区次之,老公房社区和动迁安置房社区居民的平均年龄偏高。从婚姻状况来看,各类型社区居民的已婚比例均高于 75%,其中,商品房社区的已婚比例最小,这可能与社区内的居民年龄结构有关。从受教育程度来看,商品房社区居民整体的受教育程度最高,其次为老公房社区,本科及以上学历的居民占比分别为 40.29% 和 33.85%;动迁安置房社区居民整体的受教育程度最低,本科及以上学历的居民占比仅为 20.79%,而学历为初中及以下的居民占比将近 40%。从户口性质来看,老公房社区拥有城镇户口的居民占比最大,为 84.62%;动迁安置房社区中农村人口比例高于城镇人口比例,原因是在城市扩张建设过程中,近郊区的农村人口迁入动迁安置房社区,但户口性质没有发生变化。从户籍类型来看,除保障性住房社区内的外来人口远多于本地人口,其他三类社区的人口特征仍以本地人居多,其中,老公房社区最突出,本地户口占比为 76.92%。从党员身份来看,老公房社区的党员比例最高,保障性住房社区的党员比例最低,但彼此之间的差异并不显著。

14.3　社区治理能力

社区是社会治理的基本单元,而社区治理是社区范围内包括基层政府、社区组织、居民及辖区单位等在内的不同主体通过协调合作对社区内的公共资源进行有效配置和秩序管理,增进社区居民福祉的过程和机制[7-9]。一般认为,居民委员会、业主委员会和物业管理公司是社区治理的三大主体,共同承担着社区治理的重要责任[10]。居民委员会是居民自我管理、自我教育、自我服务的基层群众性自治组织,在市辖区政府、不设区的市政府或者其派出机关——街道办事处的指导下进行工作,具有较强的行政管理职能。业主委员会由物业管理区域内的业主根据业主大会议事规则选举产生,代表业主利益的组织机构,具有更强的自治性。物业管理公司具有明显的市场特征,具有服务性,受到业主和非业主使用人的委托,对物业进行管理并提供多种服务,受房地产主管部门和业主委员会的监督。

但由于社区类型不同,居民委员会、业主委员会和物业管理公司在不同社区内所承担的责任和所发挥的作用也存在差异。老公房社区由计划经济体制下的单位制社区发展而来,由于其特殊的历史演化背景且社区的设施和环境较难维护,一般没有物业管理公司和业主委员会,社区公共事务的管理主要依靠社区居民委员会。对于随着市场化发展兴起的商品房社区,在居民委员会管理的基础上,社区治理更多地依托市场化的物业服务管理,拥有业主委员会和物业管理公司,形成三大主体间的互动。而动迁安置房社区和保障性住房社区的社区治理则更为复杂。一方面,部分动迁安置房和保障性住房没有住房产权,住户无法成立业主委员会来行使自己的权利。另一方面,该两类住房的建设由政府主导,住户中原先为农民或低收入群体的比例较大,对于物业管理的认识不到位,缴纳物业费用不积极,导致物业管理公司可发挥的作用受到局限。

城市内部社区治理结构的复杂性导致不同社区表现出不同的治理能力。社区治理最终是为了更好地满足居民的需求,因此本章从社区居民主观感受的角度来构建社区治理能力的评估指标。实际化操作为"您对目前社区的满意程度""您对社区第一印象的评价""您对您自己与居住地(社区)居民之间交往状况的满意程度""您认为您刚搬来社区时的幸福水平与现在的对比",每个问题的答案分为五个层次,由低到高分别赋予1分到5分。将这四项指标以相同的权重得到个体对其所在社区治理能力的评价得分,并对其进行标准化处理,最终分值介于0—100分,社区的治理能力平均分为64.70分。

由于社区建成时间、社区类型、社区所在区位的不同,社区的治理水平也存在差异。首先,社区的建成时间越晚,其治理能力越高。改革开放以来,城市社区由传统的街道式社区、单位制社区和农村社区,逐渐演变出商品房社区、老公房社区、保障房社区和动迁安置房社区等不同的社区类型。社区由政府统一管理,演化为以居民委员会、业主委员会和物业管理公司为主导,不同主体协同合作的管理模式,治理体系不断完善,治理能力不断提升。其次,在四类社区类型中,保障性住房社区具有最高的治理水平,老公房社区的治理水平次之，商品房社区则位居第三，动迁安置房社区的治理水平最低。保障性住房社区治理水平较高是由于其受政策的保护，受到的关注更多，此外也可能存在以下两点原因：一是该类社区普遍建成时间晚，而当时的住房背景已越来越关注社区治理；二是该类社区特殊的人口结构特征可能造成了居民对社区治理能力的标准较低，对社区的满意程度较高。从区位来看，社区治理水平基本呈现从内环向外递减的空间特征，但空间差异不明显，其中，位于中环至外环间的社区表现出最高的治理能力。

14.4 居民的社会融合程度

14.4.1 社会融合的测度

社会融合可以理解为城市内部不同社会经济背景的居民之间相互适应和交往的过程，是一个包含多维度的综合指标[11-13]。本章从经济能力、社会适应、身份认同三个方面衡量城市居民的社会融合程度。经济能力，即个体在社会生活中的物质基础上的融入程度，选取住房产权状况（是否在上海拥有住房产权）和工作单位性质作为二级指标。社会适应，是指个体在平时生活中对周遭人际关系的适应与自我调整，选取与居住地/社区居民之间的关系以及与工作地居民之间的关系作为二级指标。身份认同，是指个体心理上对自己归属地身份的认同程度，是衡量个体社会融合的重要标准。基于受访者对"您认为自己是上海人吗"的回答来测量心理层面的自我认同。基于以上三个维度进行打分后，通过因子分析生成的综合性指标表示社会融合程度，并对其进行标准化处理，最终分值介于 0—100 分，分值越高表明社会融合程度越高。

14.4.2 居民人口特征与社会融合

基于 2018 年上海市居民住房抽样调查数据的分析发现，整体上，上海社区居民的社会融合水平的综合得分为 63.66 分，得分良好，经济能力、社会适应、身份认同三个维度的均分分别为 4.04 分、28.81 分、2.58 分。但从居民不同的社会经济特征来看，社会融合存在差异性。女性的社会融合略高于男性，这可能与女性普遍具有较高的家庭归属感相关，但男性在经济能力方面比女性更有优势。已婚居民的社会融合水平及各维度的得分都比未婚居民高，这与以往的研究结果一致。婚姻会提高个人的责任感以及对家庭的归属感，从而促进社会融合。社会融合程度在受教育程度不同的居民间存在差异，高学历人群在社会融合、经济能力和身份认同方面高于低学历人群，但低学历人群在社会适应方面则高于高学历人群。这可能是由于高学历人群更加注重个体需求，对人际交往方面的需求较低。拥有党员身份的居民对社会的融入感更强,中老年人的社会融合水平更高。本地居民的社会融合程度明显高于外来人口,而拥有上海居住证的外来人口在社会融合水平方面同样与不拥有上海居住证的外来人口存在差异。值得注意的是,获得上海户口的外来人口在社会适应方面要高于本地人口,这可能与他们为了能够更好地融入上海所做出的主观努力有关。相较于城镇居民,出生时为农村户口的居民其社会融合水平更低,这是由于后者的社会经济地位往往较低,且由于户籍等制度障碍无法享受城市的资源,与本地居民之间的互动较少,这些都会影响其在城市的融入程度。

14.5 社区社会融合的影响因素

14.5.1 不同社区居民的社会融合

城市内部不同社区在人口构成、区位、类型等方面的特点各异,导致社区居民可获得的城市资源、居民之间的互动、社区的治理方式等不同,进而影响社区内居民的社会融合。本章从社区类型、社区建成时间以及社区所在区位三个方面进行分析,发现上海市内不同社区内居民的整体社会融合存在明显差异。就社区类型而言,老公房社区整体的社会融合水平最高,其次为商品房社区,再次为动迁安置房社区,保障性住房社区的社会融合水平最低。这可能主要与社区居民的人口构成有关:老公房社区居民整体以本地人口居多且年龄偏大,出生时的户口性质多为城镇;保障性住房社区居民中的外来人口比例较高且年龄偏小,出生时的户口性质也多为农村。就社区建成时间而言,基本呈现居住社区的建成时间越早,社会融合度越高的特征,其中,1990—1999年建造的社区的社会融合程度最高。就社区所在区位而言,基本呈现出社区离市中心越近、居民的社会融合程度越高的特征,但居住在内环—中环的居民其社会融合度要高于居住在内环以内的居民。

14.5.2 社会融合的影响因素

社会融合是一个渐进的过程,受到多方面因素的影响。首先,宏观层面上的城市发展特征影响城市内部居民尤其是外来人口的社会融入进程[14-15]。其次,居住在不同类型社区内的居民其经济社会融合存在显著差异[16-17]。此外,个体层面的户籍、收入、受教育程度、职业等仍然是影响个体社会融合水平的重要因素[18-20]。但是,关于社区治理与社区内部居民社会融合程度之间的关系尚未得到关注。因此,本章基于2018年上海市居民住房抽样调查数据,采用多元线性回归模型,从个体和社区两个层面探讨社会融合程度的影响因素,重点关注社区层面因素产生的影响。其中,个体层面的特征包括出生队列、性别、婚姻状况、生育状况、受教育程度、党员身份、户口类型、户口性质、在社区居住时间和共同居住的家人数量。社区层面的特征包括社区治理能力、社区类型、建成年份和区位。

对个体层面因素与居民社会融合程度之间关系的分析结果表明,居民的社会融合程度与出生队列、性别、受教育程度、户口类型和在社区居住时间均存在显著的相关关系,而婚姻状况、生育状况、党员身份和共同居住的家人数量则没有产生显著的影响。与出生于20世纪80年代和90年代的居民相比,出生于70年代及以前的居民其社会融合程度明显较高。这些居民在城市中生活的时间更长,对本地人身份的认同程度更高,通常积累了更多的财富,拥有更加稳定的资源和社会网络。相比于男性,女性的社会融合度较高,这可能与女性普遍更频繁地在社区中活动,与社区内的居民交往更多有关。受教育程度对居民融入社区具有一定的促进作用,相较于初中及以下学历的人口,本科及以上学历的居民对社会的归属感更强,可能的原因是作为重要的人力资本表征,受教育程度越高,居民在劳动力市场的表现相对越好,因而更容易融入城市生活。居民的户口类型,即居民出生时是否拥有上海户口,在很大程度上影响着其社会融合程度,外地人的社会融合程度显著低于上海本地居民。在社区的居住时长与居民的社会融合程度呈正相关,这是因为较长的居住时间会强化形成深入密切的社区乃至社会网络关系。

对社区层面因素与居民社会融合程度之间关系的分析结果表明,社区治理能力的提升能够显著提升社区居民的社会融合程度。居民社会融入水平与社区类型紧密相关,与居住在商品房社区相比,居住在动迁安置房社区和保障性住房社区均显著削弱了居民的社会融合程度,其中,保障性住房社区对居民社会融合的负向作用更强。商品房社区的居民受教育程度最高,社会经济属性普遍较好,社会融入程度较好;老公房社区是由"单位制"小区演变而来,同一老公房社区内的居民在过去多为同一单位的员工,相互交往频繁,情感联系较为紧密,社区的参与度和融入感较强。社区的建成年份与居民之间社会融合程度的差异并不存在显著的相关关系。就社区区位的影响而言,与居住社区位于上海外环以外相比,只有居住的社区位于内环与中环之间对居民的社会融合程度产生显著的正向促进作用。

综合考虑社区和个体层面因素对居民社会融合程度的影响发现,上海市居民的融合程度与自身的社会经济特征有更直接的联系,如出生队列和户口类型,其中出生时的户口类型产生最主要的影响;同时,社区的治理能力仍然可以显著正向提升居民的社会融合程度。一方面,这些结果说明基于户籍制度的城市人口管理方式的长期影响。随着户籍制度改革,虽然农村户口和城镇户口性质之间的差异显著减小,但是户口所在地依旧在很大程度上决定了个体获得城市资源的资格,导致外来人口游离于城市系统之外,难以与本地居民享受同等的城市社会保障与社会服务。而且,进入城市的外来人口中有相当一部分人从事低技能工作,其经济能力较本地人口往往更差。外来人口在流入城市中所遇到的种种制度性或非制度性排斥长期影响其在城市中的归属感和社会融入。另一方面，分析发现，通过提升社区治理能力来促进居民融入城市社会生活的可能性。通过促进社区内不同治理主体之间的协商互动和协同行动，增强其对涉及社区共同利益的公共事务的有效管理能力[21]，从而增进社区居民的各项社会福利，增强社区凝聚力，提升居民对社区生活的满意度，促进其社会融入。

14.6 结论与建议

14.6.1 结论

随着社会经济发展和人口的大规模流动，城市内部人口构成的复杂性和多样性增加，促进城市内部的社会融合面临挑战。居民内部分化的加剧导致不同社会经济背景的居民在社会融合程度方面存在明显差异。居民社会融合依旧面临着中国式的融合困境，拥有城镇户口和拥有本地户口等制度因素仍是影响居民社会融合的主要因素。此外，出生队列、性别、受教育程度、在社区居住时间等与社会融合具有显著相关关系。社区是居民生活的共同体，是促进社会融合的重要空间单元。不同类型居民在社区空间中的集聚也导致不同社区之间在社会融合程度上的差异。老公房社区的社会融合水平较低，这与社区内的居民以老年人为主，对社会的感情更深厚，邻里之间的交往更好有关。商品房社区的社会融合水平较高，这可能是由于社区内的人群普遍具有高学历、高收入、高竞争力和高综合实力所带来的高经济能力有关。保障性住房社区的人口特征、普遍的低学历和低收入所带来的社会边缘的生活感受，导致了该类社区的社会融合度最低。

社区治理能力提升能够显著促进居民的社会融合程度，提高社区治理水平对于促进社区层级的社会融合以及保障基层社会的稳定发展具有重要意义。但是，由于不同社区的人口构成以及治理主体发挥的作用方面有所差异，不同社区的治理能力呈现分化特征。一方面，从社区类型来看，保障性住房社区的治理水平最佳，老公房社区次之，商品房社区再次之，动迁安置房社区最差。另一方面，社区的建成时间越晚，其社区治理水平表现越好。这可能的原因是随着社会经济的发展，开发商越来越注重房屋的开发建设水平，居民越来越关注入住社区的居住体验，市场主导的物业管理公司的服务水平提高，政府对居民委员会的管理水平提升，社区治理水平也随之提高。同时，同中心—外围理论相似，社区治理能力基本呈现市中心的社区治理能力好、外围社区治理能力差的特征，其中，中环—外环的社区治理能力最好。

14.6.2 政策建议

1) 强调社区居民的"居住者"身份,将外来人口和租户纳入社区治理体系

①将社会福利和户籍与房屋产权脱离关联。对于一个家庭而言,只要能证明自己可以通过工作支付在居住地的日常生活和租房费用,并且人均住房建筑面积符合居住标准,无论租房或购房,都应该在居住地享受基本的医疗、教育和其他社会福利。②结合政府、社会组织、民众的共同力量,对外来人口"去标签化",明确外来人口对城市运行和发展的重要作用。强调居住者身份而非住房所有者的身份,鼓励包括外来人口在内的社区住户参与和管理社区事务,使其成为社会治理的参与者和公共服务的接纳者。③出台国家层面的相关立法,将租房者的权益享有纳入范畴,对租房者的相关市民权益进行明确,以法律形式明确对租房者权益的保障。④签订住房租赁合同应当通过房屋网签备案系统进行备案,以便于住房租赁人员持住房租赁合同,按照有关规定申领居住证等,依法享受基本公共服务和便利。⑤探索具有全国统一评价体系的、可用于立法和司法评判的租金管控机制。由政府设置专门机构,根据房产的质量、大小、区位和公共设施邻近程度提供租金的指示价格,将其作为租金控制的依据。同时,建立租金涨幅管制机制,限制房屋租金调整的幅度和次数。

2) 在社区层级增强和完善对人口的动态管理

①在每10年一次的全国人口普查基础上,推行全国层面的社区调查,收集社区层级的社会、经济、住房和人口等方面的信息,以年为单位进行更新,将其作为人口普查长表的补充。②落实社区组织人口信息收集与更新的责任,对辖区内部地址进行摸查和登记,同时实施居住等级制度,对社区内部的人口变动进行信息备份,以年为单位进行汇总,并提交更高行政层级的管理部门进行信息汇总。③在全国层面依据社区调查数据建立人口基础信息数据库,搭建人口信息资源共享平台,加强对跨区域流动人口的检测。④在技术实施层面,以网上在线调查问卷的方式为主、电话访问的方式为辅对住户信息进行采集。同时,基层工作人员可配备移动终端信息采集设备入户进行调查,以此作为补充手段。此外,疫情中探索出的"健康码"小程序等众筹式收集方式也可以广泛推广。

案例:美国社区调查(American Community Survey, ACS)是一项全国性的连续调查,通过每月抽样,每年联系超过350万户家庭参加美国社区调查,调查区域覆盖50个州、哥伦比亚特区和波多黎各,收集有关社会、经济、住房和多个地理尺度的人口特征数据。结果于调查后的第二年发布,帮助地方官员、社区管理人员和企业等规划者和决策者了解当地的社区变化,利用最新的数据来评估社区基本服务的需求。美国社区调查基于地址而不是个体来选取样本,以确保良好的地理覆盖范围。美国人口普查局通

过随机抽取地址样本,每月向全美大约 295 000 个地址发送调查问卷,主要采用在线调查问卷的形式,但在波多黎各和一些网络设施条件不好的地区,以邮寄纸质问卷的形式收集问卷。同时,从没有完成在线调查、没有寄回纸质问卷或那些有邮政信箱的地址中抽取一定样本,由美国人口普查局的访问员进行实地采访。此外,对居住在集体宿舍设施(如大学宿舍、疗养院和监狱)的人群进行实地采访,以确保调查覆盖全国所有人。最后,对于收集的问卷中信息不完善的问卷进行电话追踪访问。

3) 基于社区类型和特征,完善基层社区分类治理框架

①将社区根据一定的标准划分成不同的类型,针对不同类型社区的实际需求和存在的问题有针对性地实施相应的治理措施,有助于增强社区治理能力,提升社区服务水平。比如,结合社区居民的人口规模和特征,合理配置养老、休闲娱乐、公园绿地等公共服务设施。②推动社区治理主体的多元化。统一搭建社区治理的组织框架,细化和明确以居民委员会、业主委员会和物业管理公司为主体的不同部门的职能分工,探索不同部门之间协同合作的模式;通过多样的方式鼓励和动员居民主动参与社区公共事务的管理,形成政府—市场—居民的良性互动,营造良好的社区环境。③积极探索各种营利和非营利社会组织参与社区治理的方法和途径,以满足居民需求为导向,提升整体的社区治理能力。

案例:新加坡的社区治理体制健全,以政府为主导,充分发挥社团、公民的作用。在政府方面,设置人民协会、社区发展理事会、市镇理事会三个机构,三个机构在不同的地理和行政尺度上进行社区管理。同时,根据人口数量规划配套学校、商店、图书馆、医疗机构等各种便民生活服务设施,并且政府依据居民的要求,根据社区服务的标准,评估服务机构的业绩,下拨活动经费。在社团方面,鼓励各种非营利组织参与社区管理。非营利组织成为政府管理服务社会的"抓手",起到了巨大的补充作用。非营利组织与政府充分合作,在政府少量资助的基础上建立了稳定的资金募集和筹措机制,在社会各个领域开展了志愿服务与慈善活动,募集和设立了社区关怀基金。在公民方面,充分动员社区内部的人才资源,培养民众参与社区管理的意识,尤其是邀请社会各界的精英加入各基层组织参与社会工作,利用自身的社会影响力,组织社区居民开展各类互助、公益等活动。

(执笔人:崔璨、张叶玲、崔军茹)

第14章参考文献

[1] 宁越敏,杨传开. 新型城镇化背景下城市外来人口的社会融合[J]. 地理研究, 2019,38(1):23-32.

[2] 杨菊华. 中国流动人口的社会融入研究[J]. 中国社会科学,2015(2):61-79.

[3] 杨高,周春山. 深圳不同类型农民工聚居区的社会融合及影响因素[J]. 地理研

究,2019,38(2):297-312.
[4] 杨敏. 作为国家治理单元的社区:对城市社区建设运动过程中居民社区参与和社区认知的个案研究[J]. 社会学研究,2007,22(4):137-164.
[5] WANG Z, ZHANG F Z, WU F L. Neighbourhood cohesion under the influx of migrants in Shanghai[J]. Environment and planning A:economy and space,2017,49(2):407-425.
[6] 张占录. 我国保障性住房建设存在问题、发展障碍与制度建设[J]. 理论与改革,2011(3):72-75.
[7] 申明锐,夏天慈,张京祥. 从"单位小区"到"业主社区":公共产品视角下中国城市社区规划与治理演进[J]. 城市与区域规划研究,2018,10(4):179-198.
[8] 陈家喜. 反思中国城市社区治理结构:基于合作治理的理论视角[J]. 武汉大学学报(哲学社会科学版),2015,68(1):71-76.
[9] 刘娴静. 城市社区治理模式的比较及中国的选择[J]. 社会主义研究,2006(2):59-61.
[10] 张雪霖. 推进社区"三驾马车"联动治理[N]. 中国社会科学报,2019-10-09(007).
[11] 任远,乔楠. 城市流动人口社会融合的过程、测量及影响因素[J]. 人口研究,2010,34(2):11-20.
[12] 徐水源,黄匡时. 流动人口社会融合指标体系内在关系研究[J]. 统计与信息论坛,2016,31(10):99-105.
[13] 杨菊华. 从隔离、选择融入到融合:流动人口社会融入问题的理论思考[J]. 人口研究,2009,33(1):17-29.
[14] 田明. 地方因素对流动人口城市融入的影响研究[J]. 地理科学,2017,37(7):997-1005.
[15] 夏贵芳,朱宇,林李月,等. 东部三大经济区城市流动人口的多维度社会融入及其地区差异[J]. 地理科学进展,2018,37(3):373-384.
[16] LIN S N, WU F L, LI Z G. Social integration of migrants across Chinese neighbourhoods[J]. Geoforum, 2020, 112:118-128.
[17] ZOU J, CHEN Y, CHEN J. The complex relationship between neighbourhood types and migrants' socio-economic integration:the case of urban China[J]. Journal of housing and the built environment,2020,35(1):65-92.
[18] 汪明峰,程红,宁越敏. 上海城中村外来人口的社会融合及其影响因素[J]. 地理学报,2015,70(8):1243-1255.
[19] 肖子华,徐水源,刘金伟. 中国城市流动人口社会融合评估:以50个主要人口流入地城市为对象[J]. 人口研究,2019,43(5):96-112.
[20] 张文宏,雷开春. 城市新移民社会融合的结构、现状与影响因素分析[J]. 社会学研究,2008,23(5):117-141.
[21] 陆军,丁凡琳. 多元主体的城市社区治理能力评价:方法、框架与指标体系[J]. 中共中央党校(国家行政学院)学报,2019,23(3):89-97.

第14章图片来源

图14-1、图14-2源自:笔者绘制[底图源自标准地图服务网站,审图号为GS(2019)3333号].

本书作者

孙斌栋,河北阜平人,柏林工业大学博士。华东师范大学城市与区域科学学院党委书记,人文地理学与区域经济学教授,博士生导师,民政部政策理论研究基地——中国行政区划研究中心主任,教育部重点研究基地——中国现代城市研究中心副主任。中国地理学会城市地理专业委员会副主任和长江分会副主任。国家社会科学基金重大项目"中国城市生产、生活、生态空间优化研究"首席科学家,荣获第八届高等学校科学研究优秀成果奖二等奖、上海市决策咨询研究成果一等奖两次、上海市哲学社会科学优秀成果二等奖四次、钱学森城市学金奖等多项荣誉,发表中英文学术论文200余篇。